机遇与挑战
——上市公司投融资行为案例分析集

方 慧 刘 焱 主编

上海大学出版社

·上海·

图书在版编目(CIP)数据

机遇与挑战：上市公司投融资行为案例分析集/方慧，刘焱主编. —上海：上海大学出版社，2022.8
ISBN 978 - 7 - 5671 - 4495 - 8

Ⅰ. ①机… Ⅱ. ①方… ②刘… Ⅲ. ①上市公司—投资—案例—中国②上市公司—融资—案例—中国 Ⅳ. ①F279.246

中国版本图书馆 CIP 数据核字(2022)第 134230 号

责任编辑　王　聪
封面设计　倪天辰
技术编辑　金　鑫　钱宇坤

机遇与挑战
——上市公司投融资行为案例分析集
方慧　刘焱　主编
上海大学出版社出版发行
(上海市上大路 99 号　邮政编码 200444)
(https://www.shupress.cn　发行热线 021 - 66135112)
出版人　戴骏豪

*

南京展望文化发展有限公司排版
上海普顺印刷包装有限公司印刷　各地新华书店经销
开本 710mm×1000mm　1/16　印张 21.75　字数 300 千字
2022 年 8 月第 1 版　2022 年 8 月第 1 次印刷
ISBN 978 - 7 - 5671 - 4495 - 8/F・225　定价　78.00 元

版权所有　侵权必究
如发现本书有印装质量问题请与印刷厂质量科联系
联系电话：021 - 36522998

序 言

上海大学悉尼工商学院的新一辑案例集即将面世,本案例集凝聚了学院教研团队一年的心血,最后付梓成书可喜可贺!上海大学悉尼工商学院作为获得 AACSB 认证、声誉卓著的中外合作商学院,为满足高层次财经人才培养的需要、注重结合实际的应用型教学模式,一直致力于促进案例开发与研究。自学院撰写案例、出版案例集的工作启动以来,"上海大学悉尼工商学院案例集"已经出版了多辑。

本书所收录案例全部为作者原创案例,案例所用数据来源于上市公司公开资料。我们聚焦经济发展的时事热点,选取了沪、深证券交易市场上市的 9 家公司,从创业融资、财务报表分析、企业估值、企业上市与资本运作等角度,通过撰写案例正文和案例使用说明的形式讲知识、讲方法。本书既具有很高的理论价值,又具有很强的实践性,对读者深入、系统、全面地认识和理解工商企业大有裨益。通过这些案例的学习,能够提升读者对会计本质的认识,获得更多的会计专业知识。因此,本书可以作为 MBA、EMBA、MPAcc 学生以及经济类、管理类专业的本科生、研究生的案例参考书,也可作为企业内部高级管理人员培训的教学素材。

成为全球知名、国内领先商学院是上海大学悉尼工商学院的愿景宗旨,为此更需要我们不断开发反映中国企业经营与管理实践、适应学院教学要求的高质量案例,以培养应用型的商科人才,这也是案例集诞生的初衷。系列案例集的陆续出版是学院追求卓越、不断提升教学质量的见证,也标志着学院在教学、科研领域取得了长足的进步。

为了案例集的顺利出版,学院组织多方资源,教研团队更是倾注了大量宝贵的时间,在多方的共同努力下,促成了这部案例集的面世。最后感谢上海大学悉尼工商学院研究生徐齐婕对本案例集的整理工作。当然,由于成书时间仓促,书中难免有错误和不足之处,敬请广大读者指正,多提宝贵意见,编者将不胜感激。

上海大学悉尼工商学院副院长　方慧

2021年4月

目录 CONTENTS

案例一 雷家"有米"初长成：新物种小米的坚守与展望
（方 慧 黄 晶）……………………………………1

 一、筑梦最开始的地方 / 1

 二、小米创始人雷军："科技天才"的创业史 / 2

 三、小米：在争议中飞奔的互联网"巨兽" / 4

 四、小米的发展历程 / 11

 五、互联网思维与传统思维的较量 / 14

 六、一波三折的IPO之路 / 15

 七、上市之后的表现 / 20

 八、尾声 / 22

 案例使用说明 / 22

案例二 光明乳业能否重现"光明"：光明乳业股份有限公司财务分析及估值（方 慧 谢天奕）……………43

 一、公司的背景 / 44

 二、昔日的乳业巨头 / 44

 三、民族品牌与外资缠斗15年 / 45

 四、褪去光环，难回巅峰 / 47

 五、内乱导致阵地失守 / 51

 六、光明乳业市值不及伊利零头 / 53

 七、光明乳业能否重现"光明"？ / 54

 八、尾声 / 57

案例使用说明 / 58

案例三 "双创"之路，成就 ABC 公司的"融资"之梦
（王立夏　石丽瑜）......71

一、公司简介 / 71

二、行业分析 / 72

三、融资难的破冰之旅 / 73

四、尾声 / 81

案例使用说明 / 82

案例四 且歌且行，花开彼岸：A 公司税务规范管理之路
（王立夏　石丽瑜　于　浩　李红梅）......100

一、公司背景和行业介绍 / 101

二、税务风险出现 / 104

三、群思集议，小微合作新起航 / 112

四、单兵作战 / 115

五、乘胜追击 / 118

六、尾声 / 118

案例使用说明 / 119

案例五 巅峰到低谷，凤凰变野鸡：华谊兄弟，巨星的陨落
（李玉博　陆　叶　寇祎璐　张昊旻）......137

一、勠力一心，开启华语电影新篇章 / 138

二、急功近利，一意孤行陷未来于水火 / 139

三、火上浇油，压死华谊兄弟的最后一根稻草 / 142

四、穷途末路，华谊兄弟走上自我救赎之路 / 146

目 录

五、尾声 / 148

附件1　华谊兄弟财务报表摘要 / 149

附件2　财务报表中关于华谊兄弟自2010年来重大并购
　　　　事件的披露 / 152

案例使用说明 / 154

案例六　A股首例敌意要约收购成功案例：浙民投收购ST生化
（李玉博　寇祎璐　武有伟）……………………………176

一、案例公司基本情况介绍 / 177

二、要约收购过程 / 181

三、补充资料 / 185

四、"庶民"取得胜利 / 194

案例使用说明 / 194

**案例七　卓郎智能借壳新疆城建，西方工业4.0踏上东方丝绸
之路**（刘　焱　崔　发　黄　晶）……………………………209

一、借壳方公司情况 / 210

二、壳公司情况 / 214

三、交易过程 / 216

四、重组的影响 / 224

五、尾声 / 229

案例使用说明 / 230

案例八　诚信至上：万福生科对农业上市公司的深刻警示
（陈　影　贺泽园）……………………………………246

一、万福生科概况 / 247

二、万福生科的"上市——戳穿之旅" / 250

三、尾声 / 257

案例使用说明 / 257

案例九　小米集团：互联网公司估值的难题（刘　焱　王美娜） 271

一、互联网公司行业背景介绍 / 272

二、小米公司背景 / 273

三、小米商业模式 / 274

四、小米价值评估 / 284

五、尾声 / 287

案例使用说明 / 287

案例十　美的战略"联姻"：库卡是不是对的"它"？（寇立群　寇祎璐　袁永婧　田文苑　王　军） 305

一、美的集团 / 306

二、库卡集团 / 308

三、收购过程 / 310

四、整合效果是否锦上添花？ / 315

附件1　收购以来美的主营业务收入变化明细 / 321

附件2　2016~2018年美的主要财务数据 / 322

附件3　2014~2015年库卡在世界不同地区的收入份额 / 322

附件4　2014~2015年库卡的股权结构 / 323

案例使用说明 / 323

案例一

雷家"有米"初长成：
新物种小米的坚守与展望

摘　要：2010年，雷军与六位联合创始人一起喝了碗小米粥，怀着对移动互联网风口的判断和对手机领域的深入观察，希望以创新的商业模式和极高性价比的产品，开创一家世界级的伟大公司。接下来，小米以极快的速度创造了让世人震惊的成就，小米手机在不到三年时间里夺得国内销量冠军，短短的四年里，小米估值翻了180倍。而之后小米却受缚于自身的成功模式，未及时转型销售模式，2016年业务出现了大幅下滑。此后，经过快速的战略和产品调整，小米再度崛起，手机销量重回世界前五，营业额更是突破千亿，全球化、生态链企业成绩斐然。2018年，小米开始冲刺IPO，作为中国香港联交所"同股不同权"新规实施后的第一股，小米于7月9日正式在中国香港证券交易所上市。这不仅是小米成立以来一座巨大的里程碑，更是小米发展的新开始。本案例描述了小米作为新兴的独角兽公司从创业开始，历经八年发展历程，最终成功在中国香港IPO的始末。

关键词：小米；商业模式；同股不同权；IPO

一、筑梦最开始的地方

2009年，时任谷歌中国工程研究院副院长的林斌陷入了迷茫，彼时他在谷歌负责安卓在中国市场的研发，这已经是谷歌离开中国市场前的最后几个月，而当时邀请他加入谷歌的李开复已从微软离职。但此时的林斌不知道，一个叫雷军的创业人，正在不远处等着他。

林斌与雷军的初次见面颇具戏剧性。交流之初，雷军和林斌只是对于双方的合作进行了意见交换。而随着两人熟络起来,聊的话题也多了起来,雷军和林斌交流的重心开始转向移动互联网。

林斌想做互联网音乐,但没想到这个梦想被雷军一句话就否决了:"做什么音乐,这种小事儿花点钱投资一把就行了,你是个人才,要不要跟着我干一票大的?"

林斌好奇地问:"干啥?"

雷军回答:"互联网电商卖手机。"

林斌纳闷:"电商模式,能成吗?"

雷军说:"我十年前就做过一个叫卓越网的,后来卖给亚马逊了,你说我干电商能成不?"

林斌又问:"钱怎么办?"

雷军说:"你在微软和谷歌不还有点股份吗?"

林斌忙回道:"那可是我工作几十年的家底啊!"

雷军听罢语重心长地说:"林斌,你看你那点股份不就是为了投资吗,投资还得投资自己。"

林斌又问:"这点钱,花完了咋整?"

雷军说:"融资啊,实在不行,你去看看金山的财报,我金山股票拿出来这钱够不够?"

林斌左思右想,怎么也想不明白雷军这么有钱了,为啥还要这么折腾?最终,林斌到底相信了雷军的为人和实力,牙一咬脚一跺,卖掉了微软和谷歌的股份,从此江湖上多了一个"雷布斯",林斌也正式从一名工程师,化身小米总裁、联合创始人。至此,小米的故事开始了。

二、小米创始人雷军:"科技天才"的创业史

1969年,雷军出生于湖北仙桃的一个教师家庭,学生时代的雷军爱好非常广泛,从小就喜欢诗词,还得过围棋比赛的冠军。

1987年,雷军考入武汉大学计算机系,他在学习上对自己要求非常严

案例一

雷家"有米"初长成

格,仅用了两年的时间,雷军就修完了毕业所需要的所有学分,甚至完成了大学毕业设计。大三的时候他替别人开发软件,赚到了人生的第一桶金,成为武大学生中的一名百万元富翁。

受《硅谷之火》中乔布斯创业故事的影响,大四那年雷军和同学王全国、李儒雄等人一起创办了三色公司,这是雷军创业的起点。由于雷军和小伙伴们第一次创业的经验不足,很容易被更强大的竞争者复制,结果被竞争对手打败,公司倒闭了。

无巧不成书,第一次创业失败后,雷军在偶然的机会遇到金山公司创始人求伯君。求伯君非常欣赏雷军的才华,将雷军招到麾下,那一年是1992年。1998年,雷军成为金山公司总经理,两年后接替求伯君出任总裁。短短八年,金山公司成为雷军的"囊中之物"。此后金山在雷军的掌管下,开始了漫长的上市之路。金山一共经历了中国香港创业板、深圳创业板、深圳主板、美国纳斯达克、中国香港主板的五次上市变动,直到2007年才最终在中国香港联交所挂牌。

2007年底,雷军辞去金山公司CEO职务,开始以"天使投资人"的身份继续活跃在互联网创业的路上,在他的投资名单上,有凡客诚品、乐淘、UC浏览器、欢聚时代等。在雷军的投资案例中,最著名的当属对UC浏览器和欢聚时代的投资:雷军以400万元投资UC浏览器,后来UC浏览器被阿里巴巴收购;以100万美元投资欢聚时代并成为最大股东,2012年欢聚时代上市后,雷军获得了112倍的账面回报。2011年,希望"天使投资机构化"的雷军和许达来一起发起设立了天使投资基金顺为资本。2014年,雷军第三次将从金山分离出来的猎豹移动带到纽约证交所,成为"雷军系"第三家上市公司。

最多的时候,雷军身兼金山、欢聚时代、猎豹移动三家公司的董事长,也是金山、欢聚时代、猎豹移动、迅雷、世纪互联、华美科技六家上市公司的实际控制人。

虽然此时的雷军已经名利双收,但这些都不是雷军真正想要的。在离开金山后,雷军用了半年时间思考怎样"领导一家中国公司成为世界第一"。终于,40岁的雷军决定用互联网的方式来做手机,重新上路再创业。

2010年4月,雷军与原谷歌中国工程研究院副院长林斌、原摩托罗拉北京研发中心高级总监周光平、原北京科技大学工业设计系主任刘德等六人联合创办小米,并于2011年8月公布其自有品牌手机小米手机。仅用了37个小时,小米手机实现了40万台的销量。雷军获得了"雷布斯"的称号,小米也成为最受瞩目的新兴手机品牌。

2018年7月9日,小米成功在中国香港联交所(以下简称"港交所")上市,成为雷军旗下第四家上市的公司。

三、小米:在争议中飞奔的互联网"巨兽"

(一)小米简介

小米全称"小米科技有限责任公司",于2010年4月正式成立,法定代表人为雷军,注册资本18.5亿元,是一家以手机、智能硬件和IoT平台为核心的互联网公司。小米一直以做出"感动人心,价格厚道"的好产品为使命,目前,小米是全球第四大智能手机制造商,并且创造出众多智能硬件产品,其中多个品类销量第一。小米的主营产品大体上可以划分为智能手机、IoT和生活消费产品、互联网服务产品和其他。

(二)股权结构

截至招股说明书签署日,小米创始人、董事长兼CEO雷军持有约31.41%的股份。联合创始人、总裁林斌持有约13.33%的股份,是除雷军外,唯一持股超过10%的创始人。

(三)投融资情况

据小米招股书显示,目前小米已经完成9轮融资,A轮融资于2010年9月签署,融资额为1 025万美元,最后一轮融资于2014年12月签署,累计融资额逾15亿美元。投资方众多,包括晨兴资本、启明创投、IDG资本、淡马锡、DST、GIC、厚朴投资和云锋基金等数十家VC/PE机构。采用的主要融资方式是优先股,自注册成立日期起,小米集团共发行了10 512 504 810股可转换可赎回优先股。

案例一
雷家"有米"初长成

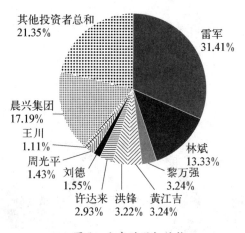

图 1 小米的股权结构

资料来源:作者根据小米集团招股说明书整理

(四)商业模式

小米以创新和效率为根基,独创了"铁人三项"商业模式,主要包括三个方面:① 创新、高质量、精心设计且专注于卓越用户体验的硬件;② 以厚道价格销售产品的高效新零售;③ 丰富的互联网服务。

小米首先以新零售渠道向用户提供由 MIUI 驱动的高品质、高性能和精心设计且价格公道的智能手机和其他智能硬件产品,从而建立庞大的自有平台,为用户提供各种各样的互联网服务。并在提供互联网服务的过程中收集用户信息,加上云计算和人工智能,协助进一步改良产品和服务,并与平台用户保持密切互动,从而增加客户黏性,带来新的变现机会。

硬件方面,小米通过自产及与生态链企业合作的方式构建了以智能手机为核心的包含手机配件、智能硬件和生活消费产品的 IoT 和生活消费产品矩阵。截至 2018 年 12 月 31 日,小米通过投资和管理建立了由超过 210 家公司组成的生态系统,其中超过 90 家公司专注于开发智能硬件和生活消费产品。此外,小米生态链模式已经成功培育出 4 家估值超过 10 亿美元的"独角兽"——紫米、华米、智米、纳恩博。生态链公司中华米

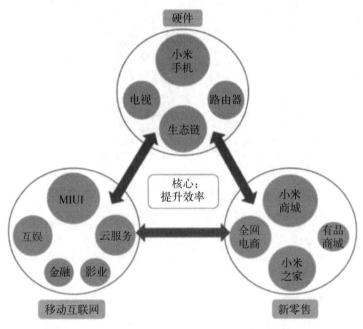

图 2　小米商业模式图

资料来源：作者根据小米集团招股说明书整理

科技、润米母公司开润股份已分别在美股和 A 股上市，青米母公司动力未来已挂牌新三板。

新零售方面，小米已逐渐从线上直销转向高效的全渠道新零售分销平台。通过新零售，小米将线上和线下销售渠道紧密结合，减少中间商层级，实现更高的效率，并以统一的价格向用户提供相同的产品。小米的直销渠道包括线上的小米商城、有品平台、天猫旗舰和线下的小米之家；分销渠道主要包括中国境内电信运营商、零售连锁店以及直供店和国际分销商等。2015 年以来，小米通过自营的小米之家门店显著扩大线下零售直销网络，从而扩大产品覆盖范围并提供更丰富的用户体验。2018 年，小米之家在全国共开设 586 家，较 2017 年增长了 1 倍，并计划到 2020 年开至 1 000 家。授权店更是从 2017 年的 62 家猛增到 2018 年的 1 378 家，暴增 22 倍。

| 案例一 |

雷家"有米"初长成

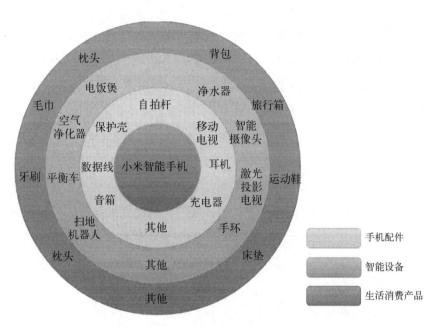

图3 小米生态链图谱

资料来源：作者根据小米集团招股说明书和2018年度报告整理

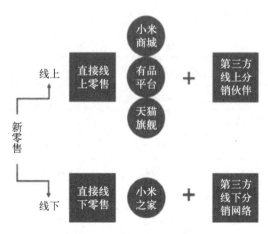

图4 小米新零售模式图

资料来源：作者根据小米集团招股说明书和2018年度报告整理

互联网服务方面,MIUI 是公司生态系统的核心组成部分,将公司的智能硬件和互联网服务成功结合在一起。截至 2018 年 3 月,小米基于安卓的自由操作系统 MIUI 拥有大约 1.9 亿月活跃用户,MIUI 和安卓生态系统充分兼容,包括了安卓生态系统上的所有手机应用和一系列互联网服务,包括内容、娱乐、金融服务和效能工具。此外,软件开发也是小米的优良传统,截至 2018 年 3 月 31 日,小米开发了 38 个月活跃用户超过 1 000 万的应用程序和 18 个月活跃用户超过 5 000 万的应用程序,这其中包括小米应用商店、小米浏览器、小米音乐和小米视频等。相比于其他获客成本较高的互联网平台,小米的主要优势在于其通过硬件销售而获取客户的过程本身不产生额外成本甚至会带来一定收益。如果说硬件和高效的新零售模式是小米重要的用户入口,那么互联网服务则是小米留住客户并保持高盈利的主要来源。

（五）经营概况

小米于 2010 年创立,2012 年营业收入已突破 10 亿美元,2014 年销售额突破 100 亿美元。公司营业收入从 2015 年的 668 亿余元人民币增长至 2017 年的 1 146 亿余元人民币,年均复合增速达到 31%;毛利从 2015 年的约 27 亿元增长至 2017 年的约 152 亿元,年均复合增速高达 137%。

表 1　2015~2017 年小米分部收入　　　　　　　　单位:千元

项　目	2015 年	2016 年	2017 年
智能手机	53 715 410	48 764 139	80 563 594
IoT 与生活消费产品	8 690 563	12 415 438	23 447 823
互联网服务	3 239 454	6 537 769	9 896 389
广告服务	1 820 637	3 838 420	5 614 389
互联网增值服务	1 418 817	2 699 349	4 282 000
其他	1 165 831	716 815	716 936
总计	66 811 258	68 434 161	114 624 742

资料来源:作者根据小米集团招股说明书整理

案例一

雷家"有米"初长成

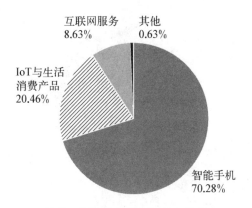

图 5 2017 年小米分部收入构成

资料来源：作者根据小米集团招股说明书整理

表 2 2015~2017 年小米分部毛利　　　　单位：千元

项目	2015 年	2016 年	2017 年
智能手机	(170 899)	1 681 762	7 101 339
IoT 与生活消费产品	34 877	1 012 873	1 950 865
互联网服务	2 078 677	4 208 475	5 960 751
广告服务	1 658 278	3 285 471	4 589 808
互联网增值服务	420 399	923 004	1 370 943
其他	757 278	346 245	141 250
总计	2 699 933	7 249 355	15 154 205

资料来源：作者根据小米集团招股说明书整理

从分部收入与毛利来看，2017 年公司收入主要来自智能手机，占比 70.28%；IoT 与生活消费产品收入占比 20.46%；互联网服务收入占比 8.63%。由于硬件类产品毛利率相对较低而互联网服务毛利率较高，因此智能手机和 IoT 与生活消费产品分别贡献了公司 46.86% 和 12.87% 的毛利，而互联网服务则贡献了公司 39.33% 的毛利，远超其收入占比。

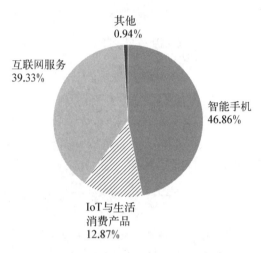

图 6　2017 年小米分部毛利构成

资料来源：作者根据小米集团招股说明书整理

表 3　2015~2017 年小米分地区收入

项　目	2015年（千元）	占比（%）	2016年（千元）	占比（%）	2017年（千元）	占比（%）
中国大陆	62 755 575	93.93	59 279 381	86.62	82 543 462	72.01
全球其他地区①	4 055 683	6.07	9 154 780	13.38	32 081 280	27.99
总计	66 811 258	100.00	68 434 161	100.00	114 624 742	100.00

资料来源：作者根据小米集团招股说明书整理

　　从地区构成来看，2017 年中国大陆地区实现营业收入约 825.4 亿元，占公司总营业收入的约 72%；全球其他地区 2017 年实现营业收入约 320.8 亿元，占总营业收入的约 28%，较 2016 年的约 13.4% 提升了近 15 个百分点，这主要得益于国际化战略下，公司对新兴市场国家和地区的大力布局，尤其是在印度市场取得了快速拓展。小米从 2014 年开始进军印度市场，2016 年 6 月正式进入俄罗斯市场，2017 年 11 月 7 日，小米开始进军西班牙市场，小米依靠其性价比高的产品，铺设线上、线下的通道，一步步获得海外消费者。

---

① 中国大陆以外的收入主要来自印度、印度尼西亚及西欧地区。

案例一
雷家"有米"初长成

截至 2018 年 3 月 31 日,公司产品已进入全球 74 个国家和地区,其中智能手机出货量在印度、缅甸、乌克兰等 15 个国家位列智能手机品牌前五名。

四、小米的发展历程

(一)为"发烧"而生(2011~2014 年)

时间回到 2011 年,这应该是小米真正进入大众视线的一年。当时的苹果还是神话般的存在,安卓阵营里还是以 HTC、Sony Ericsson、三星、摩托罗拉这些"带头大哥"为主,"中华酷联"这样的国产大厂也就是超级兵这样的战斗力。但这时有位国产"青年"偏偏不信邪,愣是要杀出条血路硬拼到底。

2011 年 12 月 18 日,小米的第一款手机——小米 1 正式在网络上开售,仅仅 5 分钟,100 台售价 1 999 元的小米 1 宣告售罄,一开始这并没有引起各大手机品牌的注意,但不久后各大品牌才发现,事情并没有那么简单,"雷布斯"一波又一波的神操作打得各路竞争对手头皮发麻。

2012 年 6 月,小米完成了 C 轮 2.16 亿美元的融资,估值达到 40 亿美元,不久之后的 8 月 16 日,小米 2 正式发布。11 个月之后,雷军通过微博首次公布了小米 2 系列的销量突破 1 000 万台,此时,这个互联网手机品牌已经在国内彻底炸开了锅。

2013 年 7 月末,小米正式带来了首款红米手机,售价仅 799 元,还搭配四核 1.5 GHz 处理器、4.7 英寸 720p 屏幕、800 万像素背照式摄像头。凭借着低廉的价格和极高的性价比,在红米手机出现两年之后,"运营商定制"时代终于成为历史。

自 2011 年发布第一款手机以来,小米用其开创的超高性价比、互联网营销模式迅速崛起。用时两年多就进入中国手机 Top 3,2014 年、2015 年连续占据中国智能手机第一名,开创了令人惊叹的小米速度①。根据 IDC 发布的数据,小米在 2014 年第三季度以 1 730 万台的出货量,成为仅次于三星和

---

① 互联网实验室.互联网实验室报告:八张图让你看清小米的成长之路与业务矩阵[EB/OL].(2018-04-27)[2020-04-27].http://www.yidianzixun.com/artide/olv47xly.

苹果的全球第三、国内第一大手机厂商,和2013年同期相比,市场占有率增幅超过200%,堪称智能手机史上的奇迹。2014年12月,3岁的小米获得了All-stars、DST、GIC、厚朴投资和云锋基金等多个投资方11亿美元的E轮融资,估值达到了惊人的450亿美元。

(二)问题凸显,低谷徘徊(2015~2016年)

在成立的前几年,小米手机依靠线上销售、饥饿营销等模式一度成为热门产品,然而好景不长,自OPPO和vivo全面进攻线下、华为实行荣耀和华为两个品牌策略以后,小米渐渐跟不上节奏:随着线上市场遭遇恶性竞争导致红利吃尽,小米未来得及向线下转型,加之供应链、质量、创新以及高速成长带来的管理挑战等问题,在此后的2015年和2016年,小米经历了成立以来最大的一次危机。

从2015年下半年开始小米手机销量接连下滑。2015年小米手机销量7 000多万台,告别高速增长,不及年度保底目标。小米在2015年四季度的手机出货量还占据第五的位置,仅过了半年的时间,就跌出了前五名。据IDC中国披露的数据显示,2016年小米的手机出货量下降36%,仅有4 150万台,销量更是出现大幅萎缩,跌幅接近30%,只完成其1亿台销售目标的1/2,同比下滑了24%。

2015年,法国《费加罗报》发表了题为《"中国苹果"小米昙花一现的童话》的报道,相比2014年小米市值450亿美元的巅峰,仅仅不过一年时间,小米市值就只剩下了当时的零头40亿美元,不足2014年的十分之一。

(三)逆势而上,浴火重生(2017~2018年)

由于2016年销量大幅度下滑,雷军为了重振小米,重新调整了集团的内部架构,将原先负责研发和供应链的首席科学家周光平调离,由自己亲自负责研发和供应链,渠道方面则由林斌大规模开设线下店,发力印度市场。经过雷军亲自操刀改良后,产品研发取得不错的进展,小米MIX、小米6等口碑佳作重回大众视线,小米之家的线下门店也在林斌的带领下越开越多,截至2018年3月,小米之家全国门店已经突破了300家。2017年,小米终于走

| 案例一 |
| 雷家"有米"初长成 |

出困境,提前完成了 1 000 亿元的全年营收目标,当年收入达到 1 146.25 亿元,同比增长 67.5%,成功挤掉 vivo,登上全球智能手机排名第四的宝座,同

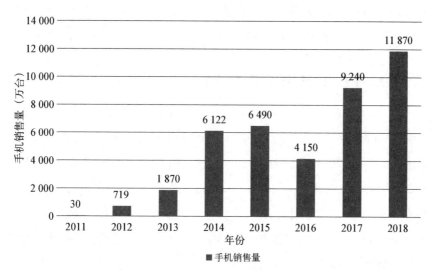

图 7　2011~2018 年小米手机销售量

资料来源:作者根据小米集团招股说明书、2018 年度报告以及东方财富网数据整理

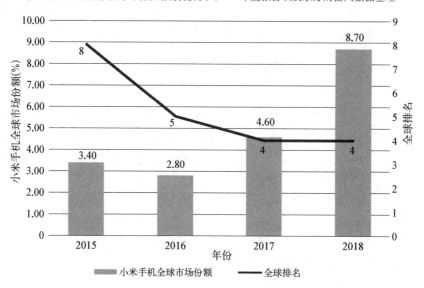

图 8　2015~2018 年小米手机全球市场份额与排名

资料来源:作者根据小米集团招股说明书、2018 年度报告以及东方财富网数据整理

时在印度夺得了三星占据多年的魁首。2018年第一季度,在全球智能手机市场同比下滑2.9%的情况下,小米手机出货量达到2800万台,同比增长87.8%。2018年全年小米智能手机销量实现1.187亿台,增长29.8%,是业内罕见的能在2018年保持持续高速增长的公司。

五、互联网思维与传统思维的较量

自2010年成立以来,小米一直处于焦点中心,特别是与中国家电明星企业格力的总经理董明珠的"五年之约",不仅惹人注目,更是见证了小米奇迹般的成长[①]。2013年12月12日,在央视2013年度经济人物颁奖典礼现场,雷军放话,如果5年内小米营业额击败格力的话,董明珠需赔给自己1元。一向骄傲的董明珠自然不甘示弱,当即表示,如果被小米击败,愿赔10亿元。看似简单的对话,震惊了当场,更震撼了每一个人,这场赌约因此被称为"世纪之赌"。

彼时两者虽然早已功成名就,不过业界地位还是有很大差距。雷军的小米刚创立3年,年营收316亿元;而董明珠的格力电器,早已是业内霸主,营收1200亿元,接近小米的4倍体量。

当年,在两者打赌之后,董明珠或许觉得这是一种挑衅,但在互联网人眼中,这是两种思维的战争:互联网思维VS传统思维。传统的思路是先做产品,通过线下渠道慢慢打开市场,稳健地成长。但在互联网人眼中,这种方法太过笨拙:为什么不通过整合已有的资源,借助发达的物流体系,在线上进行营销呢?这种思维,见证了众多互联网"巨兽"的飞速成长,直接通过互联网触达用户,实现了规模的指数级增长。小米的成功,不仅是中国手机制造商的成功,而且是互联网思维的成功。必须承认的是,小米的发展道路是非常独特的,直接将互联网对接硬件制造。这创造了互联网与传统企业结合的奇迹,同时也成为诸多争议的焦点。

[①] 徐杨. 小米:在争议中飞奔的互联网"巨兽"[EB/OL]. (2018-08-27)[2020-08-27]. http://www.sohu.com/a/250333220_330167.

而如今,随着小米和格力 2018 年财报的公布,这场赌约已经有了结果。2018 年,格力电器实现营业总收入 2 000.24 亿元,同比增长 33.33%;归属上市公司股东的净利润 262 亿元,同比增长 16.97%。而小米取得营业总收入 1 749 亿元,同比增长 52.6%。经调整,净利润同比增长 59.5% 至人民币 86 亿元。虽然小米 2018 年收入增长迅猛,但营收总额上略逊色于格力。这场赌约,小米输了。

然而,与格力的赌约见证了小米五年的飞速成长:2013 年,小米的营收为 316 亿元,而 2018 年则达到了 1 749 亿元,是五年前的 5.53 倍。这种成倍数的高速发展,对于任何一家企业来说都是难能可贵的。

如今这场赌约终于落下帷幕,虽然 2018 年小米营收稍逊格力输了这场赌局,但小米模式和它所代表的互联网思维或许能大胜未来。

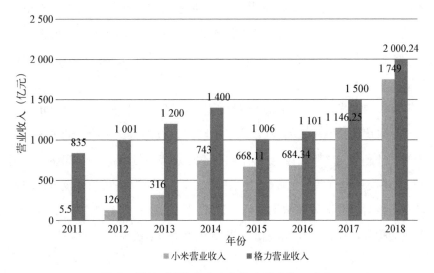

图 9　2011~2018 年小米与格力营业收入对比

资料来源:作者根据小米集团招股说明书、2018 年度报告以及东方财富网数据整理

六、一波三折的 IPO 之路

(一)从"五年内不上市"到启动 IPO

在成立的前五年里,小米一路猛追苹果、三星,成为全球前五大手机品

牌厂商,并在2014年12月以450亿美元的估值成为全球估值仅次于Uber的创业型公司。也是在那时,关于小米上市的消息几次传来,但雷军都一直表示"五年内不上市"。此后小米虽遭遇一系列危机,但都在雷军的操刀下一一化解。2017年,小米走出困境,发展势头重回巅峰,而雷军也开始改变口风说:"小米不排斥IPO。"

2018年4月底,在雷军的母校武汉大学举办的小米新品发布会上,雷军几度哽咽。发布会PPT上的樱花林中写着一句"愿你出走半生,归来仍是少年",雷军则再次提起创立小米的初心:始终坚持做"感动人心,价格厚道"的好产品。

在此次发布会上,雷军宣布小米董事会达成一致协议,硬件净利润不超过5%,如果超过5%,将超过部分返还用户。这其实在给资本市场透露两个重要信息:一是小米硬件的竞争力足够强,因此能在价格上保持"厚道";另一个则是小米对自己的定位是互联网公司,并不依赖硬件赚钱。

而在这次发布会后,小米向港交所递交了招股说明书,正式启动IPO。

小米集团招股书披露,其采用了不同投票权架构这一特殊的公司治理架构。时逢港交所开始讨论允许"同股不同权"公司赴港上市。2018年4月30日,港交所修订后的主板《上市规则》正式生效,按照新版的《上市规则》,港交所将对同股不同权结构的公司打开大门。小米火速提交申请,以双重股权架构公司申请在中国香港上市,5月3日,招股说明书就被提交到港交所。

根据招股说明书,小米声明如下:本公司正建议采用不同投票权架构,紧随全球发售完成后生效。根据该架构,本公司股本将分为A类股份及B类股份。对于提呈本公司股东大会的任何决议案,A类股份持有人每股可投10票,而B类股份持有人则每股可投1票,唯就极少数保留事项有关的决议案投票除外,在此情况下,每股股份享有1票投票权。

紧随全球发售完成后,不同投票权受益人为雷军及林斌。雷军将实益

案例一
雷家"有米"初长成

拥有 4 295 187 720 股 A 类股份,约占本公司就除保留事项以外事项的股东决议案投票权的 51.98%;林斌将实益拥有 2 400 000 000 股 A 类股份,约占本公司就除保留事项以外事项的股东决议案投票权的 29.04%。

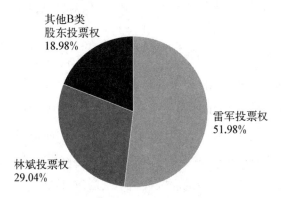

图 10 小米股东投票权比例

资料来源:作者根据小米集团招股说明书整理

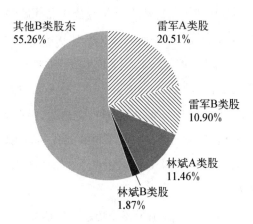

图 11 小米双层股权结构

资料来源:作者根据小米集团招股说明书整理

值得关注的是,小米在招股说明书中公布了两份财报:一份是按照国际会计准则(IFRS)编制的财报,一份是经 Noon-GAAP 调整后的财报。按照 IFRS,小米 2017 年亏损 439 亿元,若不按 IFRS 计量,则盈利 54 亿元,两者相差高达 493 亿元,其中仅可转换可赎回优先股调增的利润就高达 541 亿元。按照 IFRS 编制的资产负债表,小米 2017 年末的股东权益为 -1 272 亿元,但若剔除可转换可赎回优先股的影响,其股东权益则高达 343 亿元,两者相差 1 615 亿元。一时间,广大投资者陷入了困惑,孰对孰错,见仁见智,众说纷纭,莫衷一是。

小米在招股说明书中对自己的定位是一家互联网公司,许多机构投资者基于互联网的高估值属性给予小米 IPO 估值极大地期许,甚至一度猜测小米的 IPO 估值能够达到 1 000 亿美元的天价。但外界对小米互联网身份的质疑一直是舆论的焦点:一家明明主业是手机的厂商,怎么可以定位成互联网企业?而这种质疑在 2018 年小米走上 IPO 之路后也达到了顶峰,甚至有很多人将小米互联网定位的原因直指小米估值,认为这是小米为了获得高估值而不顾投资者利益的举动。

对此,证监会也发布了《小米集团公开发行存托凭证申请文件反馈意见》,要求小米说明公司现阶段定位为互联网公司而非硬件公司是否准确。舆论的压力之下,正在进行上市路演的雷军也不得不改口。

在招股之前的路演中,雷军反复向投资人强调小米的定位是"全球罕见的,同时能做电商、硬件、互联网的全能型公司",称小米的估值应该是"腾讯乘苹果的估值,因为小米是全能型的新物种"。后来,雷军在中国香港四季酒店召开的全球发售新闻发布会称:"我不再纠结我们到底是硬件公司还是互联网公司,我更在意的是,小米是一家独一无二的公司。"

(二) CDR 难产

除了港交所新制度安排外,小米还正巧赶上中国内地正推进独角兽回 A 股上市的时机。中国证监会在 2018 年年初的工作会议指出,要吸收国际资本市场成熟有效有益的制度与方法,改革发行上市制度,努力增加制度的包容性和适应性,加大对新技术、新产业、新业态、新模式的支持力度。长期以来,中国投资者一直无法投资本土成功科技企业,它们多数因为受到上市盈利等因素影响而在海外上市。CDR(中国存托凭证)是中国为改变这点作出的努力。

2018年6月6日深夜,证监会正式发布了以《存托凭证发行与交易管理办法(试行)》等九文,即日生效。这一系列规范对中国境内CDR的发行、上市、交易、信息披露制度等作出了具体安排。6月11日,小米提交了CDR招股书。6月19日,证监会原定开展审核工作。按计划,小米CDR排队仅12天。这表明证监会此次对于小米CDR的决心很大,希望小米打响CDR第一枪,为后续企业申请树立标杆。

(三) 首日破发,市值缩水

2018年7月9日,小米集团在中国香港证券交易所正式挂牌上市,股票代码为"01810",发行价17港元/每股,估值543亿美元。

小米开盘价报16.6港元,较17港元的发行价下跌2.35%。截至收盘,小米报收16.58港元,跌幅为2.47%。

面对破发的窘境,小米CEO雷军表现淡定:"过去8年有起有落的小米实际上都很顺利,这次IPO价格低未必不是一件好事,因为短期的股价不是最重要的,公司长期价值才是。"他表示长期持有小米一定会赚,并承诺"让首日买入公司股票的投资者赚1倍"。

实际上,雷军在7月8日的公开信中也谈道:"最近资本市场跌宕起伏,小米能够上市就意味着巨大成功。"

但事实是上市之后的走势让对其充满期待的投资者"跌碎了眼镜"。小米自上市以后股价仅出现了短暂的上涨,最高时达到22.20港元/股。此后就一直下跌,2019年1月16日跌至9.44港元/股,创上市以来最低,较发行价跌幅44.47%。之后股价虽有所回升,但幅度较小,依然低于发行价。截至4月29日收盘,小米的股价为11.98港元/股,已经较上市首日收盘价跌去29.53%,而如果与上市之后的最高价22.20港元/股相比较的话,跌幅更是高达46.04%。股价一路向下,小米的市值也一路缩水,之后市值为3 015.86亿港元,较上市之后的高峰值5 291.81亿港元已"缩水近五成"。

七、上市之后的表现

尽管资本市场上的表现不尽如人意,但小米上市之后的财务表现依然亮眼。

(一)营收与净利润增长势头良好

截至 2018 年 12 月 31 日,小米所有业务分部收入均获强劲增长,取得收入 1 749 亿元,同比增长 52.6%;经调整净利润 86 亿元,同比增长 59.5%。

从分部收入看,2018 年全年智能手机收入 1 138 亿元,增长 41.3%;销量 1.187 亿部,增长 29.8%,是业内罕见的在 2018 年保持持续高速增长的公司。根据 IDC 的统计,报告期内小米集团智能手机出货量排名全球第四。

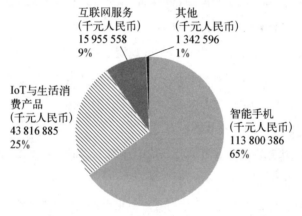

图 12 2018 年小米分部收入

资料来源:作者根据小米集团 2018 年度报告整理

2018 年 IoT 与生活消费产品收入 438 亿元,增长 86.9%,其中智能电视及笔记本电脑收入 182 亿元,增长 118.4%。全球智能电视出货量 840 万台,增长 225.5%。2018 年,IoT 业务开始向全球扩张,智能电视于 2018 年 2 月进入印度市场,2018 年度在该市场电视在线出货量排名第一。截至 2018 年 12 月 31 日,拥有超过五个小米 IoT 设备(不包括智能手机及笔记本电脑)的用户约为 230 万名,环比增长 16.2%,同比增长 109.5%。

2018年互联网服务收入160亿元,增长61.2%。其中广告收入101亿元,增长79.9%;游戏收入27亿元,增长7.3%;其他(主要为小米互联网金融、有品电商平台)收入32亿元,增长79.9%。通过销售更多智能手机、丰富产品及内容、完善客户体验、持续优化推荐算法,小米的应用程序实现了更高的活跃用户数并整体提升了每名MIUI用户平均收入(ARPU)。MIUI的月活跃用户由2017年12月的1 708万人次增长41.7%至2018年12月的2 421万人次。互联网服务的ARPU由2017年的57.9元增长到2018年的65.9元。

(二)手机收入占比下降,IoT与互联网服务开始发力

从收入构成看,2018年小米智能手机营收占比从2017年70%下降至2018年65.1%,实现营收1 138亿元;而IoT营收占比则从20.5%提升至25.1%,实现营收438亿元;互联网服务占比9.1%,略有增长,实现营收近160亿元。

(三)国际市场表现出色

除此之外,小米国际市场的业务拓展取得了巨大成功。截至2018年第三季度,小米手机于印度手机市场连续四个季度第一;于印度尼西亚出货量同比增长337%,排名第二;于西欧地区出货量同比增长386%,排名第四。

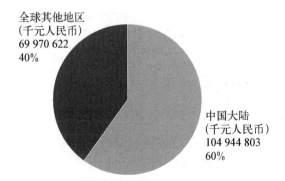

图13　2018年小米分地区收入

资料来源:作者根据小米集团2018年度报告整理

截至2018年12月31日,国际市场收入实现700亿元,同比增长118.1%,2018年国际市场收入占总收入的比重由28.0%提升至40.0%。

八、尾声

2018年7月9日9点30分,小米创始人雷军和17位代表敲响了港交所特制的加大版铜锣,为小米的IPO画上了一个句号。在雷军的旁边,林斌看着小米巨大的logo,心中感慨万千:八年的奋斗,他和雷军不仅实现了当初的梦想,还在不断创新中让这个梦想在整个世界都大放光芒。

上市前夕,雷军曾发表了一段动情的致辞:八年前,几乎没有人相信我们能做好小米。但是谢天谢地,公司有13个人当时喝了小米粥就开始创业。

对于小米而言,上市仅仅是开始。还好,雷军对小米的认知很清晰:小米正走在伟大的路上。

2019年4月,雷军发布了公开信,他在信中写道:"青山遮不住,毕竟东流去,只要我们初心不改、奋斗不止,就没有什么能阻挡小米的奔涌之心。所有途中的艰险与苦难都只是伟大征途的注脚,风暴尽头终将是晴空万里。"

案例使用说明

一、教学的目的与用途

1. 本案例适用于"财务会计""企业管理""资本运作与企业上市"等课程中有关新经济企业商业模式、企业IPO过程中股权架构的设计以及可转换可赎回优先股等相关领域的教学。

2. 本案例的教学目的是让学生深入了解小米独特的商业模式如何为它带来发展历程的演变、小米寻求IPO的过程以及IPO过程中出现的问题与争议。小米作为近年来迅速崛起的新兴独角兽公司,其在港上市的过程能为我国独角兽企业回归 A 股上市提供有效借鉴。

二、启发思考题

1. 小米的商业模式是什么?有什么创新之处?
2. 小米为什么从"五年内不上市"到"启动 IPO"?
3. 小米是如何设计其股权架构的?为什么要这样设计?有什么影响?
4. 请结合招股说明书,分析可转换可赎回优先股对小米财报造成了哪些影响?并据此分析小米 2017 年的真实财务状况究竟如何。
5. 请结合小米的商业模式、财务分析以及市场表现分析小米属于硬件公司还是互联网企业。

三、分析思路

本案例通过介绍作为"新兴独角兽"的小米从创业开始历经八年发展,最终成功在港 IPO 的始末,使读者了解小米作为新经济实体其独特的商业模式如何为它带来辉煌的业绩表现。同时,小米成功在港 IPO 的过程可以帮助读者了解"双重股权架构"的设计对于企业的影响以及可转换可赎回优先股作为融资手段对新兴创业公司带来的影响。分析思路如图 1 所示。

四、理论依据及分析

【理论依据】

1. 同股不同权

"同股不同权",又称"双重股权结构",是指资本结构中包含两类或多类不同投票权的普通股架构。这种股权架构模式是按照每股拥有的表决权大小,将普通股划分为 A、B 股两类,A 股为普通股,一股一票,B 股为特别股,拥有 A 股数倍的表决权。A 类股和 B 类股最大的差别在于投票权,正如小米提交的上市申请一样,A 类股的持有者,1 股代表 10 份投票权,而 B 类

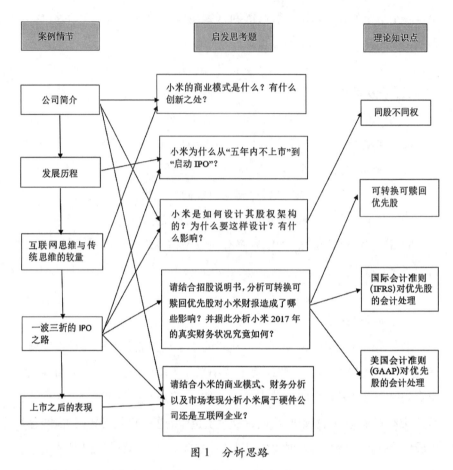

图 1　分析思路

股的持有者，1 股代表着 1 份投票权。这就意味着，最大的股东并不意味着就是控股股东，并不意味着就拥有决策权。正如小米此次递交的招股说明书上显示，雷军拥有小米公司 31.4% 的股份，却拥有公司 51.98% 的表决权。

双重股权架构充分体现了法律的人性特征。成长性企业在发展过程中，需要有大资金进来推动其跨越式发展，如何平衡看好企业未来发展的投资人与创始股东或管理股东的利益，是一个非常关键的问题。"同股不同权"的双重股权架构，刚好能满足这一要求。既有利于利用这一制度来进行股权融资，又能避免因股权过度稀释而可能导致创始股东丧失公司控制权的情况发生,从而保障企业的长期持续稳定发展。我国在美国上市的百度、阿里巴巴、京东等均采用这种同股不同权的股权架构。

依照我国现有《公司法》的规定,只有有限公司才能设置双重股权架构,而股份公司则不能设置"同股不同权"的股权架构,也不允许"同股不同权"的公司上市。

2. 可转换可赎回优先股

可转换可赎回优先股常见于私募股权基金、风险投资机构对企业的投资中。由于签署的优先股投资协议中规定,被投资企业上市后优先股会转变成普通股,所以是"可转换"的。如果一旦无法上市,则要按照协议约定的价格回购优先股,因此该优先股是"可赎回"的。

优先股虽然是股权投资的产物,但是由于投资协议中往往有优先清算权、回购等条款,让其又多了债务工具的属性,特别是附有对赌协议的回购条款。常见的对赌条款为业绩对赌或者上市对赌,如果被投资单位五年内不能 IPO,则被投资企业按照协议约定的价格强行回购优先股。由于一般的股票不具备要求公司强制回购的属性,所以优先股虽然也是"股",但是多了债务工具的属性。这类优先股就相当于一个附带了普通股认购权的债券。投资者行权时,按约定的转股价格将优先股转换为普通股;不行权时,企业到期按约定利率赎回优先股并支付利息。

从被投资企业的角度看,如果自身的经营效益好,经营风险小,企业一定优先采取债权融资而不是股权融资。原因之一是,债权融资的成本比股权融资低,投资人要求的回报率低,而且债权融资可以抵税。另一个原因是,债权融资有强制偿还的义务,但是股权融资不存在这样的问题。所以对于初创企业,特别是互联网企业,股权融资是最好的方式。

从投资人的角度看,通过在投资协议中设立多项条款,既可以满足内部风控的要求,又可以更好保护自身的利益。

小米上市前发行优先股融资的情况如表1所示。

表1 2010~2017年小米融资情况

	发 行 日 期	融资额(美元)
A系列优先股	2010年9月28日	10 000 000
A系列优先股	2010年12月21日	250 000
B1系列优先股	2010年12月21日	25 000 000
B2系列优先股	2010年12月21日	2 500 000
B+系列优先股	2011年4月11日	2 750 000
B++系列优先股	2011年8月24日	600 000
C系列优先股	2011年9月30日	44 000 000
C+系列优先股	2011年11月10日	2 100 000
C系列优先股	2012年3月29日	44 000 000
D系列优先股	2012年6月22日	108 000 000
D系列优先股	2012年12月21日	108 000 000
E1系列优先股	2013年8月5日	80 000 000
E2系列优先股	2013年8月5日	20 000 000
F1系列优先股	2014年12月23日	750 800 000
F2系列优先股	2014年12月23日	150 160 000
F1系列优先股	2015年3月25日	23 150 000
F1系列优先股	2015年7月3日	200 000 000
F1系列优先股	2017年8月24日	10 000 000

资料来源：作者根据小米集团招股说明书整理

小米集团招股说明书中关于可转换可赎回优先股信息如下：

(1) 我们发行的优先股可自开始赎回日期(即2019年12月23日)起随时按持有人选择赎回。该工具可于2015年7月3日后按持有人选择转换为B类股份，或于小米集团发生合资格公开发售结束或经过半数发行在外A系列优先股持有人书面同意或经三分之二以上发行在外优先股(A系列优先股除外)持有人书面同意后自动转换为B类股份。

(2) 我们将优先股指定为按公允价值计入损益的金融负债，初始按公允价值确认。初始确认后，优先股以公允价值列账，公允价值变动于合并损益表确认。

（3）在公司所适用的会计政策下，可转换可赎回优先股在资产负债表中以公允价值计量且其变动计入当期损益的金融负债计量，金融负债公允价值的增加会在当期损益表中体现为亏损。

根据招股说明书，小米的可转换可赎回优先股有如下特点：

（1）持有者有权收取非累计股息外加按原发行价的8%计算的应计利息。

（2）持有人可自2015年7月3日起，在小米公开上市或超过50%的持有者要求赎回时，按当时有效的转换价转换为普通股。

（3）自2019年12月23日起，按发行价加8%应计利息及已宣派但未支付股息之和与优先股公允价值孰高者的价格，赎回全部优先股。

（4）持有人有权在清算时按发行价加上应计或已宣派但未支付的股息，或发行价的110%优先收取剩余的权益，倘若可供分配的剩余权益不足以悉数支付优先股受偿金，持有人有权优先于普通股持有人分配剩余权益。

3. 国际会计准则（IFRS）对优先股的会计处理

国际会计准则（IFRS）把优先股全部确认为债务性工具，并以公允价值计量，其性质有点类似以公允价值计量且变动计入当期损益的金融负债，只不过优先股会划分在非流动负债中。在收到优先股投资的时候，按照账面价值确认货币资金和优先股；对于后续的计量，按照年末的优先股公允价值和投资时的公允价值的差价，确认公允价值变动损失同时增加优先股的账面价值。在小米的招股说明书中，对于可转换可赎回优先股的处理方式是按照国际会计准则将其确认为一项金融负债。

4. 美国会计准则（GAAP）对优先股的会计处理

美国会计准则（GAAP）采用"两步法"将混合金融工具区分为金融负债和权益工具。第一步应考虑是否存在权变性的行权条款，若存在，这些条款只能与发行人自己的股票挂钩。第二步应考虑履行现金或股票转移义务的金额，当该金额等于所发行股份公允价值与一个固定的货币金额或所发行债务工具的一个固定金额之间的差额,可将混合金融工具视为权益而不是负债。即使预定价格不符合上述条件,混合金融工具也有可能划分为权益,如可能影响履约金额包含了"固定对固定"的远期合约或期权。

【案例分析】

1. 小米的商业模式是什么?有什么创新之处?

小米商业模式,即以"硬件+新零售+互联网"构成的"铁人三项",是小米在商业模式领域的重要创新。小米商业模式的核心是以互联网思维打造硬件和软件,积累海量用户,通过服务变现。

具体来说,小米最初的设想是以互联网思维做软件和硬件,以品牌和口碑积累粉丝,塑造品牌形象。手机仅获取微薄利润(利润率<5%),把手机当作生态的流量入口,将用户导向互联网服务盈利。其意义在于通过业务的合理组合提升企业的整体运营效率。同时,小米通过自主研发与投资持续扩大生态产品品类,并不断丰富互联网服务,寻求更宽泛的产品销售渠道。硬件、互联网服务、新零售三者之间有较强的协同效应。

与传统互联网公司不同的是,小米的"铁人三项"之间具备更为复杂的联结。硬件(小米手机)的热销吸引了流量,促成了线上渠道(小米商城)的建设。渠道的建设推动了其他硬件产品(手环、移动电源)的销售,而其他硬件产品的品类增长又为线下渠道(小米之家)的建设提供了必备条件。

2. 小米为什么从"五年内不上市"到"启动IPO"?

(1)来自市场份额的压力。

2018年年初,雷军在小米年会上表示要用10个季度重返中国第一手机品牌,也就是说小米要在2020年全面超越华为,成为世界第三大手机品牌,但国内市场份额已经趋近饱和,市场份额的增长需要开拓国际市场。从地区销售以及增长情况可以看出,小米手机的国际化进程是相对成功的,小米公司全球其他国家或地区的销售增长率远远超过国内的销售增长率。海外市场销售的增长虽然很快,但是基数小,还有广阔的上升空间,而国际化之路需要大量的资金。

案例一
雷家"有米"初长成

（2）来自研发的压力。

近年来，小米加大了研发的投入力度，研发支出逐年增长。但对比同行业高科技公司如苹果、华为等，小米的研发支出依然严重不足。此外，由于中兴事件的影响，国产芯片成为关注的焦点，业界都在迫切希望能够做出国产芯片，不再受制于人。2017年2月小米曾推出首款自研芯片——澎湃S1，时隔一年多，澎湃S2却迟迟未见踪影，因此迫于后期自主产品研发的压力，小米需要大量的资金。

（3）生态链资金短缺。

由于目前小米智能手机的营收仍然是其主要收入来源，而硬件综合净利润率不超过5%的战略决定了小米目前的盈利状况无法支持其庞大的生态链体系。2018年，小米投资和管理的生态链企业就已经超过了210家。再加上扩展海外业务，为入驻IoT平台的合作者提供启动资金都需要大量的资金支撑。

（4）开拓线下渠道。

2018年，小米之家在全国共开设586家，较2017年增长了1倍，并计划到2020年增至1 000家，小米之家线下渠道的建设也为小米带来了巨大的资金压力。

3. 小米是如何设计其股权架构的？为什么要这样设计？有什么影响？

小米采用不同投票权架构，根据该架构，小米的股本将分为A类股份及B类股份。对于提呈股东大会的任何决议案，A类股份持有人每股可投10票，而B类股份持有人则每股可投1票，唯就极少数保留事项有关的决议案投票除外，在此情况下，每股股份享有一票投票权。

小米上市后，不同投票权受益人为雷军及林斌。雷军将实益拥有4 295 187 720股A类股份，约占本公司就除保留事项以外事项的股东决议案投票权的51.98%。林斌将实益拥有2 400 000 000股A类股份，约占本公司就除保留事项以外事项的股东决议案投票权的29.04%。

同股不同权架构有利于成长性企业直接利用股权融资，同时又能避免股权过度稀释,造成创始团队丧失公司话语权,保障此类成长性企业能够稳定发展。

不同投票权架构的影响:

(1) 对创始团队的影响。

雷军和林斌分别拥有51.98%、29.04%的投票权,合计81.02%。按开曼公司法和组织章程规定,小米集团的重大事项经3/4表决权的股东同意通过,普通事项由半数以上表决权的股东同意通过。由此,雷军一人即可决定公司普通事项,只要雷军和林斌达成默契,就可以决定公司的重大事项。

不同投票权架构的设计使得以雷军为首的创始团队不用面对恶意并购的压力,可以有效激励他们利用自身专业知识与行业判断力投入更多的创新能力和智力资本,当他们需要资本的时候也会大胆融资而不是出于控制权的考虑导致错失良机。

(2) 对公众股东的影响。

从表面上来看,出资55.26%的B类股东只拥有29.04%的投票权,要为雷军和林斌做出的决策承担风险。但小米公司在风险因素中披露:A类股东不会损害股东的利益,双层股权结构是为了拥护公司的发展利益。由于互联网公司属于当前的新生行业,绝大部分投资者对该行业的运营缺乏成熟经验以及远见,如果公司采用同股同权的模式上市,股东可能无法做出最好的决策,从而影响公司的发展前景和股东利益。为了能与B类股东达成一致,A类股东也会听取B类股东的建议,并确定最好的方案,最大程度地维护B类投资者的利益。另一方面,公众股东投资小米的目的是为了赚取资本利得,当公司的强大管理者能够为股东带来丰厚的回报时,表决权对于公众股东来说已不再重要。

(3) 对企业价值的影响。

不同投票权架构可以形成一支稳定的管理团队。一支稳定的管理团队可大大削减决策时间,在提高公司运行效率的同时也保证了股东决策与长远战略的匹配,避免了外部股东的短视行为对小米产生的不利影响。同时,稳定的管理团队也提升了公众股东的信心。总之,同股不同权为获取公司可持续竞争力提供了保证,有利于实现小米的长期价值。

4. 请根据招股说明书,分析可转换可赎回优先股对小米财报造成了哪些影响?并据此分析小米 2017 年的真实财务状况究竟如何。

根据小米的招股说明书,按照 IFRS 小米 2017 年亏损 439 亿元,若不按 IFRS 计量,则盈利 54 亿元,两者相差高达 493 亿元,其中仅可转换可赎回优先股调增的利润就高达 541 亿元。

为了遵循 IFRS,小米将其可转换可赎回优先股作为金融负债进行会计处理,并在后续的资产负债表日上将这些金融负债公允价值变动计入当期损益。所以当小米的经营状况变好,盈利能力增强,其估值就会升高。而小米的估值越高,要确认的公允价值变动损益就会越大,所以就会出现企业效益越好,亏损反而越多的现象。

这种损益不仅有悖于经营情况,而且缺乏经济实质。小米 2015 ~ 2017 年的经营情况蒸蒸日上,营业收入从 2015 年的 668 亿元猛增至 2017 年的 1 146 亿元,经营利润也从 2015 年的 14 亿元飙升至 2017 年的 122 亿元,其可转换可赎回优先股的公允价值在 2017 年增加了 541 亿元。面对这种大好形势,小米却不得不在 2017 年的利润表上确认了高达 541 亿元的金融负债公允价值变动损失。更重要的是,小米 2017 年确认的这 541 亿元亏损,并没有导致小米的现金流出,纯粹是因为遵循不同的会计准则产生的账面损失。

优先股的性质认定和计量结果,直接影响到企业的利润分配。按照 IFRS,小米将其优先股划分为金融负债,并将公允价值变动的计量结果确认为当期损益,导致 2017 年巨亏,无利可分[1]。若小米按照 GAAP 将优先股划分为权益工具,则不存在此问题[2]。小米若将发行的优先股认定为权益工具,初始计量按发行时收到对价的公允价值计量,不存在后续计量问题,剔

---

[1] IAS 32 - Financial Instruments.
[2] ASC 480 - 10 - S99 - 3A Classification.

除优先股的影响,2017年其利润就可增加541亿元,就有利可分①。事实上,公允价值变动损益,只是一种未实现的账面利得(损失),对企业的现金流量没有丝毫影响,本不应当对企业的利润分配产生影响②。

虽然根据IFRS小米净利润亏损很多,但是中国香港上市的盈利要求是对于经常性损益要求的。因此诸如投资收益、优先股公允价值变动损益这样的非经常性损益都会被剔除,计算真正的盈利能力。小米披露的招股说明书包含一份公认会计原则业绩指标,即Non-GAAP业绩指标,这一份业绩指标剔除与经营无关影响因素,能在很大程度上纠正按照IFRS编制的财务报告的偏差。小米2017年利润表上的净利润为-438.89亿元,剔除四个调整项目的影响后,Non-GAAP的净利润为53.62亿元。这四个调整项目有两个共同特点:一是都与小米的经营业务无关,二是都不涉及现金的流出或流入。因此经过Non-GAAP调整后的财报更能反映小米的实际盈利能力。

表2　小米招股说明书中的Non-GAAP调整项目　　　单位:亿元

项目	金额	对净利润的影响
可转换可赎回优先股公允价值变动损失	540.72	调增净利润
以股份为基础的薪酬	9.09	调增净利润
投资公允价值增益净值	57.32	调减净利润
收购导致的无形资产摊销	0.02	调增净利润

资料来源:作者根据小米集团招股说明书整理

5. 请结合小米的商业模式、财务分析以及市场表现分析小米属于硬件公司还是互联网企业。

2015~2018年,小米的营收主要由智能手机贡献,虽然占比一直在下降,但

---

① SFAS 150 - Accounting For Certain Financial Instruments with Characteristics of Both Liabilities and Equity.
② 黄世忠.优先股性质认定、会计处理及其经济后果分析:基于小米财务报告的案例研究[J].财务与会计,2018(10):6-9.

2018年依然高达65.06%。IoT与生活消费品营收占比一直在上升,2018年达到25.05%。而互联网服务营收占比在最高年份2016年也仅占9.55%。

由于高科技互联网公司因其产品的差异性往往伴随高毛利,所以,分析小米集团是否属于互联网公司只要看其销售毛利率即可。小米集团2017年销售毛利率为13.22%,略高于上年10.59%的水平,较之2015年4.04%有较大幅度的提升。但相对于高科技公司而言,这是一个极低的销售毛利率水平。与其他高科技公司毛利率对比可知,苹果公司2017年销售毛利率为38.47%,微软2017年的销售毛利率为61.9%,小米与它们相比,显然相差太多。

表3　2015~2018年小米主营业务毛利率　　　　单位:%

毛利率	2015年	2016年	2017年	2018年
总体	4.04	10.59	13.22	12.69
智能手机收入	-0.32	3.45	8.81	6.19
IoT与生活消费产品	0.40	8.16	8.32	10.29
互联网服务	64.17	64.37	60.23	64.38
其他产品	64.96	48.30	19.70	27.28

资料来源:作者根据小米集团招股说明书和2018年度报告整理

再看作为衡量高科技公司属性标准的研发情况,2015~2017年,小米集团累计投入的研发经费67.67亿元人民币。而对比同行业高科技公司,苹果公司2017年度投入研发经费为115.8亿美元,华为控投2017年的研发投入为897亿元人民币。与它们相比,小米的研发投入严重不足。

因此目前来看,无论是营收、销售毛利率还是研发投入情况,小米都不能说是一家互联网公司,只能定义为一家以智能手机为主,兼营IoT与生活消费品及相关互联网服务的公司。

当然,小米的商业模式所要颠覆的正是产品的销售毛利率,既要产品科技领先,还要给消费者以厚道的价格。这也正是小米的核心价值观所在:借助于互联网平台,让顾客参与创造、参与创新,并以此来建立顾客、员工与股东之间新的得益均衡①。

2015~2018年小米的互联网属性逐渐增强,表现在以下四方面。

(1)互联网服务营收占比逐年提高。

2015~2018年三大主营业务收入占比变化明显,智能手机收入占比由原来的80.40%大幅降至65.06%,而IoT与生活消费产品占比提高至25.05%,2018年更是实现同比增长87%;互联网服务收入占比由原来的4.85%上升至9.12%。而且小米最近两次战略调整都集中在AIoT方面,整个IoT与生活消费品业务的营收占比越来越高,互联网生态链打法已见威力。

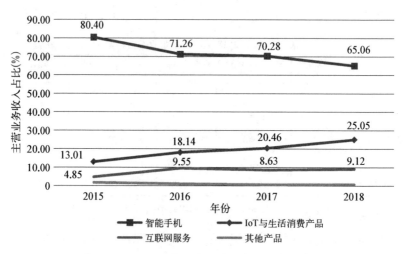

图2　2015~2018年小米主营业务收入占比情况

资料来源:作者根据小米集团招股说明书和2018年度报告整理

(2)互联网服务毛利贡献突出。

小米的互联网服务收入规模仅占4成,但毛利率远远高于其他业务。2018年,互联网服务的毛利率为64%,是手机毛利率的10倍,从总体毛利润来看,包括硬件在内的实体对毛利润的贡献为64%左右,互联网服务则贡献了46%左右的毛利。

---

① 薛云奎. 小米财报与估值[N/OL]. 人民日报,2018-07-23[2018-07-26]. http://baijianhao.baidu.com/s?id=1606748739005435988&wfr=spider&for=pc.

案例一
雷家"有米"初长成

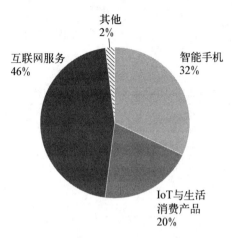

图3　2018年小米主营业务毛利构成

资料来源：作者根据小米集团2018年度报告整理

（3）互联网研发投入增加。

截至2018年3月底,小米的专利组合包括16 000项正在受理的专利申请及7 000多项已授权专利,自主研发意识逐步增强,研发支出同比大幅增加,科研人员数量也在增长。2016~2018年小米研发费用逐年递增,复合增长率66.2%,2018年研发投入达到58亿元,同比增长81.25%。

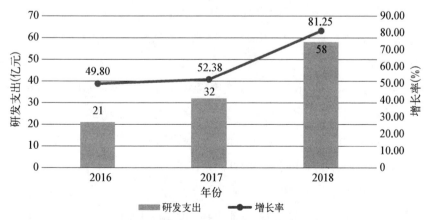

图4　2016~2018年小米研发投入及增长率

资料来源：作者根据小米集团招股说明书和2018年度报告整理

而小米的招股说明书显示,在小米IPO的募集资金中,将有30%未来用于研发包括系统芯片在内的核心自主产品,因此可以预见小米未来的研发投入将会进一步增长。

表4 小米招股说明书中扣除发行费用后的募集资金净额的用途

用途	筹资净额比例(%)
研发核心自主产品(系统芯片、操作系统与人工智能)	30
扩大并加强IoT及生活消费产品及移动互联网服务(包括人工智能)等主要行业的生态链	30
全球(东南亚和欧洲)扩张	30
营运资金及公司一般用途	10

资料来源:作者根据小米集团招股说明书整理

(4)互联网活跃用户数量持续增长。

随着商业模式中互联网布局的进一步提升,小米积攒了越来越多的活跃用户,截至2018年12月31日,小米IoT平台已连接的IoT设备数量(不包括智能手机和笔记本电脑)约为1.51亿台,同比增长193.2%。小米音箱累计出货量超900万台,小米电视全球出货量840万台,同比增长225.5%。MIUI的月活跃用户数为2.42亿人次,同比增长41.7%,每名互联网用户所产生的平均收入也增长至65.9元。与此同时,小米的海外市场也在逐步扩张。庞大的"米粉"用户数量和他们所带来的巨额流量进一步增强了小米的互联网属性。

虽然对小米营收贡献最大的是智能手机业务,其次才是IoT及互联网产品,但是对小米生态来说,硬件只是为了低成本获客。变现模式主要是通过硬件导流,使用广告和互联网增值服务来实现。对传统硬件公司来说,销售意味着结束,而对小米来说,销售意味着开始。

综上,从短期看,小米仍然是一家以硬件为主要收入来源的公司,而长期上的物联网生态平台的实现,本质上极度依赖于其硬件的规模和渗透率,因而长期看,小米的硬件与互联网其实是相辅相成、缺一不可的存在,收入

案例一
雷家"有米"初长成

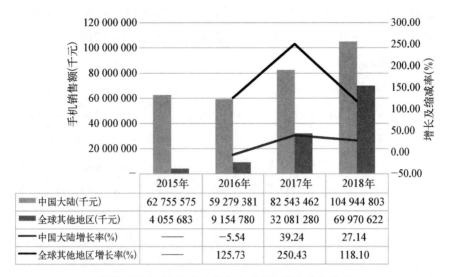

图 5 2016~2018 年小米分地区手机销售增长情况

资料来源：作者根据小米集团招股说明书和 2018 年度报告整理

有望平分秋色，而利润则主要由互联网服务贡献。所以，短期上市场或将更多以硬件角度看待，而长期上小米有机会与实力成为真正的下一代互联网巨头。

五、背景知识

1. 独角兽企业

独角兽企业在资本市场上的含义是指那些发展速度快、稀少、投资者追求的创业企业。衡量一个企业是否是独角兽有两个常用标准：一个是成立不超过 10 年、接受过私募投资且尚未上市的初创企业；另一个是企业的估值超过 10 亿美元，其中，估值超过 100 亿美元的企业被称为超级独角兽。独角兽公司通常具有明显的爆发性、成长曲线好、独有的核心技术、能抓住风口、颠覆性的商业模式以及规模效应等特征。

2013 年以前，全球独角兽企业不到 20 家，中国独角兽企业更是屈指可数。但最近几年中国和全球范围内的独角兽企业正迅速增多。2017 年中国独角兽企业共 120 家,总体估值近 3 万亿元,其中 6.67% 的企业属于超级独角兽,估值超过 700 亿元。独角兽分布最多的行业为互联网服务、电子商务以及互联网金融。

2. 独角兽企业上市路径

从估值超过 10 亿美元这一基本标准出发,可以将中国独角兽企业划分为"中概股"和"一级市场"两大阵营,从这两大阵营划分,独角兽企业上市主要有回归 A 股和直接 IPO 两大路径。中概股"回归",可以像 360 一样走海外私有化退市回 A 股 IPO 或借壳之路,也可以发行 CDR;而独角兽公司直接 IPO,既可以选择在 A 股上市也可以选择在海外或 H 股上市。

从前由于 A 股对上市企业有盈利要求、A 股市场不支持双重股权结构以及 A 股上市时间周期长且不确定性大等因素,许多独角兽公司如百度、阿里巴巴、腾讯等都选择在海外上市。

3. 港交所上市新规

2018 年 4 月 30 日,港交所修订后的主板《上市规则》正式生效,并开始接受新经济公司的上市申请。主板《上市规则》新增三个章节并对现行《上市规则》条文作相应修订,以容许未能通过主板财务资格测试的生物科技公司上市;容许拥有不同投票权架构的公司上市;以及为寻求在中国香港作第二上市的公司设立新的便利的第二上市渠道。港交所此次改革旨在吸引新经济公司上市,特别是为以上三类难以满足常规主板上市要求的新经济企业开辟"绿色通道"。

4. CDR

CDR,即中国存托凭证(Chinese Depository Receipt),是指以人民币交易结算,供投资者买卖的投资凭证,目前以股票为主。CDR 主要针对在互联网、大数据、云计算、人工智能、软件和集成电路、高端装备制造、生物医药等科技产业内达到相当规模的创新企业,如京东、百度、阿里巴巴等。

2018 年两会期间,证监会多次表示,为了迎接以独角兽企业为代表的新

案例一
雷家"有米"初长成

经济回归 A 股,拟通过 CDR、绿色通道等短期措施,鼓励优秀的独角兽企业尽快在 A 股上市。6 月 6 日,证监会正式发布了《存托凭证发行与交易管理办法(试行)》等文,即日生效。这一系列规范对 CDR 的发行、上市、交易、信息披露制度等作出了具体安排。

由此,不管是 A 股准允发行 CDR,还是港股开放"同股不同权",资本市场都在积极尝试为高科技和互联网创新企业上市减少障碍。这些尝试有利于促进科技企业的发展,提升企业创新能力,激发民间资本活力,也能让金融市场在不断地改革中变得更加包容、完善。

六、关键要点

1. 关键知识点:(1)商业模式;(2)同股不同权;(3)可转换可赎回优先股;(4) IPO。

2. 能力提升点:根据案例与相关的参考文献,引导学生对小米的商业模式、IPO 的过程以及 IPO 过程中存在的问题和争议等做进一步研究。

七、建议课堂计划

本案例可以作为专门的案例讨论课来进行。如下是按照时间进度提供的课堂计划建议,仅供参考。

整个案例课的课堂时间控制在 80~90 分钟。

课前计划:提出启发思考题,请学生在课前完成阅读和初步思考。

课中计划:简要的课堂前言,明确主题　　(2~5 分钟)

　　　　　分组讨论　　(30 分钟,告知发言要求)

　　　　　小组发言　　(每组 5 分钟,控制在 30 分钟)

　　　　　引导全班进一步讨论,并进行归纳总结　　(15~20 分钟)

课后计划:如有必要,请学生采用报告形式给出更加具体的解决方案,包括具体的职责分工,为后续章节内容做好铺垫。

八、相关附件

附件1　2015~2017年小米合并损益表　　　　　单位：千元

项　　目	2015年	2016年	2017年
收入	66 811 258	68 434 161	114 624 742
销售成本	64 111 325	61 184 806	99 470 537
毛利	2 699 933	7 249 355	15 154 205
销售及推广开支	1 912 765	3 022 313	5 231 540
行政开支	766 252	926 833	1 216 110
研发开支	1 511 815	2 104 226	3 151 401
按公允价值计入损益之投资公允价值变动	2 813 353	2 727 283	6 371 098
分占按权益法入账之投资（亏损）/收益（亏损以"－"号填列）	-92 781	-150 445	-231 496
其他收入	522 436	540 493	448 671
其他（亏损）/收益净额（亏损以"－"号填列）	-379 439	-528 250	72 040
经营利润	1 372 670	3 785 064	12 215 467
财务（费用）/收入净额（亏损以"－"号填列）	-85 867	-86 246	26 784
可转换可赎回优先股公允价值变动	8 759 314	2 523 309	54 071 603
除所得税前（亏损）/利润（亏损以"－"号填列）	-7 472 511	1 175 509	-41 829 352
所得税费用	154 519	683 903	2 059 763
年度/期间（亏损）/利润（亏损以"－"号填列）	-7 627 030	491 606	-43 889 115
经调整（亏损）/利润（未经审核）（亏损以"－"号填列）	-303 887	1 895 657	5 361 876

资料来源：作者根据小米集团招股说明书整理

案例一
雷家"有米"初长成

附件2　2018年小米合并损益表　　　　单位：百万元

项　　目	金　　额
收入	174 915.4
销售成本	152 723.5
毛利	22 191.9
销售及推广开支	7 993.1
行政开支	12 099.1
研发开支	5 776.8
按公允价值计入损益之投资公允价值变动	4 430.4
分占按权益法入账之投资（亏损）/收益（亏损以"-"号填列）	-614.9
其他收入	844.8
其他（亏损）/收益净额	213.3
经营利润	1 196.5
财务（费用）/收入净额	216.3
可转换可赎回优先股公允价值变动	12 514.3
除所得税前（亏损）/利润	13 927.1
所得税费用	449.4
年度/期间（亏损）/利润	13 477.7
经调整（亏损）/利润（未经审核）	8 554.5

资料来源：作者根据小米集团2018年度报告整理

附件3　证监会关于《小米集团公开发行存托凭证申请文件反馈意见》

2018年6月证监会发布《小米集团公开发行存托凭证申请文件反馈意见》，内容如下：

"公司是一家以手机、智能硬件和IoT平台为核心的互联网公司。报告期内，互联网服务业务占营业收入的比例分别为4.8%、9.6%和8.6%，主要来自广告推广和移动游戏业务。报告期内公司来自智能手机的销售收入分别为537.15亿元、487.64亿元和805.64亿元，占主营业务收入的比例分别为80.40%、71.26%和70.28%。请发行人结合公司主要产品、业务实质、收入占比、利润来源等，说明公司现阶段定位为互联网公司而非硬件公司是否准确。"

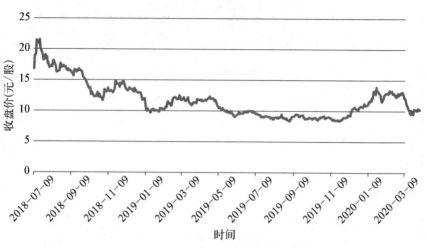

附件4 小米上市之后股价走势

资料来源：国泰安数据库

（方　慧　黄　晶）

案例二

光明乳业能否重现"光明"：
光明乳业股份有限公司财务分析及估值

摘　要：光明乳业是上海的一家大型乳制品生产、销售企业。近年来，该公司的主营销售增长滞缓并出现下降趋势，高管也纷纷离职。本案例以光明乳业近三年的财务报表数据为基本分析素材，运用财务分析的基本方法，就光明乳业目前的财务状况、经营成果和现金流量展开分析，并根据光明乳业的特点选择适当的方法对其进行估值。案例系统地运用常规财务报表分析方法来发现公司存在的问题，具有较高的普适性，对于其他企业解决管理实践中的类似问题有较高的实用价值。

关键词：光明乳业；财务分析；企业估值

　　小时候，光明牛奶和我们的联系，是一个小小的订奶箱，一开始是铁皮的，后来则刷成了白色，有我们再熟悉不过的光明 logo。无论起多早，打开订奶箱，我们都会看到一个玻璃瓶，静静地立在其中，仿佛它早就在那里。那时候的小孩子，其实并不太欢迎这种饮品，我们心里念想的，是正广和汽水，是可口可乐，对于每天都会出现的光明牛奶，不管是胖胖的玻璃瓶身，凝结的那层薄薄的奶皮，还是被爸妈逼着喝下去的每一口牛奶，都是勉为其难的。可是喝着喝着，我们就这样长大了。当我们意识到它真的快要消失的时候，却是心有不舍——光明的现状实在令人担忧。情怀背后是道不尽的心酸：业绩全面下滑，高管频繁离职，市场份额更是一减再减。作为昔日国产乳业的"老大哥"，光明乳业被伊利、蒙牛赶超的同时，竟渐渐淡出了行业第一阵营。不仅如此，截至 2018 年 11 月 9 日收盘，光明乳业市值仅剩

96.24亿元,已不及伊利的一个零头。同一时期,伊利市值1 390.15亿元。曾经辉煌的光明乳业到底发生了什么?它还能重见"光明"吗①?

一、公司的背景

光明乳业股份有限公司成立于1996年,是由国资、社会公众资本组成的产权多元化股份制上市公司,从事乳制品的开发、生产和销售,奶牛的饲养、培育,物流配送,营养保健食品开发、生产和销售等业务,是目前国内最大规模的乳制品生产、销售企业之一。公司拥有世界一流的乳品研究院、乳品加工设备以及先进的乳品加工工艺,主营产品包括新鲜牛奶、新鲜酸奶、乳酸菌饮品、常温牛奶、常温酸奶、奶粉、奶酪、黄油等多个品类。2000年,上海光明乳业有限公司完成股份制改制,并于2002年成功在上海证券交易所A股市场(代码600597)上市交易。

二、昔日的乳业巨头

说起光明乳业,很多土生土长的上海人都会有这样一种共鸣:"有一种属于上海的特有情怀,叫作光明牛奶。"承载着几代上海人记忆的光明乳业也曾辉煌过。公开资料显示,光明乳业是一家拥有百年历史的上海老牌企业,其业务最早可追溯至1911年英国人在上海成立的上海可的牛奶公司。彼时,还没有如今在中国乳业如日中天的伊利和蒙牛。

2002年光明乳业上市时,其在国内乳业中产销量、销售收入、利税总额、市场占有率等均排名第一。那一年,光明乳业的主营收入高达50.21亿元,超过第二名伊利的40.10亿元近25%;而当时蒙牛的营收仅16.68亿元,还不及光明乳业的一半。

从前任掌门"铁娘子"王佳芬的"新鲜"战略,到开创了常温酸奶品类"莫斯利安"的管理者郭本恒,光明乳业曾经拥有持续辉煌的机会。

---

① 光明乳业坠入暗夜?昔日巨头何时再现"光明"![EB/OL].(2019-02-08)[2020-02-08]. http://finance.ifeng.com/c/7K6XmtQLgFs.

| 案例二 |
光明乳业能否重现"光明"

光明乳业的成功离不开一个人,那就是当时被称为乳业"铁娘子"的王佳芬。"王佳芬对于光明乳业的改造功不可没。正是她,将光明乳业这家原先机制僵硬老化的老国企,摇身一变成为机制灵活、现代化的新国企;也是她,抓住了当时乳制品行业发展的先机,带领光明乳业站上了行业的巅峰"。1997年,王佳芬就提出"以全国资源做全国市场"的目标,开启光明乳业全国扩张的步伐①。她对光明乳业的定位在于"新鲜",主打新鲜牛奶和新鲜酸奶的光明,凭借当时的冷链技术和先进的管理经验,到2002年上市时主营收入达50.21亿元,超过第二名伊利近1/4②。

2007年,王佳芬卸任董事长兼总经理一职,光明乳业迎来了第二位卓有成效的管理者郭本恒。在他的带领下,光明开创性地推出国内首款常温酸奶莫斯利安。2012~2014年之间,莫斯利安势如破竹,销售收入同比增长350%、123%、106.5%。2014年销售额达到顶峰近60亿元,约占光明乳业全年营收的34%。

三、民族品牌与外资缠斗15年

1950年,有感于上海没有民族冷饮品牌的现状,上海益民食品一厂开始创立光明品牌。光明品牌创立后,在报纸、电台等媒体上大打广告,还设计了一个别出心裁的宣传方法:由一位漂亮的女工站在宣传车上向市民宣传:"国营工厂是人民的工厂,请食用自己工厂的产品。"这多么像今日华为手机的宣传策略——主打民族品牌。唯一的区别是,华为是民营公司,产品、机制都是全体股东和任正非说了算。

1956年,上海市牛奶公司成立,光明品牌并入牛奶公司,王佳芬后来是这家公司的总经理。1996年,光明乳业成立,王佳芬担任董事长兼总经理。

---

① 光明乳业衰落:与外资缠斗15年,如今不及伊利市值零头[EB/OL].(2018-08-16)[2020-08-16]. https://www.sohu.com/a/247487353_99890220.

② 光明乳业衰落:与外资缠斗15年,如今不及伊利市值零头[EB/OL].(2018-08-16)[2020-08-16]. https://www.sohu.com/a/247487353_99890220.

在光明乳业成立前后,外资一直对它虎视眈眈。

光明乳业从创立到成长的 15 年的历史,就是董事长王佳芬与外资缠斗 15 年的历史。在光明乳业和外资缠斗时,活力 28、乐百氏、北冰洋、崂山、太太乐鸡精等一大批国产品牌已纷纷沦陷。对于缺乏资金支持的民族品牌而言,面对财大气粗的外资集团,开放合作有时是没有办法的办法。

当时达能提出与光明乳业合资建厂,鲜奶厂建成后,达能却把鲜奶设备换成常温奶,最终销量大跌,但达能的中国区经理却将这一切归咎于光明乳业,说光明鲜奶定价太低,挤压了达能的市场空间。

1998 年,达能得知光明酸奶一天的产量高达 70 吨,提出达能和光明乳业合营。王佳芬毫不客气地进行了回击:"你们连达能都经营不好,我怎么能把光明交给你们呢?"后来光明乳业和达能合作的事情告吹,但在 2000 年光明乳业准备上市时,达能说服光明乳业的大当家上海实业,让达能入股光明乳业。

王佳芬虽然是光明乳业的董事长,但身在体制内,有些事情她也是左右不了的。和达能签合同时,王佳芬约法三章:达能不许在中国做酸奶;不准把达能的酸奶业务并入光明乳业;光明乳业有权使用达能品牌 10 年。

事实证明王佳芬还是很有战略眼光的:在随后的时间里,光明酸奶在中国得到迅猛发展,到其市场份额甚至超过鲜奶,早有筹划的光明乳业也牢牢占据了中国酸奶市场的头把座椅。

2002 年,光明乳业在 A 股上市,成为当之无愧的中国乳业第一股,掌门人王佳芬也成为中国的"乳业女王"。但达能对光明乳业的觊觎从来就没有放松过。2003 年,达能亚太区总裁易门生提出与光明乳业组建合资公司,还要光明乳业放弃经营权,这一无理的要求被王利芬断然拒之。

此前,乐百氏被达能收购后,整个乐百氏管理层风流云散,产品最后只剩下一个饮用水。面对达能承诺的 10 亿美元投资,光明乳业的大股东开始动摇。2004 年,光明乳业与达能达成新协议,达能可以持有光明乳业不超过 20% 的股权,后来达能又进一步提出增持到 20.1% 的股权。2005 年,光明乳业爆发了"回收奶"丑闻,王佳芬遭到同行围攻,光明乳业开始分设董事长和总经理,王佳芬在光明乳业的地位被削弱。2006年底,王佳芬等到一个啼笑皆非的结果:达能宣布与蒙牛合作,王佳芬和外资斗了15年,保住了光明乳业的经营权,却把外资推给了自己的对手,然后对手把其远远抛在身后!两年后,王佳芬卸任董事长,离开了她为之奋斗了大半辈子的光明乳业。

四、褪去光环,难回巅峰

近年来,对于光明乳业来说可谓是一个至暗时刻,2018年8月27日光明乳业公布了2018半年报,实现营业收入约为105.71亿元,同比下滑3.23%;归属于上市公司股东净利润约为3.35亿元,相较于上年同期的3.66亿元,降幅为8.58%。这是2016~2018年这家上市乳企交出的最差的一份"成绩单"。至此,光明乳业也被伊利、蒙牛两大乳企远远甩在了身后。光明乳业曾经拥有持续辉煌的机会,却因固守"新鲜"丧失了常温奶的发展机遇。莫斯利安的"销售神话"维持八年后,被伊利和蒙牛的同类产品反超。

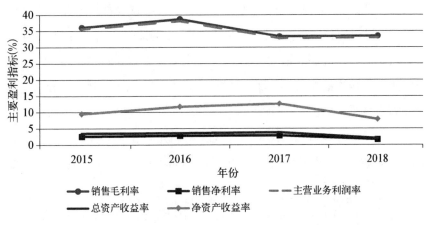

图1 2015~2018年光明乳业主要盈利指标变化

资料来源:作者根据光明乳业2015~2018年年度报告整理

缺少组合大单品的支撑,光明乳业与同行的差距越来越远①。

从具备天时地利人和的乳业巨头到如今的境地,光明乳业可谓"命途多舛"。2005 年,被曝出"变质牛奶返厂加工再销售"的"回收奶"丑闻后,光明乳业遭遇前所未有的信任危机。2008 年,中国乳业爆发"三聚氰胺"事件,光明乳业净利润也随之跌落谷底,亏损高达 2.86 亿元。

与光明乳业的"新鲜"定位不同,伊利从 1999 年底成立液态奶事业部,运用了欧洲先进的设备和技术,把牛奶的保质期延长到了七个月。2000 年液态奶销售额冲破 5 亿元,之后的六年中,每年能为伊利贡献近 60%的利润。同样,常温液态奶也是蒙牛发展的重中之重。2003 年到 2006 年期间,伊利和蒙牛在液态奶领域突飞猛进。2003 年,伊利以 62.99 亿元营收首次超过光明乳业,2004 年,蒙牛营收 72.1 亿元,光明乳业排位又降一名,成为第三。可以说,在 2003 年,光明乳业与伊利、蒙牛的差距并不大。但因固守"新鲜"战略而导致光明乳业错失了常温奶的发展良机,等到 2007 年,光明乳业将战略调整为新鲜常温并举的策略后,伊利、蒙牛的渠道早已遍布全国。而强调新鲜的光明乳业在华东、华南以外的市场上,渠道并不占优势。

2006 年,伊利营收 165 亿元,已经是光明乳业的 2 倍;两年后,两者之间差距进一步扩大为 3 倍。2017 年底,伊利、蒙牛的营收都接近光明乳业的 3 倍。同样,对比光明乳业近几年业绩,2017 年与 2014 年水平相当,三年间整体业绩并没有过多的增长。而 2018 年上半年营收、净利的双双下降,也为光明乳业再次敲响警钟。面临增长瓶颈的光明乳业,亟须寻找到扭转颓势的战略发展方向。

单品不强、成本较高、渠道不深成为制约光明乳业发展的三大主要原因。在同质化非常严重的情况下,光明乳业的问题在于单品不强②。常温酸

---

① 光明乳业业绩全面下滑陷入黑暗 未来还能重见"光明"吗[EB/OL]. (2018 - 11 - 10) [2020 - 11 - 10]. http://finance.sina.com.cn/chanjing/gsnews/2018-11-10/doc-ihmutuea8786289.

② 68 岁的光明乳业,"光明"不再[EB/OL]. (2018 - 09 - 07) [2020 - 09 - 07]. https://www.sohu.com/a/252527748_100001551.

案例二
光明乳业能否重现"光明"

奶、高端低温酸奶等销售情况并不理想,让光明乳业在竞争中处于劣势。而这些高毛利产品,伊利、蒙牛都有大幅度增长。

光明乳业在内控成本方面,从宣传到产品研发等费用较高,在动销不佳的时候,就会导致效率降低。同时,光明乳业也未剥离成本较高的优然牧业,全国哪里的养牛成本能比内蒙古低呢?牧场生意本来就难经营,光明乳业手上有这么个"拖油瓶"报表难看是少不了的。随着伊利、蒙牛在三四线市场深入下沉,光明乳业在渠道方面并不占优势,市场空间受到挤压,造成营收和利润的下降。

明星单品莫斯利安市场销量下滑,受伊利、蒙牛的严重挤压。2007年,王佳芬卸任董事长兼总经理一职,光明乳业迎来了第二位卓有成效的管理者郭本恒。在他的带领下,光明乳业开创性地推出国内首款常温酸奶莫斯利安。2012~2014年之间,莫斯利安势如破竹,销售收入同比增长350%、123%、106.5%。2014年销售额达到顶峰近60亿元,约占光明乳业全年营收的34%。

然而,竞争对手不会给光明太多的时间。2014年,蒙牛和伊利相继推出纯甄和安慕希两大常温酸奶产品,仅以伊利安慕希为例,其2015年零售额同比增长460%。2017年的全年销售额高达129亿元,占到2017年伊利总营收的19%。而从2015年起,光明莫斯利安收入就出现下降。另据尼尔森监测数字,在常温酸奶品类中,2015年12月至2016年2月,伊利安慕希已经连续3个月销售额超过光明莫斯利安。2017年光明乳业年报中显示,液态乳实现收入137.59亿元,同比下降3.74%。其中鲜奶销售量为62.97万吨,同比增长40%;酸奶的销售量为80.93万吨,同比下降5%。常温酸奶销售业绩由于市场原因下滑,从而导致液态奶营收下降。

在莫斯利安处在一个空白市场和领先者的位置之时,光明乳业在快速迭代上的动作实在太慢。2015年上任的光明乳业总裁朱航明也承认"产品系列比较单一,无法打出组合拳,接下来会进一步丰富产品线"。然而至今,光明乳业依然没有找到一款可以和莫斯利安相媲美的超级大单品。

高层腐败业绩疲软重新聚焦低温战略。 2015年,第二任掌门郭本恒涉嫌严重违纪违法,接受组织调查。第二年,一纸判决书让光明乳业再一次陷入了"黑暗"。因受贿330万余元,郭本恒被判处有期徒刑6年,并处罚金人民币60万元。

2015年4月,曾担任光明食品集团上海长江总公司总经理的张崇建成为光明乳业第三任董事长。2018年8月,光明乳业宣布收到公司董事长张崇建和董事、总经理朱航明的辞职报告。两人因工作原因辞去光明乳业相关职务。光明乳业回应表示,光明乳业董事长、总经理双双辞职只是正常工作调动,与公司业绩无关,光明集团将推选濮韶华为光明乳业董事长。

但光明乳业近年来疲软的业绩亟须提振。2017年,光明乳业发布五年战略规划,继续强化"乐在新鲜"的品牌理念,聚焦低温奶市场。近期,光明乳业又推出了针对运动健康人群的新产品"有格高蛋白牛乳"。光明乳业聚焦低温的战略还是非常精准的,其目的是通过品类的打造,提升产品系列中的卖点,通过差异化实现市场的竞争,但需要关注产品的促销和宣传。聚焦华东华南市场,而不是全国,做深优势地区,冷链地区产品进一步聚焦在三四线市场的分化上。

此外,光明乳业控股海外子公司新莱特成为亮点。2017年,新西兰新莱特实现营业收入41.96亿元,同比增长47.55%;实现净利润2.86亿元,同比增长57.83%。2018年半年报显示,上半年,新西兰新莱特主营业务稳步发展,实现营业收入20.19亿元,净利润1.82亿元。光明乳业表示,也将继续开启海外液态奶业务布局①。

而面临愈加激烈的竞争,光明乳业超过伊利、蒙牛目前来看很难实现。"但如果做到三件事情:聚焦单品、深化市场、做好品牌教育,对一个快销乳品来说,就有机会进一步拓展市场"。

---

① 68岁的光明乳业,"光明"不再[EB/OL]. (2018-09-07)[2020-09-07]. https://www.sohu.com/a/252527748_100001551.

五、内乱导致阵地失守

屋漏偏逢连夜雨,光明乳业财报黯淡的同时还伴随着多名高管集中离职。2018年三季报发布当晚,光明乳业还发布了人事变动公告,称公司董事桑树德和副总经理、财务总监王伟先生已辞去相应的职务。这对于光明乳业来说,无异于雪上加霜。次日,公司股价闻声大跌,截至收盘跌幅达4.57%,网上关于光明乳业"三季报净利润下降超60%,管理层集中辞职"的报道更是铺天盖地。

比被同行业竞争对手不断赶超更加可怕的是,光明乳业的内部出现较多的问题。光明乳业的辉煌是建立在管理者成功的运营上面的。但是在经历辉煌之后,光明乳业的高管却在频繁变动,光明乳业的"管理层波动很大",而且这种剧烈"波动"在最近十年里已经发生多次。

事实上,"中国乳业三强"伊利、蒙牛、光明最近十几年的"座次易手",恰与这三者的管理层更替频率呈正相关关系,这很难说不是一种巧合。

首先是伊利,在2004年"乳业教父"郑俊怀入狱前后进入动荡期,而这段时期光明乳业处于"铁娘子"王佳芬领导下的全盛期,蒙牛则处于牛根生领导下的青壮期,伊利不但不能撼动光明的"一哥"地位,甚至被"小弟"蒙牛超越。但在经过这段时期后,伊利的领导层进入了长达15年的稳定期,在这段时间,伊利不但反超蒙牛,更把光明远远甩在了身后。

其次是蒙牛。在2009年中粮成为蒙牛大股东、牛根生等创始团队逐步退出后,蒙牛的领导层进入了动荡期,先后更换了三任董事长、两任总裁。在此期间,蒙牛不但先机丧失殆尽,被伊利反超,而且差距有日趋扩大的趋势。但相比光明乳业而言,蒙牛更换的董事长和总裁,都是中粮系出身,尤其总裁,都有较为丰富的乳业从业经验。因而虽然逐渐落伍,但仍在努力跟上伊利的步伐。

最为落寞的则是光明乳业,十几年间,换了四任董事长,走马灯般换帅的结果是，业绩从最早的"一哥"到目前营收和利润都只剩下伊利的零头。而相比蒙牛，光明乳业频频更替的管理层更有从业履历的不足——在王佳芬之后的四任董事长，无论是出身益民集团的赵柏礼，还是出身农工商集团的庄国蔚、张崇建，都缺乏乳业从业经验，而最新就任的董事长濮韶华，更是出身上海水产集团，相比从事食品和商业的益民集团和与农牧业有一定关联度的农工商集团，距离乳业更远。一位乳业市场人士更是笑称"光明乳业已经成为上海国资干部的交流点"。

频繁的换帅使得光明乳业没有了"灵魂"，无论是国内还是国外的企业，往往都是一个人代表一个企业，而这个人不仅是企业的领航人，也是企业的灵魂，宗庆后代表娃哈哈、马云代表阿里、马化腾代表腾讯、贝索斯代表亚马逊……不知道是因为老年人不肯让位，还是因为年轻人的不成长，所以，无论怎样，这些企业的创始人都要始终坚持在一线。不过，也正是这样，一个企业有一个稳定的领导人对于它的发展至关重要。然而在光明乳业这个企业里，灵魂人物总不能陪伴光明成长壮大，而且很多时候他们会显得无能为力。

伊利、蒙牛诞生于内蒙古，整个企业和团队具有北方少数民族的狂野和狼性，而光明诞生并扎根于上海，具有南方人独有的温和柔情。它们性格上的不同，在后来的策略上体现得淋漓尽致。实际上，光明乳业在市场方面有一个缺陷，那就是缺乏狼性，无法做大格局。光明乳业做的是"短期生意"，低温酸奶、鲜奶。保质期短决定它只能固守华东及华南市场。伊利和蒙牛依赖早期的"狼性"策略渠道铺满全国，渠道就是它们的"护城河"。对于食品饮料企业来说，有时候你需要的不是一个优秀的产品，而是布满天下的渠道①。只要渠道有了，无论你生产什么产品都能迅速摆在消费者的眼前。所以说，企业的管理团队在市场上就需要勇气和果决，同时踩在历史的节点上也非常重要。光明乳业正是因为在市场竞争中放慢了脚步，不管是从市场

---

① 光明乳业：没有狼性它还能撑多久？23 年从辉煌到落寞！[EB/OL]. (2019-04-03)[2021-04-03]. http://finance.ifeng.com/c/7lZAfcBsvT7.

广度方面,还是从渠道、产品宽度方面,都存在着问题。蒙牛和伊利在国内不管是一线还是五线城市,都有它们的销售渠道,而光明乳业就做不到这一点。不仅如此,蒙牛和伊利多元发展奶粉、常温奶等产品,而光明乳业的产品宽度远远不及蒙牛、伊利。

在内部不断出现问题的时候,光明乳业此时还频频陷入食品安全的危机,"送到学校的营养餐中出现了变质牛奶,导致78名小学生出现呕吐等症状","某品牌被传掺入碱水"等负面问题被不断爆出。

六、光明乳业市值不及伊利零头

光明乳业2018年业绩不但与自己的纵向比较,出现了严重的滑坡,横向与同业的伊利和蒙牛相比,差距更为明显。业绩的差距,引发了二级市场投资者的用"脚"投票。截至2019年4月8日,光明乳业股价报收10.27元,较2015年历史高点的28.27元,仍有60%左右的巨大跌幅。相比之下,伊利股价4月8日收盘报28.62元,不但早已超越了2015年大牛市中18元左右的高点,距离34.53元的历史高位,也仅一步之遥。蒙牛乳业2019年4月8日收盘报29.2港元,不但超越了2015年24港元左右的高点,更创下了历史新高。

表1 2018年乳制品行业主要上市公司营收和市值情况

企 业	总营收(亿元)	总市值(亿元)	市净率(%)	市盈率(%)
伊利股份	795.53	1 823.44	6.93	20.03
蒙牛乳业	689.77	1 115.77	3.88	32.13
光明乳业	209.86	124.53	2.25	22.05
三元股份	74.56	86.26	1.72	40.85
贝因美	24.91	66.77	3.68	162.41

资料来源:作者根据乳制品行业上市公司2018年年度报告整理

同时笔者选择收入成本分析法和回归资产负债表得出股本法对光明乳业进行了估值分析,具体结果如下:

表2 2018~2020年光明乳业估值情况

所有者权益	2018年	2019年	2020年
所有者权益估计方法一（万元）	728 398.38	815 049.51	902 334.79
所有者权益估计方法二（万元）	718 769.91	773 114.79	831 568.59
变动幅度（%）	1.32	5.15	7.84

资料来源：作者根据光明乳业2018~2020年年度报告整理

进一步关注市值，截至2019年4月8日收盘，光明乳业的市值约为126亿元。而同日伊利的市值约为1 810亿元，蒙牛的市值为1 115.77亿港元。曾经你追我赶的中国"乳业三强"已渐行渐远，彼此的差距日益拉大。

如果说伊利是一骑绝尘，蒙牛还在勉力追赶的话，光明乳业甚至连跻身前三都已经需要抓紧努力了，毕竟，2018年刚刚完成的IPO的新乳业，2019年4月8日的市值也已经有165亿元人民币①。

上市17年来，光明乳业的年营收从2002年的50.2亿元上升到了209.86亿元，上涨约4倍，净利润从2002年的2.26亿元上升到了3.42亿元，上涨约50%。在光明乳业的"股吧"里，一位股民感叹"17年一场梦"，并表示"当年如果光明乳业直接把50亿元收入全部买了上海的房子，现在至少变成1 000亿元，可以直接把蒙牛私有化了"。

根据以上估值的情况，比照光明乳业市值，市场对于光明乳业的价值还是高估的。

七、光明乳业能否重现"光明"？

曾经，白雪冰砖、三色杯、娃娃雪糕，对于很多曾经的上海儿童而言，都是自带乡愁记忆的东西。冰砖买回来放到广口杯里，冲上半瓶正广和汽水，贪婪

---

① 光明乳业：从"乳业第一股"到"跌出前三"市值已被新乳业超越[EB/OL].（2019-04-10）[2021-04-10］. https://www.sohu.com/a/306922825_436021.

案例二
光明乳业能否重现"光明"

地盯着嗞嗞冒起的奶白色奶泡,这种感觉,是很多人童年美好的记忆。

但是,这些并不能拯救光明乳业。有人将光明乳业业绩的下降归因为光明冷饮售价过低,一些超市觉得无利可图,很多光明冷饮的产品都被拒之门外,以至于一些被回忆所累的网友纷纷在网上留言,"含泪跪求"光明冷饮涨价。但情怀的背后,早已是满目凄凉。

作为儿时的回忆,作为传统的老品牌,光明乳业的确承载了太多的东西,大家都在问光明真的能够重见光明吗?只是我们要冷静下来,笔者也是喝着光明牛奶长大的,然而情怀救不了一个企业,我们要沉下心来认真研究,总结光明乳业的问题,规划光明未来的路该如何走。

一是来自"天时"层面的全球市场的挑战。其实,光明出现问题并不是光明一家的问题,整个中国乳制品产业都出现了问题。2008年"三聚氰胺"事件爆发,著名中国乳业巨头三鹿受到事件影响直接倒下,与之同时倒下的还有国民对国产乳制品的集体信任度,当全中国消费者纷纷对中国乳制品企业投出了不信任票之后,正好又碰到全世界乳制品的崛起。当时正好碰到世界牛奶产业革命,来自西欧和澳大利亚的牛奶正好碰到了这个时机,通过高度自动化、工业化、机械化的操作让牛奶的成本出现了大幅度的下降,生物科技让奶牛的产奶量增至之前的4倍,再加上补贴,最终导致牛奶价格大降,生产出来的牛奶开始被大批量出口到海外。此时中国的乳制品信任危机,导致了中国乳制品进口量激增,2013年6月的全脂奶粉AMF的进口量在4 000吨上下,到了2018年的峰值时接近每月14 000吨,当然还有液态奶,从某种程度上对中国乳制品企业造成了全面的冲击。

二是来自"地利"层面的生产落后和创新停滞。从食品的角度来看,牛奶是世界民众最为常见的一种饮品,属于一种比较刚需的生活消费品,那么影响乳制品销量的就是对于其口感、品质的创新。2008年,光明乳业将莫斯利安原产益生菌带回了中国,并研发出了光明莫斯利安酸奶,并在2009年上市,开创了国内常温酸奶的先河。莫斯利安面世的第一年,销售额就达1.6亿元。

在2014年巅峰时期,光明莫斯利安全年销售额在60亿元左右,并开启了常温酸奶的"黄金时代",也将光明乳业带入业绩腾飞期。但是,光明的创新似乎也就是到此戛然而止了,2014年之后,随着伊利、蒙牛全部进入市场,直接带来了激烈的市场竞争,在伊利、蒙牛的围追堵截之下,光明乳业又缺乏更进一步的创新,再加上研发投入不足,最终一溃千里。

三是来自"人和"层面的人事体制落后①。作为地方国有企业,光明乳业的领导任免往往都不是从企业内部所产生的,而是从其他地方所空降的。从2015年开始,无论是光明乳业的前任CEO,还是新任董事长都不是乳制品行业的从业人士,这种外行领导内行的做法,直接导致了光明乳业内部管理的混乱,光明乳业的企业导向并不是企业如何经营得更好,这样直接导致了企业的激励措施和企业的管理缺乏章法。

而固有的内部体制机制弊端,也体现在光明乳业营销的裹足不前,伊利、蒙牛在综艺节目、体育赛事等方面的广告、赞助铺天盖地,如《奔跑吧兄弟》《我是歌手》《奇葩说》《十二道锋味》《花儿与少年》等,而光明乳业只赞助过《极限挑战》《中国梦之声》两档节目,严重影响了光明乳业在消费者心目中的心智定位。

最终,"天时"上敌不过国际巨头的竞争,"地利"上玩不过国内同行的围剿,"人和"上自己内部体制又问题频出,这样的光明乳业想要做好的确是太不容易。可以说光明乳业已经进入了十面埋伏的境地,这个时候光明乳业真的应该好好沉下心来,思考如何能够利用好消费者对光明乳业的情怀,真正做好自己的产品。

光明乳业想要在全国市场崛起,难度很大。但是,如果仅仅是守住长三角的话,它还是有很大机会的。以上海为例,光明乳业的产品在这里几乎可以说无处不在,很多家庭还是愿意喝光明乳业的牛奶,直到现在,光明乳业的送奶员还会每天早上挨家挨户给订奶的消费者送鲜奶。但是,一个不争的事实是,光明乳业在上海的市场份额也在逐渐降低。

---

① 从上海乳业龙头到救救光明,光明乳业还有希望重见光明吗? [EB/OL]. (2018-11-08) [2020-11-08]. https://www.sohu.com/a/273874209_507132.

案例二
光明乳业能否重现"光明"

光明乳业要想重回辉煌时期，需要从三个方面努力：

首先，要明确定位，与伊利、蒙牛开展差异化竞争，在消费者心中占据足够的心智份额，比如利用距离优势，主打"鲜"。扩大自己的市场，现在光明乳业相较于伊利和蒙牛而言，它的优势仅仅在低温奶制品上，在其他产品的市场上，光明乳业并没有足够的竞争力。同时，光明乳业更应该开拓自己的销售渠道，力争做到在一到五线城市都有自己的分销商。

其次，加大研发力度，在原本老产品的升级与维护的基础上，进行新品的开发，使自己跟上消费者口味的变化。

最后，建立一个稳定的领导班子，完善公司的管理制度，大量吸收人才，完成公司管理层的更新换代。

2018年9月，上海市经济委员会外经处原处长濮韶华，被选举为光明乳业新一任董事长。从濮韶华的履历来看，其一直处于经贸这条线上，具备较高的市场敏锐度，在外贸、国际并购等方面也有一定经验，对于光明乳业中长期的发展布局或产生一定帮助。

遗憾的是，2018年三季度，光明乳业尚未能向市场交上一份满意的答卷。至于接下来，光明乳业能否再现"光明"，我们拭目以待。

八、尾声

市场对于光明乳业的价值还是高估的，当然可以理解为资本市场对于"光明乳业"品牌的认可，以及对于这个品牌之于大家儿时情怀的溢美，从一定程度上，资本市场暂时被感性"冲昏了头脑"。但是，资本市场又是残酷的，对于呼之欲出的2018年年报，相信在残酷的客观数据面前，资本市场的理性又会重新占据高点，若光明乳业新管理层不能迅速地对未来业务的发展方向和内部问题形成较为清晰的认识，届时的光明乳业所要承受的就不是股价下跌这么简单的事情了。廉颇虽老，老而弥坚。枯木亦有逢春时，静待光明再"光明"……

案例使用说明

一、教学目的与用途

1. 适用课程：本案例适用于财务报表分析与企业估值课程，也适用于其他工商管理类的课程教学。

2. 对象：本案例适合于 MPACC、MBA 和金融专业硕士研究生学习。

3. 教学目的：本案例站在财务报表的角度分析了光明乳业出现危机的表现并选择了适当的方法对其进行估值。希望通过学习本案例能够实现下述目标：第一，引导学生理解财务报表，增强财务分析能力；第二，根据企业的特点，选择合适的方法对其进行估值。

二、启发思考题

1. 光明乳业的经营面临着怎样的挑战？与同行业领先企业相比有什么优势与劣势？

2. 从财务报表角度来看光明乳业现有的盈利能力如何？如何突破瓶颈，提高整体盈利能力？

3. 如何分析光明乳业的偿债能力？

4. 财务比率分析法在企业价值评判上有何优点与局限性？

5. 比较收入成本分析法以及回归资产负债表得出股本法两种估值方法，根据光明乳业的特点，你觉得哪一种更适合？

6. 结合光明乳业的市值和估值结果进行分析，你认为光明乳业的股票价值是被高估还是低估了？

三、分析思路

首先，运用趋势分析法将公司当期报表数据与历史数据相比，分析其中变化异常的科目,分析导致异常变化的原因;其次,运用比率分析法评价公司的各项财务表现,包括公司的偿债能力、营运能力、盈利能力、发展能力,并通过与行业领先数据进行比较,发现差距,找出问题,进而提出合理的改进建议。在企业的行业层面的分析、战略分析和财务分析的基础上,依据相关方法对光明乳业的股票价值进行预测。

四、理论依据及分析

常用的分析企业财务报表的方法有多种,如结构分析、趋势分析、因素分析、比率分析等。在对企业财务报表进行单因素分析的同时对其所处的行业背景进行分析将使对报表数据的分析更接近企业各种活动的实质。本案例主要采用了对公司行业分析、结构比率分析、趋势分析以及比率分析相结合的方法来进行报表分析。

【案例分析】

1. 光明乳业的经营面临着怎样的挑战?与同行业领先企业相比有什么优势与劣势?

光明乳业和同行业的领先企业相比存在如下的优势和劣势。

光明乳业的优势:① 产品和品牌,特别是冷鲜奶和酸奶,产品力是优秀的。光明优倍、如实、致优,喝起来是比其他同类产品要好的,即使最近不断有新品牌冷鲜产品出现,但大多昙花一现,大多数消费者喝来喝去最信赖的还是光明;② 技术,国家重点实验室、WCM 的工艺和技术等,这些是对光明乳业高质量产品的支撑;③ 冷链,按道理讲,物流虽然是重资产,但对效率是很大的提高。冷链又是物流中最难的部分,如果打通全国全程冷链配送,加上优秀的低温产品,简直是如虎添翼。

而光明乳业的劣势也有三个:① 体制,光明乳业不同于伊利和蒙牛的最大一点,一言以蔽之,是国企体制与民企体制的不同。实际上,从产品力、营销等方面看,光明并未有明显差距,但只要看市场和渠道的推广,看销售端,就会发现没有狼性的队伍是打不下江山的。光明乳业上市公司为上海光明食品集团51%控股,实际控制人为上海市国资委。对比伊利,股权结构分散,呼和浩特市国资委旗下的投资公司持股9%,董事长潘刚持股3.9%为最大自然人股东,高管团队合计持股8%,年报称公司无实际控制人。高管团队薪酬差距更大,光明乳业的一位副总年薪208万元是最高的,而伊利董事长年薪达1 486万元,比光明乳业整个高管团队之和还高。股票方面,光明乳业仅有一些有限售条件的股权激励,而伊利的高管团队持股大多是个人无限售条件流通股,且年报中披露90%的持股已经质押掉了。所以,在光明乳业的体制下,员工的能动性很难调动起来;② 奶源。年报中可以看到伊利的营业成本占营收的62.7%,而光明乳业的营业成本则占66.7%,足足高出4%,因为全国哪里的养牛成本能比内蒙古低呢?而三费的比例两家差不多,因此营业成本的差异是造成光明的净利率比伊利低5个点的最大原因;③ 渠道。产品优却不能到达终端客户,渠道弱是重要的原因,渠道为王的口号有一定道理。而随着伊利、蒙牛在三四线市场深入下沉,光明乳业在渠道方面并不占优势,市场空间受到挤压,造成营收和利润的下降①。

2. 从财务报表角度来看光明乳业现有的盈利能力如何?如何突破瓶颈,提高整体盈利能力?

表1 光明乳业主要盈利能力指标 单位:%

指标	2015年	2016年	2017年	2018年6月
销售毛利率	36.11	38.68	33.31	33.48
销售净利率	2.56	3.34	3.77	4.29
主营业务利润率	35.61	38.09	32.76	32.94
总资产收益率	—	4.28	5.02	2.75
净资产收益率	—	11.69	12.59	6.41

资料来源:作者根据光明乳业2015~2018年年度、半年度报告整理

第一,2017年起公司主营业务业绩下滑,毛利率下降。

---

① 光明乳业收入、利润下滑,竞争对手"兵临城下",业界称高管团队难辞其咎![EB/OL].(2018-08-28)[2021-08-28].https://www.sohu.com/a/250416529_270752.

案例二
光明乳业能否重现"光明"

光明乳业的主营业务可以分为两大部分：牧业和乳品(再细分为国内和国外)。这与伊利是不同的,伊利已经把牧业剥离了,专注在乳品上。简单看下光明乳业的分部业绩,牧业营收37.7亿元,净利-0.7亿元,净利率-1.8%;乳品及其他(国外)营收42亿元,净利2.8亿元,净利率6.7%。可推算出乳品及其他(国内)营收137亿元,净利6亿元,净利率4.4%。总计:营收216.7亿元,净利8.1亿元(归母公司扣除非经常性损益后5.6亿元),净利率3.7%。对比伊利:总营收680亿元,净利润60亿元,净利率8.8%。从净利率的终极结果来看,光明乳业比伊利低了将近5个点,这也反映了为何伊利680亿元营收市值能有1600亿元,而光明乳业210亿元营收市值仅150亿元。很明显,市场对光明乳业折价,折价来源应当来自牧业和更低的运营效率。

深入拆分来看:

(1)光明牧业亏损。牧场生意本来就难经营,伊利已经剥离了优然牧业,而光明乳业手上有这么个"拖油瓶",报表难看是少不了的。光明乳业不想剥离吗？应该是尝试过。2015年RRJ曾以现金15.25亿元入股光明牧业(原光明荷斯坦)获得45%股权,对赌光明牧业3~5年内独立IPO,这笔交易2017年回购了,说明已经放弃光明牧业独立上市。光明牧业如果独立上市,解决掉牧场的融资问题,那么光明乳业就可以轻装上路。可惜失败了,估计是受港股辉山乳业牧场危机的影响。

(2)乳品国外部分,收购的新西兰新莱特,业绩非常亮眼。2017年,新西兰新莱特实现营业收入41.96亿元,同比增长47.55%;实现净利润2.86亿元,同比增长57.83%。而新莱特2018年中报显示其主营业务稳步发展,实现营业收入20.19亿元,净利润1.82亿元,利润大涨3倍。光明乳业持有新莱特39%的股权,光明控股海外子公司新莱特成为亮点。光明乳业表示,也将继续开启海外液态奶业务布局①。

(3)乳品国内部分,年报中仅披露了上海乳品四厂、黑龙江松鹤、武汉

---

① 光明乳业去年收入超过216亿元,近两成收入由新西兰新莱特奶粉贡献[EB/OL].(2018-03-26)[2021-03-26]. https://www.sohu.com/a/226425605_209478.

光明、德州光明、天津光明五家子公司的情况,净利率大部分都不错,从6.7%到12%,其他并未披露。不过从母公司报表中可以看到,总营收120亿元,净利8亿元,净利率6.7%,应该说2017年乳品部分表现与伊利相比还是不差的。此外伊利的政府补助约有8~10亿元,而光明乳业基本没有。但到了合并报表中净利润一下子就下降了,说明光明乳业其他的子公司的运营实在不容乐观。

这是2017年情况,再看2018年一季报就有问题了,除了新西兰新莱特延续高增长趋势业绩继续亮眼之外,母公司数据显示2018第一季度营收26.8亿元,同比大降19%,环比微增5%,且净利同比下降42%,几近腰斩。其原因推测有两种可能:一种是被伊利、蒙牛压制的同时又被一众"小清新"产品瓜分华东市场;另一种可能是收入确认延后导致第一季度利润表难看,因为从现金流量来看第一季度情况还不错,并没有明显的衰退。只是年报中披露的2018年经营计划让人大跌眼镜,计划中营收仅增长6.1%,净利增长4.5%,换句话说,在新西兰新莱特业绩2018年大概率增长40%~50%的情况下,按经营计划国内业务净利居然是下降的。

2015年、2016年、2017年光明乳业的毛利率分别为36.11%、38.68%和33.31%,波动幅度较小,但2017年出现了明显回落,并且在2018年上半年并未得到改善。其主要原因是2017年开始主营业务成本的增加,当年增长率达到了16.64%,通过年报可以看出,其乳制品制造业的原材料成本的上升是导致主营业务成本增长的关键因素。

表2 光明乳业产品盈利结构

产品类型	2015年	2016年	2017年
液体乳			
收入(万元)	4 715 138.65	4 952 229.85	5 576 620.58
成本(万元)	3 108 219.54	3 171 383.20	3 615 570.36
毛利(万元)	1 606 919.11	1 780 846.64	1 961 050.21
毛利率(%)	34.08	35.96	35.17

案例二
光明乳业能否重现"光明"

续 表

产品类型	2015年	2016年	2017年
奶粉及奶制品			
收入(万元)	644 719.73	545 571.35	642 838.34
成本(万元)	283 854.66	239 100.61	295 998.83
毛利(万元)	360 865.08	306 470.74	346 839.51
毛利率(%)	55.97	56.17	53.95
冷饮产品系列			
收入(万元)	409 782.25	419 415.85	460 606.75
成本(万元)	260 930.54	238 841.74	262 167.45
毛利(万元)	148 851.71	180 574.11	198 439.29
毛利率(%)	36.32	43.05	43.08
混合饲料			
收入(万元)	105 818.35	40 822.32	—
成本(万元)	84 601.73	30 755.11	—
毛利(万元)	21 216.62	10 067.21	—
毛利率(%)	20.05	24.66	—

资料来源:作者根据光明乳业2015~2018年年度报告整理

第二,产品较为单一,盈利产品结构处于同行业弱势。

通过表2可以看出,企业主要奶制品产品的四大类型中,奶粉及奶制品毛利率较高,达50%以上;液体乳仍为收入贡献率最多的首要产品类型。从整个乳制品行业来看,近年来,为应对乳制品市场成本及需求的压力,龙头企业伊利、蒙牛已通过产品结构的升级,加快其高端产品的研发,推出了蒙牛真果粒、纯甄、特仑苏等明星单品,引领了常温酸奶市场的爆发式增长,实现逆势增长。同此对比,光明乳业近年来产品较为单一,盈利产品结构处于同行业弱势。

乳制品企业已经进入奶源、产品、渠道全产业链竞争的时期。鉴于乳制品消费广阔的市场空间和居民收入水平不断地提高,全产业链的均衡发展将引领乳制品行业进入稳步增长期。

但是,光明乳业全产业链的建立并没有在激烈的市场竞争中增强其乳制品业务板块的核心竞争力。数据显示,2017年,光明乳业液态奶营收约为137.59亿元,占总营收比例为72.62%,同比下滑3.74%,其中酸乳销量约为80.93万吨,同比下滑5%。

2017年光明乳业液态奶业绩下滑主要原因为莫斯利安酸奶受竞品铺货影响,收入下滑幅度较大,影响液态奶整体营收。而莫斯利安酸奶曾是光明乳业的主打产品,2009年开创了常温酸奶先河,一度成为驱动光明乳业营收增长的主要引擎,在2014年其销售收入达到59.6亿元,占总营收的34%。但是,紧接着伊利和蒙牛两大乳业巨头分别推出了后来更为消费者熟知的安慕希和纯甄,莫斯利安的好日子就结束了。安慕希和纯甄通过各大热门综艺节目冠名的方式进行广告宣传,在极短的时间内,便席卷了中国乳业市场,并威胁着光明乳业常温酸奶的市场份额,也使其莫斯利安这款明星产品,沦为牵扯其液态奶业绩下滑的主要因素。2018年上半年,光明乳业莫斯利安和部分低温酸奶销量,又在挤压式的市场竞争中下滑。"莫斯利安神话"最终破灭[①]。

3. 如何分析光明乳业的偿债能力?

表3 光明乳业主要偿债能力指标

指　　标	2015年	2016年	2017年	2018年6月
流动比率(%)	106.86	104.79	86.85	87.58
速动比率(%)	80.65	79.30	66.96	66.90
利息保障倍数	6.05	4.51	4.98	7.48
资产负债率(%)	65.93	61.69	59.60	58.91

资料来源:作者根据光明乳业2015~2018年年度、半年度报告整理

光明乳业资产负债率逐年降低,均在该行业合理范围内。利息保障倍

---

① 光明乳业收入、利润下滑,竞争对手"兵临城下",业界称高管团队难辞其咎![EB/OL].(2018-08-28)[2021-08-28]. https://www.sohu.com/a/250416529_270752.

案例二
光明乳业能否重现"光明"

数是衡量企业支付负债利息能力的指标,该企业利息保障倍数连续四年较为波动,但近三年保持持续增长趋势。存货、预付账款近两年有所增加,速动资产下降,流动负债前三年逐年有所增加,导致速动比率有所下降。综合来讲,光明乳业偿债能力较为良好。

4. 财务比率分析法在企业价值评判上有何优点与局限性?

优点:① 它能将复杂的报表上反映出来的经营状况,用一个简单的数值表示。例如,若分析企业的盈利状况,可以计算企业的利润率、销售率;若要分析企业的偿债能力可以计算资产负债率、流动比率等。② 它使跨部门、跨行业的比较成为可能。很多行业、企业或部门间用利润率、销售率等指标来衡量自己的业绩或同他人比较。③ 由于比率分析属于静态指标,对于过去结果的分析非常有效。

缺点:① 只有数据分析,会使管理者思考角度狭隘。有些信息,比如高级管理人员的变动、竞争者的新产品和最新的营销策略、企业占有的市场份额等,对于管理人员判断企业的经营状况非常重要,所以进行财务报表分析不能脱离企业的各项经营活动和企业所处的外界环境。然而这些外界环境的信息是报表中无法反映的,导致比率中没有涉及此类的信息。由于数据的出现,会使得管理者仅将注意力集中在如何提高比率或减少比率上,而忽视行业环境、经营理念的变化。例如管理者可能一味地想提高企业的利润率而忽视了当前的行业已属于夕阳行业,利润率正在逐步降低,管理者在此投钱只有亏本。② 一些数据已被加总,影响其准确性。很多用于计算财务比率的数据都已经过简单的加总处理,构成总额的项目之间会有一些结构问题,因此比率中用到的一些数据在质量上并没有保证。这样一来,财务比率指标有时不能很好地反映企业财务情况的本质。③ 比率的可比性较差。由于会计程序的可选择性,财务报表比率的可比性受到了较大的影响,这是财务报告比率分析法的最大缺陷。例如,存货计价,可选用个别计价法、平均成本法、先进先出法或后进先出法等。各企业采用不同的会计程序和方法会使计算出来的财务比率大不相同,因此即使是两个企业实际经营情况完全相同,不同的计量方法,会使企业间的财务比率数据的可比性受到较大的影响,使得报表上的数据在企业不同时期和不同企业之间的对比难以有意义①。在两个企业相互比较时,以什么样的比率数值作为标准以衡量两者优劣没有明确的指标,这样两个企业只能进行相对的比较,没有绝对的比较。这样会使企业的管理者对于自己企业的业绩没有明确的认识,以至于将资源放在不必要的项目上。尤其是不同行业的情况是不同的,即使是同一行业不同的经营理念也会令这些数值有差异。比如,造船企业的生产经营周期较长,存货周转速度较慢,而且,固定资产占总资产的比重较高;商品流通企业的经营周期较短,应收账款较少,存货周转速度很快,流动资产占总资产的比重较高。④ 正由于比率指标的计算一般都是建立在以历史成本为基础的财务报表之上,且如今的外部环境变化快,这使比率指标提供的信息与决策之间的相关性大打折扣。要相对未来进行预测,还需要一些动态的指标。⑤ 某一个特定比率无法反映出正确有用的会计信息。比率除了会使报表的使用者找不到问题的原因外,还容易掩盖问题。比率是以比的形式被使用的,根据数学知识,一个比率的升高有四种原因:分子分母同时增长且分子快于分母;分子增长;分母减小;分子增长,分母减小。管理者不能单纯地看一个数值比的多少,还要注意到这种变化的原因。但是,由于比率的含义具有迷惑性,会使管理者蒙蔽。以流动比率为例,流动比率是评价企业流动性的重要指标,流动比率高,说明企业的短期偿债能力比较强。但是如果企业的应收账款管理不力,大量应收账款无法收回,那么这部分应收账款就无法变现来偿还债务。⑥ 由于投资者、债权人愿意根据比率来决定是否为该企业投资或借款,因此不少企业会有意地"粉饰"比率数值。

5. 比较收入成本分析法以及回归资产负债表得出股本法两种估值方法,根据光明乳业的特点,你觉得哪一种更适合?

---

① 财务比率分析法的评价[EB/OL].(2017-09-02)[2021-09-02]. https://max.book118.com/html/2017/0901/131266382.shtm.

案例二

光明乳业能否重现"光明"

（1）企业的商业模式决定了估值模式。

① 重资产型企业（如传统制造业）：以净资产估值方式为主，盈利估值方式为辅。

② 轻资产型企业（如服务业）：以盈利估值方式为主，净资产估值方式为辅。

③ 互联网企业：以用户数、点击数和市场份额为远景考量，以市销率为主。

④ 新兴行业和高科技企业：以市场份额为远景考量，以市销率为主。

（2）市值与企业价值。

① 无论使用哪一种估值方法，市值都是一种最有效的参照物。

② 市值的意义不等同于股价的含义。

市值＝股价×总股份数。市值被看作是市场投资者对企业价值的认可程度，侧重于相对的"量级"而非绝对值的高低。

国际市场上通常以100亿美元市值作为优秀的成熟大型企业的量级标准，500亿美元市值则是一个国际化超大型企业的量级标准，而千亿市值则象征着企业至高无上的地位。市值的意义在于量级比较，而非绝对值。

（3）市值比较。

① 既然市值体现的是企业的量级，那么同类企业的量级对比就非常具有市场意义。

例如，同样是影视制作与发行企业，国内华谊兄弟市值419亿人民币，折合约68亿美元，而美国梦工厂（DWA）市值25亿美元。另外，华谊兄弟2012年收入为13亿人民币（2.12亿美元），同期梦工厂收入为2.13亿美元。这两家公司的收入在一个量级上，而市值量级却不在一个水平上。由此推测，华谊兄弟可能被严重高估。当然，高估值体现了市场预期定价，高估、低估不构成买卖依据，但这是一个警示信号。精明的投资者可以采取对冲套利策略。

② 常见的市值比较参照物：

① 同股同权的跨市场比价,同一家公司在不同市场上的市值比较。如:AH股比价。

② 同类企业市值比价,主营业务基本相同的企业比较。如三一重工与中联重科比较。

③ 相似业务企业市值比价,主营业务有部分相同,须将业务拆分后做同类比较。如上海家化与联合利华比较①。

(4) 收入成本分析法。

收入成本分析法也称收益成本分析法。它是将项目的收益收入与成本(费用)进行对比,用净收入和收入成本比率来评价项目经济效益的一种方法。它是费用效益分析法在实际中的应用。

鉴于很多公司的投资收益、营业外收益存在不稳定性,以及一些公司利用投资收益操纵净利润指标的现实情况,出于稳健性的考虑,净利润的增长率可以以税前利润的成长率/营业利润的成长率/营收的成长率/每股收益年增长率替代。事实上,只有当投资者有把握对未来三年以上的业绩表现作出比较准确的预测时,收入成本分析法的使用效果才会体现出来,否则反而会起误导作用。当然,也不能够机械地单以收入成本分析法论估值,还必须结合国际市场、总体经济、政府产业政策、行业景气、资本市场阶段热点、股市的不同区域、上市公司盈利成长的持续性以及上市公司的其他内部情况等多种因素来综合评价。

(5) 回归资产负债表得出股本法。

将企业总资产减去总负债后所剩的净值,即为公司的账面价值。但是若要评估目标公司的真正价值,还必须对资产负债表的各个项目作出必要的调整。因为无论是资产还是负债,根据不同类型,在不同时期,都会有着不同的价值,所以,我们必须结合具体企业、具体资产、具体时间来作具体细分与评估。

例如,对资产项目的调整,应该注意公司的应收账款的可能发生的坏账

---

① 如何准确地给一家公司估值? [EB/OL]. (2019-11-30) [2020-11-30]. http://baijianhao.baidu.com/s?id=1651627508561819589&wfr=spider&for=pc.

案例二
光明乳业能否重现"光明"

损失,公司外贸业务的汇兑损失,公司有价证券的市值是否低于账面价值,固定资产的折旧方式是否合理。在无形资产方面,有关专利权、商标权和商誉的评估弹性也很大,所以,要具体资产具体分析,具体负债具体讨论[①]。

6. 结合光明乳业的市值和估值结果进行分析,你认为光明乳业的股票价值是被高估还是低估了?

采用结合光明乳业收入成本分析法以及回归资产负债表得出股本法两种方法进行企业的估值分析,第一种基于企业利润表以及未来战略的调整就收入、毛利率和成本进行相应分析;第二种是回归资产负债表本身,就表内每个科目相应的增长情况预测未来三年的增长。

通过对方法一和方法二的测算,得出了两种方法下的所有者权益,如表4所示,两者的差距最大发生在2020年,变动幅度为7.84%,最小值发生在2018年末,仅有1.32%,变动最大幅度并未超过10%,根据以上情况可认为其尚在合理的变动幅度内,且越远离估算日,其变动幅度越大,也符合数据波动的相关特征。

表4 两种方法下光明乳业所有者权益估计情况表

所有者权益	2018年	2019年	2020年
所有者权益估计方法一 (万元)	728 398.38	815 049.51	902 334.79
所有者权益估计方法二 (万元)	718 769.91	773 114.70	831 568.59
变动幅度(%)	1.32	5.15	7.84

资料来源:作者根据光明乳业2018~2020年年度报告整理

五、背景信息

更多的信息请参考光明乳业的官方网站(http://www.brightdairy.com/),以及与光明乳业有关的财经新闻网站,例如:

---

① 投资企业的14种估值方法及10种常用方法培训资料[DB/OL]. https://wenku.baidu.com/view/e976eabc2379168884868762caaedd3382c4b504.html.

和讯网（http://stock.hexun.com/2017-02-27/188299364.html）

华尔街见闻（https://wallstreetcn.com/articles/297024）

中证网（http://www.cs.com.cn/gg/201704/t20170419_5249383.html）

搜狐财经（http://www.sohu.com/a/139197748_123753）

六、关键要点

1. 行业特点。本案例在分析过程中需对乳制品行业的特点、分类、现状及与上下游的关联比较了解。

2. 从盈利能力、流动性、经营效率和偿债能力等方面进行分析，结合案例实际阐述具体指标，并恰当地运用估值分析。

3. 本案例的使用全面综合了行业分析、会计分析和财务分析，最后落脚在公司估值的前景分析。前景分析需要熟练掌握公司估值的理论方法，并结合实际案例素材给出合理的参数假定。

七、建议课堂计划

本案例可以作为专门的案例讨论课来进行。如下是按照时间进度提供的课堂计划建议，仅供参考。

整个案例课的课堂时间控制在80~90分钟。

课前计划：提出启发思考题，请学生在课前完成阅读和初步思考。

课中计划：简要的课堂前言，明确主题（2~5分钟）

　　　　　分组讨论（30分钟），告知发言要求

　　　　　小组发言（每组5分钟，控制在30分钟）

　　　　　引导全班进一步讨论，并进行归纳总结（15~20分钟）

课后计划：如有必要，请学生采用报告形式给出更加具体的解决方案，包括具体的职责分工，为后续章节内容做好铺垫。

（方　慧　谢天奕）

案例三

"双创"之路,成就 ABC 公司的"融资"之梦

摘 要:年轻人最怕入错行,临近毕业之际,迷茫的大学生林海受到"大众创业,万众创新"政策的鼓舞,与四位同学共同组创了一家 mini-KTV 运营公司——ABC 公司,走上了大学生自主创业之路。然而,初露头角的 ABC 公司却难以摆脱资金短缺的桎梏。本案例记录了"双创"政策如何惠及林海创业团队,他们灵活运用融资模式,借助众筹设计了"双创"融资方式,最终实现了自己的创业梦。

关键词:大众创业;万众创新;mini-KTV;融资模式;ABC 公司

2018 年 2 月初,春寒料峭的清晨,林海董事长来到办公室。他坐在办公桌前,仔细分析着秘书刚刚送来的 2017 年财务报告总结:"销售的增幅大于成本的增幅,使得公司的毛利率上升了 30%。可以预见,基于现在的现金流状况,按照'双创'融资模式继续发展下去,ABC 公司进入 2017 年行业前三俨然是板上钉钉的事了。"林海回想起刚毕业与几个伙伴初创 ABC 公司之时融资的种种不易:刚踏出校门的他们一穷二白,没有资金,也没有经验,融资渠道单一,融资审核严苛等困境如电影般在林海脑海中一一闪过。创业难,融资更是难上加难。

一、公司简介

2016 年 1 月,林海和四位同学创立 ABC 公司。ABC 公司是一家 mini-KTV 运营公司,主要是从生产厂家购买各种 mini-KTV 设备,然后将这些设备投放在人流量比较大的场所,如电影院、游乐城、商场、火车站及机场等来

吸引消费者。这种像电话亭一样的 mini-KTV 吸引了不少青年人消费，是综合了唱歌、听歌、录歌、线上分享传播等多种功能于一身的智能自助娱乐终端设备。消费者唱歌计费收入组成了 ABC 公司营业收入的主要部分，计费模式分为按单曲点唱收费和按时间收费，公司的运营成本则主要为点位占用费、设备的购置费和设备的维护费。

可以发现，快速占领点位，铺置大量的 mini-KTV 机器是基础，而这需要大量的资金和资源，这对于刚毕业的林海来说，谈何容易？

二、行业分析

大数据时代下，娱乐消费碎片化，移动支付趋势火热，mini-KTV 占地有限，无须人员看守，投资回报周期短，被誉为"24 小时不间断带来财富的机器人"。国内首台 mini-KTV 诞生于 2013 年，而真正开始实现批量生产是在 2015 年。根据速途研究院 2018 年 Q1 ktv 行业研究报告显示，2017 年国内 mini-KTV 的投放量达到了 3 万多台，投放量增长迅速，预计 2020 年国内 mini-KTV 的投放量将超过 11 万台，市场规模将接近 200 亿元[①]。目前，mini-KTV 行业尚处于发展初期，没有形成垄断平台，投放量和市场规模还有很大的增长空间。2017 年，中国员工薪酬增长率达 8%，位列世界第一，远高于世界 2.5% 的平均水平。另外，2017 年中国总体租金增长率达 7%。中国劳动力与租金成本的上升，大大压缩了实体门店的利润。机会与困难相伴相生，这些困难恰好使 mini-KTV 成为新零售场景中的重要角色，mini-KTV 一方面节省房租和人力成本，另一方面 mini-KTV 可以快速铺设渠道，占尽当下零售行业发展之先机，因此受到越来越多品牌商的重视。

---

① 部分数据来源引用速途研究院现有数据，https://www.sohu.com/a/235584487_174789.

三、融资难的破冰之旅

(一) 同舟踏进天涯路

也许是机缘巧合,大四准毕业生林海早就得知学校在大四开学当天会举办一次关于大学生创业的宣讲会,于是去看看能否获得一些未来发展的启发。林海了解到,在现今消费降级和就业难的形势下,政府积极鼓励大学生创业,并发布创业优惠政策和提供财政补贴,夯实人才振兴政策。"大众创业、万众创新"的政策要在全国上下掀起"大众创业""草根创业"的新浪潮,形成"万众创新""人人创新"的新势态;老师和学校相关部门也会给予创业项目的辅导;学校、银行和基金会会给予相应的资源支持……总之,就业难,那不如创业。尽管创业融资难,但财税方面都有保障,林海准备牢牢把握,这样一来,创业融资的最低需求便可以满足。

林海联系了几位同学共同创业。会计系的王可负责项目的财务监管,软件系的白行简负责项目的网络安全,法律系的陆必行负责项目的法律合规性。林海的女朋友李诺,取出 20 万元保险基金,全面支持男朋友的决定,但她仅作为原始股东出资,不参与项目的经营决策。最后,林海作为创始人,是创业项目的总负责人。林海与团队成员沟通了行业选取的重要性后,进行了为期半个月的头脑风暴,林海团队最终确定了创业的项目——mini-KTV 运营。运营商主要是将机器投放在点位方,向点位方支付点位占用费,供消费者自助使用。原因在于作为大学毕业生的他们可以通过市场调研把握市场动向,进行业务公关,知识互补的他们也可以制定出科学的商业模式,设计出销售政策和执行营销方案,进行 mini-KTV 的运营推广。

商业模式设计的可行与否对融资方案的合理性有着深远的影响。林海团队设计的 mini-KTV 运营商的商业模式基本上包括以下四个模块:

(1) 寻找业务专员。对于 mini-KTV 项目来说,点位的选取至关重要。因此,公司需要招聘一定数量的业务专员,公司会对业务专员的营销谈判能力进行定期的培训。业务专员的主要任务有两个:其一,凭借自己的人脉网络抢占符合公司条件的合适的位置,即通常意义上的点位;其二,与点位所有者就场地租赁费、电费等管理费用进行谈判、签约。

(2)日常采购维护。ABC公司需要对机器进行科学预测及掌控,以确保设备的正常运转。对mini-KTV技术以及外观的更新把握,对机器进行日常清理维护,严格把控话筒卫生以及货损管理,创造良好的mini-KTV环境,提供优质的用户体验。

(3)搭建物流网络。主要负责从mini-KTV的生产商以及材料商运输相应的物资,并把设备、材料运输到业务专员可以合作的点位位置。

(4)业务拓展运营。在ABC公司运营达到一定规模之后,mini-KTV机器数量充足,点位设址覆盖面广,此时可以承接广告业务,公司的收益因而可以提高。多元化拓展业务,比如mini-KTV设有大头贴趣味拍照功能,以丰富用户体验。

(二)融资不得人憔悴

2016年的元旦假期,林海团队也丝毫不敢懈怠,虽然有政府和学校各种财政补贴和资源支持作后盾,解决了他们融资的最低需求与保障问题,但他们真要把项目办成,项目目前的资金来源还不足以满足需求。于是,他们一大早就来到学校咖啡馆,开始了他们的首次头脑风暴。

坐在林海对面的王可扶了扶眼镜,拿着手中满是数据的A4纸分析道:"通过维基百科、国家统计局以及行业协会数据等数据来源,我发现mini-KTV行业发展前景确实不错,结合我们自身的情况,初创时我们的保本机器数量要控制在300台左右。按现在的一台机器市价1.5万元左右来算的话,初期投资需要450万元。不只是固定资产投资,每台机器的维护费用约为100元,我们还需要支付业务员的人工工资以及点位洽谈费用,另外还需要支付运输车辆费用。初步测算,我们的启动资金将设定为600万元左右。"王可停了停,继续说道:"当然了,这600万元也没有必要一下子拿出来,但发展初期至少要保证到450万元,现在我们的货币资本只有100万元,这样算下来,还有350万元的资金缺口需要考虑。"

案例三
"双创"之路,成就 ABC 公司的"融资"之梦

1. 政府基金

林海望着大伙,说道:"根据市场调研和之前讨论的结果,mini-KTV 行业发展前景气势如虹,我们选择 mini-KTV 作为我们的创业项目是站得住脚的。结合我们自身情况,我们大学生创业争取到政策基金还是比较容易的。根据上海市政府的有关规定,上海地区应届大学毕业生创业可享受免费风险评估、免费政策培训、无偿贷款担保及部分税费减免四项优惠政策。在创办企业时我们可以没有注册资本就成立企业,我们还可以申请大约 15 万元的创业担保贷款和 14 万元的创业信用担保基金。除此之外,我们学校的大学生科技创业基金还可以提供 20 万元的基金资助,最后,我们还可以享受每年 1 万元左右的财税补贴。总的来说,政府补助资金大概可以筹集 50 万元左右。除此之外,还有大学生科技创业基金,它成立于 2005 年,在 10 余所高校设有分基金,我们可以根据我们的项目向基金提出申请,其会根据咱们的项目实际情况提供 5 万~30 万元不等的基金资助。这个基金还有一大优点就是,公司如果成长了把钱还上即可,万一要是亏损了基金也不会向你收回投资。"

2. 亲情和合伙融资

"我觉得林海提出的方式可行,根据政府优惠政策我们可以获得一部分的无偿贷款担保还有部分税费减免,这对当前和公司以后的发展都有帮助。但是距离我们的融资目标还差很远呢。大家觉得向亲友借款怎么样?这样的话,我们可以不用负担利息,而且还款期限也没有那么紧张。"王可说道。

陆必行摇摇头:"我们一群大学生刚毕业就出来创业,没有资金积累,一开始难免面临资金短缺而不能启动的窘境。我们靠自己的奖学金、比赛获奖再加上向亲友借的钱东拼西凑才够 100 万元。而且,我们的资金需求是长期的,向亲友借款的融资方法可持续性不强,虽然不会说有利息,成本低,但是融资的金额和次数毕竟有限,读书时也一直花的是家里的钱,再向亲戚朋友借钱创业也不好意思,这个方法同时也会给亲友带来资金风险,甚至是资金损失,如果创业失败还会影响双方感情,所以不太现实。如果我们的资

金充足,抬高点位费,吸引点位拥有者,帮助我们争夺那些人流量高的足够的点位,我们的收益就可以提高。但问题就是,我们现在只有100万元,所以讨论的重点或许应该放在如何用这些钱来进行业务拓展,走出资金短缺的困境。拉拢合伙人一起投资成立创业,也比较常见,在座的大家都是合伙人,因为毕竟一个人的力量是有限的,多人合作创办企业可以达到资源整合、优势互补的利好局面。还有分配机制灵活的特点,对于利润或收益的分配可以由合伙人自由决定。但是以我们目前的项目,如果出现更多的合伙人,容易出现内部纠纷,我们都是多年的朋友,互相信任,新加入的人如何保证他的品质呢,这也是风险点,再者,股权的分配也是个问题。"

3. 银行借款

"银行贷款呢?银行贷款的风险比较小。目前国家大力支持大学生创业,根据上海市的优惠政策,我们可以申请5万~20万元的银行贷款。而且银行贷款产生的利息支出可以在税前抵扣,还能降低我们的纳税成本。"陆必行讲道。

李诺说道:"其实银行贷款也不太可行。先说优点吧,银行贷款产生的利息支出可以在税前抵扣,有利于降低我们的纳税成本。大部分银行都归国有,贷款风险小,融资成功率高。但是对于我们而言,缺点比较多。首先,银行贷款要按期还本付息,我们的企业处于初创期,mini-KTV需要大量投资设备,现金流基本上只出不进,一开始很难及时偿付利息,如果企业经营状况不好,就有可能导致财务危机。其次,在创业初期,90%以上的初始资金都是由主要的业主、创业团队成员及其家庭提供的,银行贷款所起的作用很小。申请银行贷款的资本成本比较高,申请手续非常烦琐,需要经过银行、工商部门、税务部门的层层审核。如此严格的审批程序无法满足我们初创公司迫切的融资要求。再者说来,我们没有足够的授信额度,公司规模也比较小,只能把厂房、土地作为抵押物抵押给银行,取得的银行贷款数额有限。对于高校毕业生创业项目,一般银行规定创办企业的合伙人,可以获得人均5万元、总额最高不超过20万元的贷款规模。结合我们自身条件,我们能获

| 案例三 |
"双创"之路,成就 ABC 公司的"融资"之梦

得的银行贷款额度大约为 15 万元。"

4. 风险投资

"那要是向民间借款呢?风投如何?首先,引进风险投资可以给公司带来大笔资金,且没有还贷压力,可以用于企业长期发展;其次,通过风险投资可以为公司带来重要的社会资源,这对公司的长远发展非常有帮助。"白行简提出。

"风险投资的话,你是不知道其中利害关系。风险投资公司是由一批具有财务和科技相关背景的人组建的,他们只有在看好一家公司的盈利性和成长性的前提下才会对其进行投资,风险投资具有高收益、高风险的特征。像我们这样初出茅庐的大学生,人家根本就看不上。当然了,可能性也不是完全没有的。我们学校经常举办创业大赛、创业培训班这类活动,学校会邀请一些天使投资人当嘉宾,到时候我们可以参加试试。要说除了风投之外的民间融资,也不太可行。因为我们没有财务数据支撑,没有银行流水,我们的项目到现在还只是一个想法,这样向社会融资也是比较困难的。民间有大量的小贷公司,首先向他们借款的难度要比银行低一些,对于担保的要求没那么高,但是我们同时也要承担更大的还债风险。现在民间融资的利息都是利滚利的,借贷程序也不规范,更不用说许多套路贷和非法借贷,这增加了我们的成本和风险,我们现在还负担不了民间借贷的高利息以及无法还款的高风险,这条路似乎走不通。"王可提出自己的看法。

5. 融资租赁

林海说道:"也不是非要如此。我们可以借助融资租赁来融资。融资租赁是目前国际上最为普遍、最基本的非银行金融形式。按照现有商业模式的规划,我们其实寻找融资租赁公司商议合作,这些公司负责设备的购买,设备的所有权属于融资租赁公司。我们只需支付价款的 20%~30%,这些公司再把设备租给我们,可以在租赁期内,分期支付租赁费来拥有这些设备的使用权,进行设备的定点投放。租赁期满,我们可以选择是否获得这些设备的所有权。以融物来融资,其实也是一种可行的办法。但我们公司规模有

限,除去固定成本和日常现金支付等需要,我们最多进行100台设备的融资租赁,再多我们可能无法承担这么大的融资规模以及利息的偿付。"

……

王可算了算现有融资方案下可以融到的资金,"那这样的话,我们还有大约300万元的资金空缺需要考虑"。

林海总结道:"是的,我们今天讨论了很多,我们可以用上的政府基金这种国家发放的财政补贴、亲情融资加上我们合伙人融资,但这几种融资方式起到的作用有限,社会融资、银行借款和融资租赁可以融到的资金又很少。我们的融资问题还是没有得到根本性的解决。要拿到需要的资金,我们还是得遵循顺序理论'先内后外、先债后股'的原则来融资,因为对于我们公司,内部筹资成本最低,债券融资次之,股权融资对于规模尚小的初创公司来说是不合适的。其实之前陆必行同学说的没错,在融资的同时我们可以考虑业务拓展的问题,经济基础决定上层建筑。细想一下,我们的业务拓展问题本质上就是资金短缺问题。加大点位签约费用的投入才可以引起热门场地的点位所有者的注意,争取到旧点位的合作,这是需要资金实力的。而业务员开发的新点位主要依靠业务员的人脉网络,由于人脉资源的限制,长久开发新点位对于单个业务员来说是不太可行的。项目的持续发展对于我们来说仍然是一个亟待解决的问题,这需要资金和人脉的持续投入才可以使公司运营下去。"

林海停了停,看看大家的反应,接着往下说:"我们是不是可以再好好想想,有没有一种最佳的融资方式?这样的话,一方面走出融资困境,一方面我们又可以进行业务拓展,抢占市场高地,就可以事半功倍呢。"

大家听完林海总结的话之后,陷入了沉思,融资方案的讨论仿佛也陷入了僵局。

(三)蓦然回首:"双创"成就"融资"之梦

时间一分一秒地过去,午餐之后,坐在一边的王可整理了一下手中的材料,突然站起来说:"我们公司如果要持续发展的话,在我们讨论的基础上,

案例三
"双创"之路,成就 ABC 公司的"融资"之梦

我想到一些新方法或许可以帮助我们破冰,突出融资难现状的重围:那就是众筹,在创业中的众筹,但也不完全是众筹。大家都还记得国家提出的'大众创业,万众创新'的政策吗?"

"国家提出,大学生创业是'草根创新'的重要力量,引导大学生走'需求拉动、创新驱动'之路,开展科技成果研发和转化。"陆必行补充道,"既然国家鼓励我们大学生自主创业,鼓励支持利用闲置厂房等多种场所、孵化基地等多种平台、风险投资等多种融资渠道开展创业创新,我们就要利用好这些政策给我们带来的福利。"

"是啊,现代金融被视为'双创'的'血液',目前融资难、融资贵,是不少创业者尤其是我们这样的初创者所面临的主要问题,借助'金融输血',才能使得我们企业得以发展。"李诺说道。

王可接着说道:"对的,我们不仅要借助金融机构贷款,还可以创新融资渠道,利用多种融资方式进行创业融资。我以前的实习经历告诉我,现在有点位资源却没想法的小额投资者比比皆是,我们公司可以帮助这些小额投资者成立小型企业,再加上银行贷款助力,这些小型企业向我们公司购买设备,再放置在点位上,借助这些小额投资者的钱融通资金,众筹的力量还是很大的……"

李诺表示支持:"公司如果合理利用了债务利息抵税的效应,在考虑公司税的情况下,债务融资就有一个重要的优势,因为公司支付的债务利息可以抵减应纳税额,而现金股利和留存收益则不能。这样,当存在公司税时,公司的价值就与其债务正相关。这样做不仅可以有资产作担保,我们有了授信额度和银行流水,银行就愿意放款给我们;而且比较可行,林海人缘挺好的,找几十个小额投资者应该很容易的。从代理理论出发,我们吸引拥有闲散资金的小额投资者对 mini-KTV 进行投资。对于公司来说,充分权衡了代理收益和代理成本,使授信额度增加,以机器和银行流水做抵押获得银行贷款,而对于小额投资者也降低了机会成本,最终达到双赢的效果。这些小额投资者不用担心设备维护的问题,而且有稳定的利润分成。这方法应

该是可行的。"

经过一天思想火花的碰撞和自我梳理,会议慢慢有了明确的目标与方向,接近傍晚时,合伙人们基本达成了融资整体方案。由此,林海总结出基于"大众创业、万众创新"的创新融资模式如图1所示。

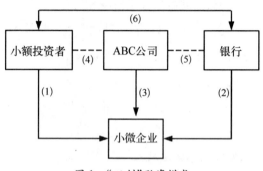

图1 "双创"融资模式

(1)社会上存在大量有闲散资金但找不到好的项目投资的小额投资者,他们的闲置资金往往在5万元左右,也是4~5个点位资源的所有者。ABC公司帮助这些人注册创办小微企业。

(2)银行贷款给这些小微企业,贷款数额在5万元左右。

(3)ABC公司定向售卖给每家小微企业5台左右的mini-KTV设备,并收取10万元的费用(小微企业注册资金加上银行贷款)。小微企业购置设备后,需要把设备投放在自有的或者自己洽谈好的点位上即可。

(4)小额投资者向ABC公司提出申请,ABC公司对其财产标准、资信条件和贷款可行性等方面进行审核,符合条件的双方将签订合同关系。ABC公司按照合同规定与小额投资者存在收益结算的关系。

(5)ABC为符合审核标准的小微企业向银行提供担保、质押等,同时向银行贷款。

(6)小额投资者成立小微企业,并以土地、设备等资产向银行贷款。

……

白行简看了看设计出的融资模式,"这种融资方案非常可行,小额投资者易于寻找。林海曾任学生会会长,广结善缘,学校、老师及同学也可以帮助团队成员找到充足的小额投资者"。

陆必行点点头:"小微企业可以获取银行贷款。虽然贷款额度不高,但小微企业可以借助小额投资者个人的连带担保、机器设备抵押担保以及ABC公司的担保,从而获得银行授信,取得银行贷款。"

王可也分析道:"小额投资者投建小微企业是可盈利的。小额投资者只需要把mini-KTV设备投放在熟悉的点位上,无须专人负责设备的维修管理。小微企业的盈利模式有两种,可以通过与我们公司合作,共享相应点位的设备的营业额。另外我们公司会分配固定的收益。根据预测统计,我们公司可以保证小微企业的投资回报率,净资产收益率在12%~18%之间浮动。"

林海看着自己的伙伴,作出总结:"我们现在就可以着手规划我们的蓝图。为什么这么说呢?因为根据市场调研结果和各位亲友的大力支持,我们至少可以有40个小额投资者可以合作。若是每个投资者平均能够投放5台机器的话,我们就可以获得机器保本收益,这也就满足王可所说的600万元资金需求了。真是'柳暗花明又一村',大家说,对吗?"

由此,一群神采飞扬的大学生圆梦融资,成立了ABC公司,他们从此真正开始了创业旅程的扬帆起航……

四、尾声

不知不觉,林海按照"双创"融资模式经营公司已有两年的时间了,公司运营慢慢走向了正轨。然而,这两年来,mini-KTV现象也如雨后春笋般涌现,市场行业竞争加剧,公司面临着新的挑战。公司从零走向了一,现在能否从一变成十,林海不禁思索着,走到哪里都好,只要全力以赴。第一次融资成功对于他们来说不是终点,而是起点。只有一条路不能拒绝,那就是成长之路。

案例使用说明

一、教学的目的与用途

1. 本案例适用于"财务管理""创业融资""创业基础"等课程,教学对象包括工商管理类的本科生、研究生以及 MBA、EMBA 学生。

2. 本案例的教学目的,即资金是创业战略实施的基础,是决定创业成败的核心要素。大学生创业者缺乏创业技能、管理经验和社会声誉,在创业资金识别、吸引和整合方面面临着诸多困难和挑战,导致创业融资中出现融资渠道狭窄、融资数量不足和筹资风险大等诸多缺陷,对其生存和发展造成了极大的损害。针对这些"瓶颈"问题进行讨论,在当前具有十分重要的现实意义。本案例以 ABC 公司在创立之初遇到的融资困境及解决方案为例,试图使学生明确、探讨和思考以下三方面内容:

(1)明确大学生在创办企业之时,可能面临的融资困境等创业难题;

(2)探讨大学生初创企业可选的融资渠道,并在此基础上设计合理的融资顺序;

(3)思考大学生初创企业内部经营现状和外部环境的机遇和挑战,在创业决策时据此设计合适的融资方案,提升战略决策的能力。

二、启发思考题

1. 在考虑市场摩擦、融资显性成本、隐性成本的情况下,分析 ABC 公司作为初创型企业的融资成本。

2. 联系实际,列举初创型企业可选择的融资渠道,并分析这些渠道的优缺点。

3. 资本结构不仅影响企业的财务状况,更影响企业经营与决策。试从资本结构的角度,分析 ABC 公司在融资过程中如何决定融资顺序。

4. 相对于传统的融资方式,ABC 公司的融资方式有哪些创新点?这些创新点为 ABC 公司带来哪些优势？

5. 在万众创业的浪潮中，多数创业者都会选择创立轻资产企业，重股权融资，轻负债融资，ABC 公司的创新融资方式，对我国创业公司畅通融资渠道有何启发？

三、分析思路

鼓励和引导大学生自主创业对开发优质创业资源、促进产业结构转型、实现经济社会可持续发展具有重要的战略意义。目前大学生创业率与成功率都不理想，这与高校创业教育有效性低、大学生创业融资渠道不畅、校企合作体制机制不完善、创业环境薄弱等因素有关。作为大学生初创公司——ABC 公司在"大众创业，万众创新"政策的鼓舞下诞生，但是，资金短缺却成为 ABC 公司创业路上的最大的拦路虎。本案例首先对 ABC 公司初创时的融资成本进行分析；然后，案例针对大学生初创公司可行的融资渠道及融资顺序进行讨论，结合商业模式，创新 ABC 公司的融资模式；最后探讨 ABC 公司融资模式的创新对公司畅通融资渠道有何借鉴意义。分析思路如图 1 所示。

四、理论依据及分析

1. 在考虑市场摩擦、融资显性成本、隐性成本的情况下，分析 ABC 公司作为初创型企业的融资成本。

【理论依据】

融资成本是资金所有权与资金使用权分离的产物，融资成本的实质是资金使用者支付给资金所有者的报酬。融资成本实际上包括两部分：融资费用和资金使用费。融资费用是企业在资金筹资过程中发生的各种费用；资金使用费是指企业因使用资金而向其提供者支付的报酬，如股票融资向股东支付股息、红利，发行债券和借款支付的利息，借用资产支付的租金等。需要指出的是，上述融资成本的含义仅仅只是企业融资的财务成本，或称显

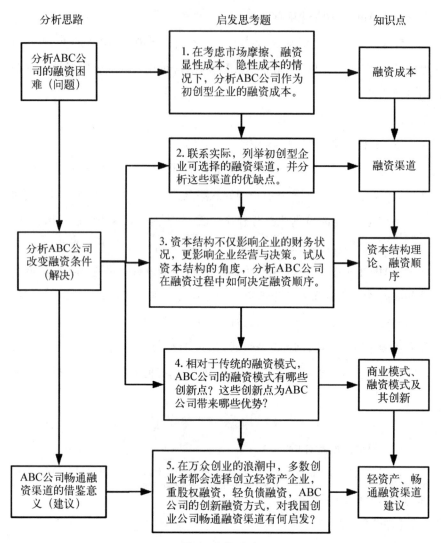

图 1 分析思路

性成本。除了财务成本外,企业融资还存在着机会成本或称隐性成本。但从现代财务管理理念来看,这样的分析和评价不能完全满足现代理财的需要,我们应该从更深层次的意义上来考虑融资的几个其他相关成本。

首先是企业融资的机会成本。就企业内源融资来说,一般是"无偿"使用的,它无须实际对外支付融资成本(这里主要指财务成本)。但是,如果从

案例三
"双创"之路,成就 ABC 公司的"融资"之梦

社会各种投资或资本所取得平均收益的角度看,内源融资的留存收益也应于使用后取得相应的报酬,这和其他融资方式应该是没有区别的,所不同的只是内源融资不需对外支付,而其他融资方式必须对外支付。以留存收益为代表的企业内源融资的融资成本应该是普通股的盈利率,只不过它没有融资费用而已。

其次是风险成本,企业融资的风险成本主要指破产成本和财务困境成本。企业债务融资的破产风险是企业融资的主要风险,与企业破产相关的企业价值损失就是破产成本,也就是企业融资的风险成本。财务困境成本包括法律、管理和咨询费用。其间接成本包括因财务困境影响到企业经营能力,至少减少对企业产品需求,以及没有债权人许可不能作决策,管理层花费的时间和精力等。

最后,企业融资还必须支付代理成本。资金的使用者和提供者之间会产生委托—代理关系,这就要求委托人为了约束代理人行为而必须进行监督和激励,如此产生的监督成本和约束成本便是所谓的代理成本。另外,资金的使用者还可能进行偏离委托人利益最大化的投资行为,从而产生整体的效率损失[①]。

【案例分析】

众所周知,只靠一腔热血就试图创业成功是不太现实的,还需要充足的物质保障。不进行创业资金筹措,创业项目的运营就无法持续下去。首先,ABC 公司刚成立,初出茅庐的大学生创业者几乎没有财务积累,没有财务数据支撑,没有银行流水,筹资数额较少,企业的信誉较低,在融资过程中支付的其他费用(筹资费用)相对较高。其次,大数据时代下,市场摩擦(道德风险和信息不对称现象)成为当今人们普遍面临的问题。申请银行贷款的资本成本比较高,市场摩擦会减少公司信贷额度,加重银行的固定成本,这样一来,使得单位贷款额度所分摊的银行的固定成本被迫增加。银行为了维

---

① 李冲,钟昌标. 融资成本差异与企业创新:理论分析与实证检验——基于国有企业与民营企业的比较研究[J]. 科技进步与对策,2015(17):98-103.

持盈亏平衡,不得不提高公司的贷款利率,企业的融资显性成本就会增加。因此,ABC 公司面临的融资环境也是严峻的,银行贷款申请手续的烦琐严格无法满足初创公司迫切的融资要求。最后,根据数据显示,2017 年国内迷你 KTV 的投放量达到了 3 万多台,投放量增长迅速,预计 2020 年国内迷你 KTV 的投放量将超过 11 万台,市场规模将接近 200 亿元,可见 mini-KTV 的行业发展气势如虹。ABC 公司创业团队专业知识互补,会计系的王可负责项目的财务监管,软件系的白行简负责项目的网络安全,法律系的陆必行负责项目的法律合规性,咨询管理等财务困境成本较低。但就代理成本来说,新的融资模式下形成的代理关系,即 ABC 与小额投资者之间的关系,可能导致较高的代理费用。

2. 联系实际,列举初创型企业可选择的融资渠道,并分析这些渠道的优缺点。

【理论依据】

(1) 创业融资的界定。

本文所指的创业是其狭义上的含义,即仅指创办企业。相应地,创业融资是指企业发展的早期或创业阶段的融资。资金作为企业的血脉,必不可少,因此融资问题对新创企业来说显得尤为重要。创业融资是指创业者为了生存和发展的需要,筹集资金和运用资金的活动。该融资过程是一种以资金供求形式表现出来的资源配置过程。创业融资的研究对象是创业企业的融资行为。具体行为包括在一定的融资风险下,如何取得资金,同时使融资成本最小,创业企业的价值最大化。不同的创业融资行为形成不同的创业融资结构,创业融资行为是否合理可以通过创业企业的融资结构反映出来。

(2) 融资渠道。

大学生创业融资,要多渠道融资。具体主要分为传统形式和新兴形式。传统形式主要有银行贷款、自融资金、民间借贷,而大学生还可以利用风险投资、天使投资、创业基金等新兴融资渠道。下面主要介绍政策基金、亲情

| 案例三 |

"双创"之路,成就 ABC 公司的"融资"之梦

融资、天使基金、合伙融资、风险投资以及金融机构贷款这几种 ABC 公司适用的融资渠道和相应的优缺点。

① 政策基金——国家发放的政府补贴。

由于我国人口众多,就业形势严峻,我国政府设立了一些政府性基金扶持大学生创业,主要分为财政贴息和创业基金两种方式。比较而言,大学生争取创业基金相对来说容易一些,只要符合国家和地方的产业政策,都可以申请并获得地方政府财政资金的支持。

政策基金的优势是利用政府资金,不用担心投资方的信用问题;政府的投资一般都是免费的,降低或者免除了融资成本。缺陷是申请创业基金有严格的程序要求;政府每年的投入有限,融资者需面对其他融资者的竞争。

② 亲情融资——成本最低的创业"贷款"。

亲情融资的优势是向亲友借钱,一般不需要承担利息。也就是说,向亲友借钱没有资金成本。因此,向亲友借钱只在借钱和还钱时增加现金的流入和流出,不会增加创业的成本。这个方法筹措资金速度快,风险小,成本低。缺陷是向亲友借钱创业,会给亲友带来资金风险,甚至是资金损失,如果创业失败就会影响双方感情。

③ 风险投资——民间的创业基金。

风险投资一般为专业的投资公司向初创公司提供资金支持并取得公司股份的一种投融资相结合的融资方式。风险投资公司往往是由具有一定财务和科技的相关背景和知识的人才组建而成。风险投资往往具有高收益高风险的特征。风险投资一般不涉及经营行为,它主要提供资金和专业知识经验的支持,看重企业的收益能力和成长性,追求长期利润。风险投资专业性高,投资收益高,有利于增强企业信誉,降低财务风险。但换出的企业股份会降低原有股东的控制能力,一般大学生也很难得到风投者的青睐。

风险投资中有个特殊的形式——天使投资,顾名思义,是有一定财富能力的民间个人或者机构对于处于孵化期的创业痛点或者初创公司进行一次性投资的行为。这笔天使基金的投资人往往与创业者关系密切,对初创者

的能力坚信不疑。也有些天使投资人通过平台与创业者熟知,进而投资这家认定的企业。天使投资不是组织行为,它属于自愿的非组织行为。其优点是融资比较简单,没有使用资金的限制,融资速度比较快。缺点是投资人的风险大,无法判断企业未来发展的好坏,从而面临资金无法收回的风险。而且天使投资人与创业者容易产生代理问题,天使投资人想通过投资占有股份而未果的现象时有发生,所以天使投资人初头可能占据企业较大的股份,使创业者失去部分控制权,后续投资也无法保证。

④ 合伙融资——合作的融资方式。

合伙人一起投资成立一家公司,合伙人可能是个人投资者,也可能是机构投资者。大家合作融资,达到双赢的效果。这种方式往往也比较常见,因为一个人的力量是有限的,多个人合作创办企业可以实现整合资源、优势互补的利好局面。其还有分配机制灵活的特点,对于利润或收益的分配可以由合伙人自由决定。其缺点显而易见,即容易出现内部纠纷,合伙人诚信也无法保证。股份的分配和合伙人的选择往往是合伙融资的难点①。

⑤ 金融机构贷款——银行贷款融资。

银行贷款被誉为创业融资的"蓄水池",由于银行财力雄厚,而且大多具有政府背景,因此在创业者中很有"群众基础"。从目前的情况看,银行贷款有以下四种:一是抵押贷款,指借款人向银行提供一定的财产作为信贷抵押的贷款方式。二是信用贷款,指银行仅凭对借款人资信的信任而发放的贷款,借款人无须向银行提供抵押物。三是担保贷款,指以担保人的信用为担保而发放的贷款。四是贴现贷款,指借款人在急需资金时,以未到期的票据向银行申请贴现而融通资金的贷款方式。创业者从申请银行贷款起,就要做好打"持久战"的准备,因为申请贷款并非与银行一家打交道,而是需要经过工商管理部门、税务部门、中介机构等一道道"门坎",而且手续烦琐,任何一个环节都不能出问题。

---

① 肖莉,袁婉君. 基于互联网视角下大学生创业融资方式研究——以广东省为例[J]. 行政事业资产与财务,2018(11):43-44.

案例三
"双创"之路,成就 ABC 公司的"融资"之梦

银行贷款的优点是利息支出可以在税前抵扣,融资成本低,运营良好的企业在债务到期时可以续贷。缺点是一般要提供抵押(担保)品,还要有不低于 30% 的自融资金,由于要按期还本付息,如果企业经营状况不好,就有可能导致财务危机。目前许多地方政府指定专门银行,从事与再就业配套的小额贷款,条件比正常贷款业务更优惠;部分金融企业推出的对高校毕业生创业贷款业务,可以高校毕业生为借款主体,以其家庭或直系亲属家庭成员的稳定收入或有效资产提供相应的联合担保,对创业贷款给予一定的优惠利率扶持,视贷款风险度的不同,在法定贷款利率的基础上可适当下浮或小幅度上浮。

【案例分析】

从政府基金角度来说,对于大学应届毕业生而言,争取政策基金还是相对有优势的。根据上海市政府的有关规定,上海地区应届大学毕业生创业可享受免费风险评估、免费政策培训、无偿贷款担保及部分税费减免四项优惠政策。从学校优惠政策来讲,大学生科技创业基金还可以提供基金资助。政府基金申请严格,而且由于创业企业众多,甚至有很多毕业生创业者观点还不成熟,政府筛选成本高,有申请竞争压力。所以 ABC 公司需要认真了解和学习政府的有关产业政策和扶持政策,严格按照规定程序提交申请资料,少走弯路;ABC 公司具有优势的创业项目和完善的创业计划书,为提升申请的成功率做好了准备。

从亲情融资角度来说,ABC 公司进行亲情融资是可行的,但是额度是有限的。借钱之初就应向亲友说明借钱具有一定的风险;为了能够取得亲友支持,有效地借到创业资金,创业者应不断加强自身与亲友之间的亲情和友情;向亲友说明创业计划的可行性和预期收益以及风险度;主动给亲友写下书面借据或书面借款协议;定期报告个人创业的进展情况,及时沟通信息;及时偿还所有借款,提高个人信用;不长期拖欠,明白"有借有还再借不难"的道理。另外,毕竟有"富豪"家人朋友的大学生创业者是少数,因此从家人朋友处筹一次两次钱是可行的,但却难以将其作为一个长期的融资源。

从风险融资角度来说，ABC 公司申请到风险投资的可能性比较小，对民间资本进行调研，是融资前的"必修课"。但也不是没有渠道的，立志自主创业的林海可以通过创业大赛、委托专门的风险投资公司、在网上或其他媒体发布寻资信息寻找投资人，参加创业培训班，来说服风险投资者。

从合伙融资角度来说，ABC 公司在融资的时候就采用了合伙融资的方法，但要注意投资份额要明确，加强合伙沟通，事先确立章程是有必要的。

3. 资本结构不仅影响企业的财务状况，更影响企业经营与决策。试从资本结构的角度，分析 ABC 公司在融资过程中如何决定融资顺序。

【理论依据】

（1）资本结构理论。

现代资本结构理论形成于 20 世纪 50 年代，跨越到 20 世纪 70 年代后期，它以 MM 定理为中心，沿着两个主要分支发展：一个分支是探讨税收差异对资本结构的影响，被称为"税差学派"；另一个分支研究破产成本与资本结构的关系，发展成为财务困境成本学派，形成"破产成本主义"和"财务困境主义"，这两个分支最后合并为权衡理论。20 世纪 70 年代后期，由于信息不对称和博弈论的引入，使资本结构理论研究发生了一次质的飞跃，新资本结构理论以信息不对称为中心，大量引入经济学各方面的最新分析方法，从新的学术视野来分析和解释资本结构问题，提出了不少标新立异的观点，包括代理理论、信号传递理论、融资顺序理论、控制权理论等[①]。

① MM 理论。

1958 年美国经济学家莫迪利亚尼和金融学家米勒在《美国经济评论》上发表了《资本成本、公司财务与投资管理》一文，得出在完善的市场中，企业的融资结构选择与企业的市场价值无关的结论。该论断在理论界引起了很大的反响，被认为是现代企业资本结构理论的基石。但由于 MM 定理是在严格的假设条件下得出的结论，与现实经济差距较远，在实际中缺乏可行

[①] 刘全山,刘东山. 中小企业生命周期资本结构优化研究——以 GG 公司为例[J]. 新会计,2019(10)：33-36.

| 案例三 |
"双创"之路,成就 ABC 公司的"融资"之梦

性。1963 年莫迪利亚尼在《企业所得税和资本成本:一项修正》中引入公司所得税加以分析研究,其后有许多经济学家对该理论进行了修正。20 世纪 60 年代末,资本结构理论沿着 MM 定理的假设条件形成两条分支:一支企图探讨在引入税收制度后,各类税收差异与资本结构的关系,形成所谓的"税差学派";一支以斯蒂格利茨等人为代表,主要研究破产成本对资本结构的影响,形成所谓"破产成本主义"。这两大学派最后归因于罗比切克和梅耶斯所倡导的权衡理论。

② 权衡理论。

修正后的 MM 理论虽然考虑了负债带来的免税优惠,但却忽略了由于债务上升而形成的企业风险所带来的费用。在此背景下,权衡理论诞生了,其代表人物是罗比切克和梅耶斯,他们在 1966 年所写的《最优资本结构理论问题》对权衡理论的思想做了最清楚的表述。权衡理论认为,制约企业无限提高负债比例、追求免税因素的关键是由于债务增加而上升的风险。随着企业财务比率的增加,企业陷入财务危机成本的概率也会增加,由此引起的财务成本一方面会降低企业市场价值,另一方面会降低企业债券购买者的收入预期,加大发行债券的成本,并导致企业发行债券困难,这两个方面都会抑制企业无限追求免税优惠。因此,企业最佳的资本结构应该是对债务的免税优惠利益与由债务上升带来的财务危机成本之间进行权衡的结果。权衡理论引入了均衡的概念,使企业资本结构具有了最优解的可能性,从而为现代企业资本结构研究提供了一种新思路。此外,权衡理论放松了 MM 定理关于无破产企业与企业投资政策和筹资政策独立的假设。相对而言,权衡理论的结论比较贴近实际,因而到了 20 世纪 70 年代,它一度成为现代企业资本结构理论中的主流学派。

③ 信息不对称下的资本结构理论。

一是代理理论(激励理论)。

代理理论主要涉及企业资源的提供者与资源的使用者之间的契约关系。按照代理理论,经济资源的所有者是委托人,负责使用以及控制这些资

源的经理人员是代理人。代理理论认为,当经理人员本身就是企业资源的所有者时,他们拥有企业全部的剩余索取权,经理人员会努力地为自己而工作,这种环境下,就不存在什么代理问题。但是,当管理人员通过发行股票方式,从外部吸取新的经济资源,管理人员就有一种动机去提高在职消费,自我放松并降低工作强度。激励理论包含一类具有代表性的模型,其中较为典型的是詹森、麦克林的代理成本模型。詹森和麦克林将代理理论引入了企业资本结构的研究,发现代理成本是企业所有权结构的决定因素。该理论认为,融资结构会影响经营者的工作努力水平和其他行为选择,从而影响企业未来现金收入和市场价值;债权融资具有更强的激励作用,这种机制能够促使经理多努力工作,少个人享受,并且做出更好的投资决策,从而降低由于两权分离而产生的代理成本。

二是信号传递理论。

信号传递理论,将企业资本结构的决定建立在内部人与外部人对有关企业真实价值或投资机会的信息非对称基础之上。公司的筹资结构可以看作市场内部人员的私有信息外在化的一种反映,从而将筹资问题归结为非对称信息的处理问题。这种信号传递效应由罗斯在《财务结构的确定:激励——信号方法》一文中首先提出。罗斯理论模型的目的,是要通过与管理者激励结构的联系,演变出一种与 MM 定理相一致的财务结构最优决定理论。罗斯认为,经理人员本身是内部人,了解其企业收益的真实分布状态,而投资者不了解,如果市场高估企业证券价值,经理人员将从中受益;反之,如果企业破产,经理人员将受到相应的惩罚,因此投资者将高负债看作是企业高质量的一个信号。对任一负债水平而言,低质量企业的边际预期破产成本都较高,其经理人难以模仿高质量企业进行债务融资。这样,高质量的企业通过发行更多的债券可以将自己与低质量的企业区分开。

三是顺序融资理论。

20 世纪 80 年代以来,非对称信息理论在企业融资结构研究中得到广泛

案例三
"双创"之路，成就 ABC 公司的"融资"之梦

应用，其中影响最大的理论是迈尔斯和梅吉勒夫的"融资顺序理论"。该理论认为各种融资方式的信息约束条件和向投资者传递的信号是不同的，由此产生的融资成本及其对企业市场价值的影响也存在差异，企业的融资决策是根据成本最小化的原则依次选择不同的融资方式，即首先选择无交易成本的内源融资，其次选择交易成本较低的债务融资，对于信息约束条件最严并可能导致企业价值被低估的股权融资则被企业排在末位。该理论认为，公司倾向于首先采用内部筹资；如果需要外部筹资，公司将先选择债券筹资，再选择其他外部股权筹资，这种筹资顺序的选择也不会传递对公司股价产生比例影响的信息。

【案例分析】

从 MM 模型角度，ABC 公司合理利用了债务利息抵税的效应，公司在创立初期采取的民间借贷和银行贷款进行经营性借款，在考虑公司税的情况下，债务融资就有一个重要的优势，因为公司支付的债务利息可以抵减应纳税额，而现金股利和留存收益则不能。ABC 公司在融资过程中还拓展出新的可以获得更多银行贷款的形式——"众筹"。利用小额投资者的闲散基金注册创办小微企业，银行对这些企业的贷款同样转换成了可以抵税的资金。经营性借款利息作为一种期间费用，允许在所得税前扣除，具有抵税作用。这样，当存在公司税时，公司的价值就与其债务正相关。

ABC 公司不仅要借助金融机构贷款，还可以创新融资渠道，利用多种融资方式进行创业融资。寻找融资租赁公司商议合作，以融物来融资，这样可以降低资金的初始投入成本，租金也可以在税前扣除，最大程度利用了政府的税收优惠政策。此时，ABC 公司设计的新型融资模式，通过对税收、财务困境成本、代理成本分别或共同存在的条件下，设计出负债的税收利益，即财务杠杆效用最大的融资模式，但是，针对企业债务成本的提高会降低企业市场价值这一方面，ABC 公司也提出了解决方案。首先，由于企业主要需要为小额投资者出售设备，提供担保，增加了企业的可信度，从而获得银行授信，取得银行贷款，这也是对权衡理论的充分利用。

其次,从代理理论出发,ABC 公司吸引拥有闲散资金的小额投资者对 mini-KTV 进行投资,对于 ABC 公司来说,充分权衡了代理收益和代理成本,使授信额度增加,以机器和银行流水做抵押获得银行贷款,而对于小额投资者也降低了机会成本,最终达到双赢的效果。

从顺序融资理论的角度,ABC 公司遵循着顺序理论"先内后外、先债后股"的原则来融资,因为对于 ABC 公司,内部筹资资本成本最低,债券融资次之,股权融资对于规模尚小的 ABC 公司来说是不合适的。

4. 相对于传统的融资方式,ABC 公司的融资方式有哪些创新点?这些创新点为 ABC 公司带来哪些优势?

【理论依据】

商业模式指为实现客户价值最大化,把能使企业运行的内外各要素整合起来,形成一个完整的高效率的具有独特核心竞争力的运行系统,并通过最优实现形式满足客户需求、实现客户价值,同时使系统达成持续赢利目标的整体解决方案。创业型企业的快速成长有赖于两个方面:一是有利的外部市场和行业条件;二是内在的技术、人力等资源优势,但是如何用企业内部有限的资源去把握"无限"(相对创业型企业的产能而言)市场需求,其间需要有合理的商业模式去嫁接。企业能否持续赢利是我们判断其商业模式是否成功的唯一的外在标准。一个成功的商业模式不一定是在技术上的突破,而是对某一个环节的改造,或是对原有模式的重组创新,甚至是对整个游戏规则的颠覆。商业模式的核心原则是指商业模式的内涵、特性,是对商业模式的延伸和丰富,是成功商业模式必须具备的属性。它包括:客户价值最大化原则、持续赢利原则、资源整合原则、融资有效性原则、组织管理高效率原则、创新原则、风险控制原则和合理避税原则等八大原则。商业模式是一个企业创造价值的核心逻辑,价值的内涵不仅仅是创造利润,还包括为客户、员工、合作伙伴、股东提供的价值,在此基础上形成的企业竞争力与持续发展力,即怎样建立企业并从中赢利的一整套方法。

商业模式的设计将战略、策略、战术,即战力打包成怎样赢利的一整套

| 案例三 |
"双创"之路,成就 ABC 公司的"融资"之梦

方法,因此商业模式的设计就是战略的应用工具。品牌是企业的有形的手,商业模式是企业无形的手。商业模式的核心就是资源的有效整合,其要点为:销售—运营—资本①。

【案例分析】

由于银行贷款难以申请,ABC 公司打破传统的融资商业模式,形成"双创"下的众筹融资方式。

(1)融资来源由被动变为主动。ABC 公司过去融资方式处于被动地寻找融资来源,而在"双创"大环境下,ABC 用较高的银行贷款额度主动吸引拥有闲散资金的小额投资方,并帮助其成立第三方企业,这种小型企业创办贷款的方式有助于帮助 ABC 公司主动吸收一定额度的银行贷款,节约融资成本。

(2)银企关系从债务变为担保的关系。ABC 公司以自身条件很难拿到可观的银行贷款,而"双创"众筹融资方式使得 ABC 公司通过为众多小微企业提供银行方面的担保,又可以使小微企业把贷款资金用于本企业投资。ABC 公司可以既得到银行贷款,吸纳其他金融企业对其进行融资,又可以借助第三方资本来运营企业。

(3)融资方法由分散变为众筹。ABC 公司在传统的融资方式下利用政府补贴、亲情融资、融资租赁和银行存款融到的资金有限,来源分散。而创新后的融资方式使得 ABC 公司可以通过诸多小额投资者来获得银行贷款额度的增加,这种众筹的融资方式可以帮助 ABC 公司节约经济成本,提高企业价值。

新型融资模式可能存在以下挑战:

(1) ABC 公司与小微企业。

小额投资者可能会背离 ABC 公司的利益,存在道德风险与逆向选择的问题。小额投资者可能会虚报自己的真实财产状况,通过"搭便车"的行为

---

① 林晓芳. 互联网时代中小企业商业模式创新思路探析[J]. 技术与市场,2019(10):181–182,184.

获得 ABC 公司的合作机会,获得银行高额贷款。但它可能不那么尽力经营这家公司,也可能在获得贷款后,不投资于本公司相关业务,甚至可能用于高风险的投资项目。小微企业也有可能由于经营不力、财务亏空而停业。

(2) ABC 公司与银行。

银行在贷款到期之时可能存在收不回本息的风险,信贷利息上调,使得公司融资成本提高,融资环境更加严峻。ABC 公司在进一步发展的情况下,日后的融资需求可能无法持续得到满足,经营可能会面临困境。

ABC 公司采用新型融资模式以后面对可能的挑战,可以采取以下对策:

(1) ABC 公司与小微企业。

由于双方存在信息不对称的问题,小额投资者会比 ABC 公司更加了解小微企业的经营状况。所以 ABC 公司要严格执行调查小额投资者财产状况的审查程序,在成立小微企业之前和之后要完善小额投资者自身素质和管理能力的考核制度与培训体制,健全小微企业和 ABC 公司的治理结构。可以对每个企业分派人员进行监管,内部监管与外部监管结合,对小微企业进行有效监督与激励。

(2) ABC 公司与银行。

ABC 公司要落实诚信制度,树立良好的企业形象,严格按照规定程序提交资料,及时还本付息,并对小微企业还款情况加以有效监督。银行要严格规范信贷审批程序,在贷款合同中加上限制性条款,规定款项的用途,减少坏账损失率。政府要鼓励金融机构信贷,尤其是要放宽大学生创业项目的信贷额度,完善相关政策支持与监管措施。

5. 在万众创业的浪潮中,多数创业者都会选择创立轻资产企业,重股权融资,轻负债融资,ABC 公司的创新融资方式,对我国创业公司畅通融资渠道有何启发?

【理论依据】

轻资产模式是指企业投入资本较低,周转速度较快,资本收益较高的运营模式。轻资产模式的企业往往能够有效利用三个杠杆:① 善于有效利用

案例三
"双创"之路,成就 ABC 公司的"融资"之梦

资产杠杆,即:利用与整合存量关键资源能力,因此自身投资少,业务系统轻资产,包括直接资产轻,或者举重若轻,或者化重为轻;② 善于有效利用负债杠杆,即:库存低,应收账款少,有息负债少,运营效率高,风险低,运营资本消耗少,甚至为负;③ 善于有效利用价值杠杆,即:投入资本收益高,成长速度快,成长价值和价值实现效率高,能很快获得资本青睐。例如:耐克、阿迪达斯、可口可乐、维森置业,都属于轻资产商业模式①。

【案例分析】

(1) 提升大学生初创企业的融资能力。

① 推进融资教育,完善高校创业人才培养机制。高校要强化创业教育的师资力量,把融资教育加入日常创业课程的教育内容。高校要推进创业教育的信息化,与时俱进。创业教育要普及全体师生,针对不同创业需求制定多元化的培养方案,设立针对性、实践性课程。学校要注重培养学生的创新能力与创业能力的整体素质,搭建不同组合方式的大学生创业实践基地。

② 增强学生对企业内部控制和外部环境的认知。大学生初创企业要增强企业的经营管理能力,注重产品设计研发,拓宽产品销路,企业还应增强资金的利用效率,应收账款周转率和存货周转率,提高利息保障倍数,重点关注销售收入现金含量,加强财务信息化建设,提高企业的市场竞争力。

③ 创立标杆,鼓励大学生创新创业。不同的企业生命周期有不同的融资对策,应理性分析现下企业所处阶段,拓宽融资渠道,灵活利用政府、学校和老师所给资源,综合运用多种融资方式,设计股权融资、无形资产抵押、投贷联动等创新融资新渠道,给企业提供强大的资金发展支持。金融机构的授信看重企业的还款能力,良好的信用记录是企业融资的基础。

(2) 创建良好的大学生创业融资环境。

① 健全大学生创业企业融资法律体系,加强政府监控职能。政府应完

---

① Daxhammer K, Luckert M, Doerr M, et al. Development of a Strategic Business Model Framework for Multi-Sided Platforms to Ensure Sustainable Innovation in Small and Medium-Sized Enterprises[J]. Procedia Manufacturing, 2019, 39: 1354-1362.

善相关政策体系,对大学生创业按照发展前景和可行性分级别制定优惠税收补贴政策,建立符合实际需要的基金项目,给予大学生创业支持,完善创业合作机制。推动国有企业降杠杆,防范化解企业信用风险,打造大学生创业企业信用服务平台。

② 完善社会服务体系,搭建校企互动平台。建立良好的银企关系,增强银行对大学生创业企业放贷的信心;推动校企合作,与校内创业成功的标杆企业建立交流日,给学生启发;发挥咨询机构和大学生创业企业协会等组织在促进融资方面的主观能动性;提高民间资本运作的积极性,充分发挥第三方支付在评估大学生创业企业信用评级的效能。

五、关键要点

1. 帮助学生了解融资成本的构成;

2. 使学生了解大学生创业不同融资渠道的特点,并能结合实际做出正确选择;

3. 引导学生学会客观分析自身内外部优劣势进行决策,培养创新精神,激发自主创业的兴趣;

4. 使学生结合商业模式,恰当利用资本结构,进行融资渠道的创新,提升战略决策的能力。

六、建议课堂计划

本案例可以作为专门的案例讨论课来进行。如下是按照时间进度提供的课堂计划建议,仅供参考。

本案例教学时间90分钟。

课前计划:要求学生在课前阅读思考题,熟悉案例并作出相关思考。

课中计划:

1. 回顾案例,通过案例的"问题化"逻辑组织,明确行文思路。(5分钟)

案例三
"双创"之路,成就ABC公司的"融资"之梦

2. 通过对教学内容的"操作化"组织,讲、做、学有机结合,分组讨论,内化学习内容。(20分钟)

3. 对案例进行"结构化"梳理,小组代表发言,其他成员补充。(40分钟)

4. 老师表明案例重点,并组织选出最佳发言代表,以及评价小组优劣。(20分钟)

5. 总结概括。(5分钟)

课后计划:请学生结合课堂讨论,将所学所感写成书面报告。

板书计划(示例)

融资成本	融资渠道
资本结构理论	商业模式

(王立夏 石丽瑜)

案例四

且歌且行,花开彼岸:
A 公司税务规范管理之路

摘　要:随着科技创新和经济的快速发展,大众便捷式的生活态度逐渐盛行,一种新型的零售运营模式——自动售货机也应运而生。本案例以从事自动售货机研发与运营业务的 A 公司为例,讲述了 A 公司从制度规范、内部监督、人员管理等方面采取的税务整改措施,最终解决税务管理规范问题,从而降低企业税收风险,并享受国家高新技术企业优惠政策的过程。通过阐述 A 公司税务管理规范化的过程,揭示了现有中小型研发和销售企业在发展和成长期的经营过程中普遍存在的税务问题;并通过介绍 A 公司的税务管理整改措施,为现有普遍的公司税务管理改善提供借鉴意义。

关键词:自动售货机;制度规范;税务管理;税务风险;税务规范

初来乍到的春天,温润柔滑的春雨唤醒了往日冬季的沉寂,迷人的春色令人心旷神怡。2019 年 3 月 4 日傍晚时分,A 公司会议室正在进行一年一度的中高管理层年度总结大会,每一位管理者都十分喜悦,财务部赵总监正在进行着年度财务总结:"今年公司的营业收入达到了 3 202 万元,净利润达到 288.1 万元,税务方面有了明显的改善……"

不知不觉中,会议已经接近尾声。最后,公司董事长陈总进行总结发言,陈总脸上洋溢着笑容:"我看到在座的各位都特别地高兴,公司的发展确实是令人开心,过去的七年,公司在管理方面经历了许多变化与革新,业绩也是有了巨大的进步,各个部门的辛勤努力才是公司不断发展的动力,感谢大家为公司做出的贡献,尤其要感谢并表扬今年在赵总监带领下的财务部

案例四

且歌且行，花开彼岸

解决了公司的税务问题，取得了显著成效……希望我们今后继续努力，带领公司更进一步。"讲到这里，会议室里响起了一阵阵雷鸣般的掌声。

赵总监听到了董事长的赞扬，感受到了同事的认可，内心十分地喜悦，也感慨万分，这几年来的点点滴滴犹如电影片段般在眼前——闪过……

一、公司背景和行业介绍

（一）A 公司基本情况

A 公司成立于 2007 年，是一家主要从事自动售货机的研发、销售、租赁和全国运营的专业化公司，公司着眼于技术创新，不断提高创新动力，保持更新换代，保持产品技术的领先地位。A 公司以提供及时、周到、全面、有效的最佳服务作为公司对客户的承诺。公司现阶段研发并运营三种售货机型：饮料自动售货机、食品自动售货机、综合自动售货机。并实现了现金支付、信用卡支付和在线支付等多种支付方式，提供完美的产品开发解决方案和出色的客户服务。为了优化经营管理，提高公司业绩，A 公司更是引进了 KPI 绩效考核评估体系，也极大程度上提高了员工们的工作积极性。

自 2014 年至 2018 年间，A 公司积极响应国家政策的号召，不断拓展业务，拓宽销售网络。A 公司积极与生产商、客户之间建立信任关系，进一步完善公司供应—需求链，与利益关系各方达成战略共识，有效促进了公司业务发展，其销售业绩在同行业内遥遥领先。在这四年间，公司收入和毛利率都在逐年递增。A 公司不仅在销售业务上有了快速拓展，在科技研发方面也形成了十分完善的体系，更是成为一家高新技术企业。

自 2015 年起，A 公司便开始引进优秀的技术人才，不断开发新产品，以获取更大的市场。直至 2018 年，A 公司已经获得自主研发的发明专利 4 项、实用新型专利 13 项以及外观设计专利 9 项，拥有雄厚的研发基础。

为 A 公司带来更大机会的是 2017 年 A 公司开发出了一款带有 MCU（即智能语音辅助）的自动售货机，可以将上位机发送的文本数据实时合成语音,通过喇叭播放给顾客,便利了顾客购买。仅这一款自动售货机的推广,就给企业增加了 200 万元的纯利润。

2018 年公司还在积极研发一款可以联网智能补货的自动售货机。A 公司预测这一款自动售货机的推广上市可以为公司带来极高的纯利润,因为它带来的纯利润大于 MCU 自动售货机已有的纯利润。

(二)自动售货机行业介绍

1994 年中国出现了第一台自动售货机,近几年呈现爆发式增长(见图1),从中国自动售货机行业近年来的发展状况可见,在 2012~2018 年这七年的时间里,国内自动售货机行业在饮品休闲食品销售额和机器数量方面均取得较大程度的增长。国内的自动售货机投放量于 2017 年达到约 46 万台,饮品销售额约为 100 亿元,据云威大数据公布《2018 年中国自动售货机行业市场前景研究报告》显示:2020 年中国自动售货机投放量有望上升到 300 万台,与此同时,饮品销售额将达到 1 000 亿元之巨,这是一个十分可观的数字,届时中国的自动售货机行业将迎来一个新的春天①。

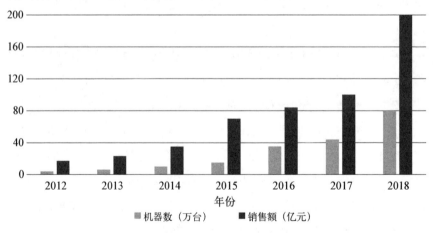

图 1　中国自动售货机行业近年发展状况

数据来源:2014~2018 年自动售货机行业分析报告

---

① 售货机市场数据深度调研与发展趋势分析报告[EB/OL]. http://www.chinamrn.com/yjbg/scfx/919774.html.

案例四
且歌且行,花开彼岸

截至2019年(见图2),我国自助售货机渗透率较高的区域分布在珠三角、长三角和环渤海地区,主要城市和省份包括北京、上海、广州、深圳、河北、山东、山西、辽宁、江苏和浙江。这些区域的占有率合计接近80%,全国其他城市的占有率合计仅为20.5%。

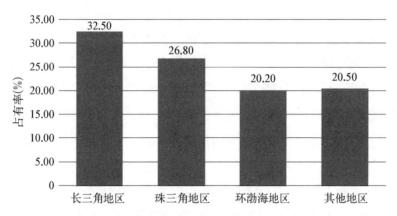

图2 2019年中国自动售货机地区分布情况
数据来源:2014~2019年自动售货机行业分析报告

从自助售货分布点的业态来看(见图3),自助售货机的主要分布点位于工厂/办公楼,占比达34.4%;其次是地铁/火车站,占比达22.8%。

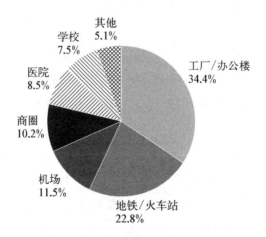

图3 2019年售货机分布点情况
数据来源:2014~2019年自动售货机行业分析报告

二、税务风险出现

在以往的实践中,我国的税收管理主要依靠"事前审批"来控制纳税人的行为和税务遵从。在 2013~2016 年间,我国实际上已经基本取消了这一机制,取而代之的是"事前备案"制。国务院办公厅 2016 年《关于推动实体零售创新转型的意见》78 号文称:"近年来,我国实体零售规模持续扩大,业态不断创新,对国民经济的贡献不断增强,但也暴露出了发展方式粗放、有效供给不足、运行效率不高等突出问题。因此减轻企业税费负担至关重要。落实好总分支机构汇总缴纳企业所得税、增值税相关规定……零售企业设立的科技型子公司从事互联网等信息技术研发,符合条件的可按规定申请高新技术企业认定,符合条件的研发费用可按规定加计扣除……"这一制度的颁布,拯救了很多的中小微企业,因此民营企业偷税漏税的现状得到了很大的改善。A 公司从事自动售货机的研发和销售属于实体零售业之一,A 公司目前的税务管理水平已经落后于日新月异的税收政策,因此也暴露了严重的税务风险和税务管理问题。

(一)罚单到来,何去何从?

2012 年初,随着 A 公司规模的扩大,对于财务部的要求也越来越高,董事长便高薪聘请了一位高企财务总监来管理统筹财务部。赵总监到 A 公司的第一天,公司高层正在开会确定公司未来两年的发展战略,这也是赵总监参加的第一次公司管理层会议,会议确立了未来两年内公司各部门需要全力配合市场、研发和销售等部门,以辅助公司良性快速发展。

2013 年 3 月底,赵总监正在为公司业绩等各项数据有了大幅增长而喜悦着,却收到了来自税务局的关于 A 公司的 2012 年税务自查通知书(见图 4)。

起初,赵总监只是组织公司的财务人员进行全面的自查,再向当地的税务局报送结果。然而这次的自查报送结果却得到了税务局的关注,公司收到通知将会受到税务局专员的税务稽查,让赵总监措手不及。

税务两位稽查人员在六月份进驻公司核查,进行了各税统查,并抽查了

案例四
且歌且行,花开彼岸

> A自动售货机公司(……):
> 事由:增值税税负率低
> 依据:《国家税务总局……公告》(2013年第××号)第×条,第×条
> 通知内容:你公司已列入我局自查企业名单,请于2013年5月5日前按照自查要求,对你公司自2010年起至2012年12月31日的纳税情况进行自查,并对你公司多年未盈利及增值税税负明显低于行业水平等问题做出解释。
> 自查结束后将纳税人自查表报送我局,我局将根据你公司自查情况决定对你公司下一步的检查方式和时间。
> ……

图4 A公司2012年税务自查通知书

部分发票。由此公司的诸多问题也显现了出来,如发票报销随意引起的各项账目抵扣不规范、公司审批程序不规范等。稽查人员指出:"在企业所得税方面,贵公司的职工福利费、职工教育经费和业务招待费都不符合抵扣标准。按照《企业所得税法实施条例》第四十条、第四十二条和第四十三条规定,职工福利费可以按照比例税前扣除。企业支出的职工福利费,不超过工资、薪金总额14%的部分准予扣除。企业发生的职工教育经费支出,不超过公司、薪金总额8%的部分,准予在计算企业所得税应纳税所得额时扣除;超过部分,准予在以后纳税年度结转扣除。企业发生的与生产经营活动有关的业务招待费支出,按照发生额的60%扣除,但最高不得超过当年销售(营业)收入的5‰。比如贵公司2012年当年发生的工资、薪金总额是1 000万元,按照税法扣除标准计算贵公司职工福利费和职工教育经费税前列支分别是140万元和80万元,但是实际税前列支分别是200万元和100万元,因此应当予以调增应纳税所得额80万元(职工福利费60万元和调增职工教育经费20万元)。2012年贵公司业务招待费实际发生额为50万元,当年实现的销售收入是5 000万元,贵公司2012年最多税前列支业务招待费是25万元,但是实际税前列支了30万元,企业应调增应纳税额所得额5万元。在发票方面企业使用收款收据代替税务发票(专用发票和普通发票)30万元,这部分费用按照税法规定不允许税前列支,应调增应纳税所得额30万元。公司管理层属于个人消费所负担的开支在公司账面中列支,这部分费

用应该调增应纳税所得额。在资产减值损失方面,2012年贵公司在没有向税务部门备案的情况下将实际发生的资产减值损失在税前扣除。按照税法规定资产减值损失一般不得税前扣除,除非确有重大资产损失,去税务部门备案后方可税前扣除。财务部门将其作为费用税前扣除影响当期公司的盈利,但是不符合税法规定,因此应当予以调增。"因此A公司在稽查结束后收到了税务局的罚款处罚通知单(见图5)。

××区税务局(稽查局)
税务处理决定书
××税处[2013]××号
A公司:
  我局(所)于2013年6月1日至2013年6月8日对你(单位)2010年1月1日至2012年12月31日的税务情况进行了检查,违法事实及处理决定如下:
  一、违法事实
  (一)企业所得税
  1. 少计收入:××万元;
  (二)补缴增值税:××万元
  ……
  限你(单位)自收到本决定书之日起7日内到××区税务局将上述税款及滞纳金缴纳入库,并按照规定进行相关财务调整。逾期未缴清的,将依照《中华人民共和国征收管理法》第四十条规定强制执行。
  你(单位)若同我局(所)在纳税上有争议,必须先依照本决定的期限缴纳税款即滞纳金或者提供相应的担保,然后可自上述款项缴清或者提供相应担保被税务机关确认之日起六十日内依法向××区税务局申请行政复议。

税务机关(印章)
2013年6月10日

图5 A公司罚款处罚通知单

这样一张罚单的到来,使赵总监意识到了公司的税务确实存在问题。但是由于公司处于一个快速发展的阶段,又需要配合公司的发展战略,赵总监认为:只需要配合税务机关补缴税款就可以解决上述的小额罚单和漏税的问题,还是以公司大的战略目标为主。

(二)税务问题恶化

2014年6月底,税务局代表刘科长来到了A公司。经过一番交谈,赵总监从刘科长这里了解到:① 公司现在纳税信用评级已经降为B级;② 从下

案例四
且歌且行，花开彼岸

个月度起税务部门会增加对公司的税务检查频次。

很明显公司的税务问题不容乐观，公司现有的税务制度和税务人员配置并不能堵住税务管理上的风险和漏洞，在2013年接到罚单时其实就应该引起足够的重视。照此下去，公司的信用评级会继续下降，如果信用评级被评为M级，企业被取消增值税发票的认证，这可不是个小问题。赵总监开始反思公司税务管理制度的有效性，并对此次纳税信用评级下降产生了深深的忧虑。于是，赵总监便直接奔着董事长陈总的办公室去了。

"陈总，之前公司处于一个快速发展的时期，以前受到税务处罚，为了公司的整体发展战略，我认为受到一些小处罚对于我们公司的经营业绩也没有太大的影响，但是今天刘科长过来，我认为公司现在存在的问题需要引起高度重视了。一是税务报表报送不及时，公司部分财务人员不能灵活运用国家税务政策减少公司纳税成本，同时还存在不能按照税法规定正确核算应纳税额的现象。比如2014年3月中旬应申报2014年2月的增值税，但财务人员由于自身原因并未及时上报。二是内部审计部门发现研发部门购入原材料所取得的部分专用发票没有按规定加盖发票专用章，只是加盖了财务专用章，不符合《中华人民共和国发票管理办法》（中华人民共和国国务院令第587号）第三十五条规定，未加盖发票专用章的，由税务机关责令改正，可以处1万元以下的罚款，有违法所得的予以没收，存在潜在的税务风险。三是因公司规模扩展需要于2014年1月租入一层办公楼作为市场部门的办公场所，该层办公楼位于现有办公楼的顶层，并已支付了半年租金，并取得增值税专用发票列明的增值税额6万元，当月认证抵扣。2014年2月初为了丰富职工生活，将办公楼改建成了健身房。在改建完成后，按照税法规定应该将已经抵扣的增值税进项税额5万元转出，但是公司财务人员并没有实际操作。根据《中华人民共和国增值税暂行条例》第十条第一款规定：用于非增值税应税项目、免征增值税项目、集体福利或个人消费的购进货物或者应税劳务，其进项税额不得从销项税额中抵扣。财务人员这样操作很有可能会增加公司的税务风险……"

"好,那我就给你一周的时间,给我一份完整的解决方案。"陈总说道。

"以前财务部采取的措施多少都会影响到各部门的业绩,像研发部门、销售部门和市场部门存在的发票问题最多,管理实施起来压力比较大,以至于效果比较差。所以我认为可以推出新制度,有明确的制度来规范公司人员。另外,公司业务越来越多,财务部的人员不足,能力也参差不齐,所以我希望您能给予我最大的支持。"赵总监言辞恳切地建议道。

"只要你能把这个问题解决好,我会给予最大的支持。"陈总保证道。

(三)财务部人员素质偏低,税务风险增加

"针对财务部需要进行的改善措施,我已经拟出了一份可行的草案,陈总。"一周后,赵总监在办公室拿着一份计划书交到陈总手里。

……

赵总监从陈总办公室出来后,第一件事就是叫来秘书小张,给了小张两张通知单,一是财务部的人事任免通知,二是需要送给人力资源部的对于招聘新的财务人员的具体要求。

赵总监拨通了人力资源部经理的电话:"李经理,我这里有一份财务部内部业绩考核以及公司未来发展需要财务部增招的人员说明,过一会儿我会让人送去,以便你后续备案处理,而且陈总那边也给予了肯定,希望你们部门尽快安排这件事。"

财务部递交给人力资源部的说明书中的相关说明如下:

(1)财务部两位资金专员负责整个公司资金流动调整,控制着公司资金流转,但是存在对公司资金使用和审核不当等问题,造成公司资金流失,予以开除。

(2)目前公司财务工作量繁重,关于成本与收入核算人员、预算人员以及资金专员等岗位需要人员扩充,预计招收 9 名高级财务人员,并需要招聘高级会计主管一名。

半年后,经过财务部的内部整改后,公司财务部开除 2 人,并招进 10 名高级财务人员,并对财务人员的岗位进行了调整。这些整改措施为改善公

案例四
且歌且行,花开彼岸

司税务问题奠定了人员基础,同时也很大程度上解决了公司在财务核算、审核等方面存在的问题。

(四) 实行新制度

在进行财务部的调整之后,财务部的管理有所改善,但还是缺乏一个规范的制度来约束财务人员。

在一次部门例会上,财务经理第一个发言:"这也不是财务一个部门可以做好的,这些涉及公司管理的流程、工作事宜审批的效率,这也是之前改革没有很大起色的原因,其中包括法务部门、人力资源部门等重要部门对于公司的管理、员工绩效考核的问题。大家缺乏一个对于公司财务和税务的基本了解,常常造成很多的误会;常常有员工对于工资等问题,去人力资源部门查绩效、查个税缴纳,搞得人力资源部门头疼,几个部门无法有效地合作;法务对于各类合同的审批和财务对于合同预算的审批等细节问题,一直缺乏有效的结合。"

赵总监指出:"在会议前,我和人力资源部门、法务部门共同在公司向各个部门征求对于公司各个审批流程的优化建议。各个部门提出了很多审批流程方面的问题。有两个比较典型的问题:一是合同的审批流程,要由各个地区将材料传送回总部,依次由人力资源、法务和财务部门进行审批,一套流程下来好几天,再加上假期和邮寄,一个多星期也是常有的。在整体行业竞争激烈的情况下,这样工作效率低下很容易失去一些重要客户。二是各个部门存在报销发票不合规、报销单据填写不规范、流程审批不清晰等问题。因此我们需要制定一个完善的财税管理制度来规范公司的报销和审批流程,以提高公司运作效率。"

为此,赵总监亲自拜访和请教上海财经大学的经管系教授,同时请专业的外部审计人员来公司进行指导改进,最终在2015年8月制定好了一整套财务的报销审批流程,涉及出差报销、公关费用、入账流程和二次审批等,严格控制发票的规范性,来保证财务核算准确。

经过完善,财务部推出了《A公司的财务报销及相关规定》,见表1。

表1　A公司的财务报销及相关规定

一、票据整理、粘贴要求

1. 到计划财务处领取规范的报销单,将报销的原始票据按不同类别和金额分类。
2. 原始票据粘贴原则:(1)小张的票据粘贴在报销单背面,从左至右(装订一侧)以鱼鳞式平整粘贴票据,票据金额不得覆盖,每张票据均需贴在报销单范围内。(2)票据正面朝上,便于审核和日后查阅。(3)纸张大小、金额相同的票据应粘贴在一起。(4)大张的票据只需固定在报销单下面的左上角(装订一侧)并按报销单大小折叠整齐。
3. 注意事项:请勿将票据颠倒放置、粘贴,请勿用订书机订票据。粘贴票据只能用适量的胶水,请勿用固体胶棒粘贴。

二、财务报销原始票据的基本要求

1. 原始票据要求真实、合法、准确、完整。
2. 报销票据必须是国家税务部门或财政统一监制的合法票据。
3. 必须盖有开票单位发票专用章或财务专用章。
4. 付款单位名称应完整填写"A自动售货机有限公司"。汇款单位名称或公务卡小票上名称必须与开票单位发票专用章或财务专用章相符。
5. 购货发票应详细填写货物品名、规格型号、数量、单价和金额。货物为批量购入的、购货名称为办公用品、文具、日用品、材料或以代码冠名的发票,应附加盖开票单位发票专用章或财务专用章的物品明细清单。
6. 原始票据不得涂改、挖补,大小写金额必须相符,机打发票或机打原始凭证涂改或手写无效。

三、会计报销管理要求

1. 如果只有一张或少量原始发票需要报销,可不填写"费用报销单"。经办人、采购部负责人、验收人、使用部门负责人、医院领导等相关人员可直接在每张发票背面左上角写下费用内容。经办人:××,验收人:××等信息。
2. 报销时填写相应的报销单。填写的内容必须真实、完整、合法。文字清晰,数据准确。大写金额必须在领导批准签字前填写。
3. 各项经济业务报销单由经办人、受理人(或证明人)、使用部门负责人签字,不得代为签字。使用部门负责人或项目负责人是资金使用的直接负责人,对资金使用的合理性、合法性和真实性负责。
4. 采购品发放给个人的,提供收货人签收单,签收单由收货人和部门负责人签字。
5. 除提供必要的网上购物发票及盖章信息外,还必须提供网上购物订单信息截图和名片消费短信截图作为凭证。
6. 发票上盖章单位的名称或者日期与刷卡小票上盖章的名称或者日期不一致的,开具发票的卖家必须让位给账单并盖章。
7. 因公出差,因私需要延长出差时间的,需写便条交部门领导签字。因私事延长旅行时间的,不予补助,所发生的费用不予报销。
8. 政府采购或招标项目报销时,应附《采购合同》《政府采购申请表》或《招标文件》主页面、《项目验收表》《固定资产入库单》等相关凭证。
9. 项目支出按预算支出的结构和范围报销。项目资金必须由项目负责人签字。超过规定限额的,由项目院负责人签字并写项目名称。
10. 日常报销金额较大(5 000元以上)的费用,应附"合同""验收单"等相关证明。长期聘用公司人员完成一定任务的,由本部门保存与其签订的劳动合同,进行审核、检查。

案例四
且歌且行，花开彼岸

续　表

11. 低值易耗品分批采购时，由有关部门集体验收，并出具验收报告；使用部门接收时，由各部门负责验收和发放管理，按规定填写《低值易耗品领用和发放清单》。

12. 税务机关代开发票的，报销时必须附代开发票合同、身份证复印件、联系电话等证件。

13. 公务费用报销采用公务卡或转账结算，实行零现金报销。可以使用公务卡结算的，应当先使用公务卡结算。因特殊原因需要现金结算（必须符合现金管理规定）的，由相关领导签字同意现金支付，并提前与计划财务部联系。

14. 同一经济业务（同一部门多人同时出差同一天开具的发票）或一次性结算的费用，不允许分次报销。

15. 公司各部门取得的横向经费，应报计划财务部备案，并提交项目预算等相关资料。

16. 无论"三公经费"[因公出国（境）费、招待费、公务用车费]多少，部门都要列一张公务招待清单，注明招待标准和招待人数，用公函或邀请函签批后，在预算定额内报销。

17. 原则上不允许公车行驶，其费用不予报销，一切后果自负。确需向社会公开的，须经主管部门领导批准，报销时提供审批表。

18. 公司的专用发票或当期非税收入票据，以及税务代理开具的发票，票据借阅部门填写《票据借阅审批表》，经公司经理、部门负责人、分管领导批准后方可借阅，在一个月内把钱汇入公司账户。

四、机票报销管理要求

1. 由于行程长、时间短、出差急，出差前应咨询部门领导，经批准后方可乘坐飞机。飞机必须在政府购买机票的网站上购买。

2. 机票报销。购买公务机票后，在航空运输电子客票行程单中自动生成政府采购机票的校验号，在航空运输电子客票行程单中标注政府采购机票的校验号。购票人报销政府购票销售渠道购买的退票手续费时，可使用各航空公司或售票机构出具的退票凭证。申请人在申请市场购买低价票的费用报销时，应提供价格低于政府购买的优惠票价的证据。购票人可以购买市场上前两个渠道以外的国内航空公司的低价机票，但票价应低于政府采购机票管理网站上同时公布的同一航班、同一舱位的票价。购票时，应下载旅行日车票市场价格截图，并在政府购票管理网站上保存，作为报销凭证的附件。

五、电子发票报销管理要求

根据《国家税务总局关于实施增值税电子发票有关问题的公告》（国家税务总局2015年第84号公告），增值税电子发票可以打印报销。由于增值税电子普通发票可以多次打印的特点，财务系统仍然无法检查。为规范电子发票报销程序，防止电子发票报销过程中的违纪违法行为，现作如下规定：

1. 取得电子发票时，应同时保存相应的付款凭证、消费凭证或其他唯一的辅助凭证。贴在报销电子发票背面，作为发票唯一性的证明。

2. 打印报销电子发票后，需在右下角签字并注明报销日期，"发票只报销一次，不重复报销"。

3. 使用电子发票报销的，超过三个月的电子发票不予报销。

4. 电子发票报销时应登记相关信息。伪造、恶意印制报销电子发票的，按照有关规定严肃处理。

续 表

> 六、票据报销期限
> 　　原始票据自取得发票之日起一个月内报销。因特殊原因不能在规定时间内报销的,应当在会计年度终了前报销。自会计年度12月下旬至12月31日取得的发票,应于次年3月31日前报销。
> 七、哪些票据报销时不予受理
> 　　1. 无财政、税务部门监管章的;无收款人财务、发票专用章的。
> 　　2. 内容不完整的(如无数量、单价、金额、经济业务内容等)。
> 　　3. 补充或者变更的,金额大小写不一致的。
> 　　4. 虚开发票等不符合财务规定的。
> 八、发票损失后的报销程序
> 　　财务制度规定,原始票据是财务报销的唯一法律依据,发票复印件不予报销。确因邮寄或者保管不善造成损失的,应当完善财务处理程序。
> 　　1. 提供发票正本一份(记账副本或存根副本),并加盖对方"财务专用章"。
> 　　2. 经办人应写出说明(发票丢失原因)并承诺原发票未在任何单位报销,并按审批程序签字报销。
> 　　3. 报销发票复印件的法律责任由经办人承担。

在引入新人才、推出财务部新制度之后,经过内部的小规模整改,财务部内部也算是有了新的起色,公司内部的账目开始条理化起来。

三、群思集议,小微合作新起航

(一) 点位费导致税务风险增加

2016年6月的一天,持续了一个月的梅雨天迟迟不肯离去,整个城市笼罩着沉闷烦躁的气氛,A公司总部大楼的办公室里,有关公司第一季度的总结大会正如火如荼地进行着。"你们看看公司今年上半年的业绩,今年上半年成功打开北方市场,拓展点位达1 541个,可利润却降低3个百分点。"陈总面带凝重地讲道,与会一众高管噤若寒蝉,整个会议室的气氛凝结到了冰点。"我不是有意责怪你们,公司今年上半年市场占有率名列前茅,销售收入行业遥遥领先,可是这公司管理费用这么高,税务费用更是翻倍,大家都说说自己的想法吧。"

"我们今年新拓展的很多点位有些是小型商场和公立学校、医院和事业单位,这些地方我们支付了点位费但是却拿不到发票,我想我们可以从点位

案例四
且歌且行,花开彼岸

费的方面来改善。"市场部的朱经理打破沉默,率先发言。

"确实,就是因为拿不到发票,所以我们的进项增值税也没办法抵扣,今年的税费也是大头,同时,大量点位费计入了公司管理费用。"财务部的张经理说道。

"主要是因为我们的点位拥有者不给我们开发票,会计利润和税务利润是有所不同的,会计利润即所有收入扣除所有成本费用支出之后的余额,而税务利润则是要考虑税法的特别规定,对会计利润进行调整之后的利润。这个主要是汇算清缴企业所得税时的纳税调整,主要包括不能抵扣的支付,有扣除限额的费用等。我们的问题是,会计利润虽然扣除了点位占用费,但在在税务利润中点位占用费却不能在税前扣除,我们不得不进行纳税调整,以点位占用费加上会计利润为税基交纳所得税,在税基加大的情况下,应缴所得税也加大,从而导致这次企业所得税汇算清缴需要缴纳巨额的企业所得税,本来公司是盈利的,但如果缴纳了这税额,公司就亏损了,这部分税务风险巨大。我虽然是税务门外汉,但也清楚拿不到发票的严重性。"市场部的朱经理清了清嗓子继续补充道。

"各位说的这些问题我都知道了,一周后要拿出个法子,散会。"陈总将手中资料狠狠地甩到桌子上,摔门离开。

(二)与小微企业合作,降低应纳税额

一周后的公司例会,与上次不同的是,大家似乎都心有定数。

"我们可以通过与一些拟拓展点位当地的小微企业合作,让小微企业帮助我们拓展市场点位,扩大市场份额,同时又能拿到小微企业给我们开具的发票,这样公司就可以拿到进项税发票,公司缴纳的增值税额就会有所下降。"财务总监赵总监胸有成竹地说道。

"这些小微企业愿意和我们合作吗?即使如此,可是巨额的企业所得税才是问题的关键所在,这又该如何解决呢?"市场部的朱经理首先提出了质疑。

"我建议贵公司市场部尝试改变业务模式,将公司部分业务以较低的售

价卖给几个小公司负责运营,而这几个小公司是符合'减半征税政策'的小型微利企业①,此外由于新公司代替我们公司承担了点位租赁费,我们就可以通过与众多新公司合作,达到减税的目的。公司将业务出售给新公司,公司的主营业务收入就会减少,公司应缴增值税额会整体下降。在这种模式下,新公司代替贵公司承担这部分费用,贵公司也就不用基于这块费用进行纳税调整,可想而知,这个巨额所得税的根源性问题解决了,我们公司应缴纳的企业所得税也会减少。而且新公司正好符合小型微利企业减半征收政策的条件,那么利用这一政策,也能达到企业减少应交所得税的目的。双方实现了双赢,何乐而不为呢?"受邀参加会议的毕业于上海交通大学的王教授建议道。

"这倒是个好主意,当地的小微企业一般对当地市场更了解,在地方积累了不少人脉,让他们帮助拓展点位效果一定不错。"人力资源部的周经理补充道。

会议室里一下热闹起来,大家七嘴八舌地讨论起来。

董事长陈总仔细听了一众高管的意见后,一锤定音,肯定了这种营销模式,并要求市场部尽快提交方案。

(三)新方案出炉

会议完毕,做事一向雷厉风行的赵总监立马组织人员开始行动,从市场部抽调3人,财务部抽调1人,人力资源部抽调1人,由自己牵头,成立"地方小微企业合作专项小组",不到一天的时间,专项小组即拟定了初步的方案:首先,由市场部人员确认现阶段不能开发票的具体点位地区和公司拟拓展的点位地区;其次,组织人员采取网上搜索或者实地调研等方式联系当地综合实力优质的小微企业争取合作意向;同时,根据不同地区点位的消费水

---

① 《财政部税务总局关于扩大小型微利企业所得税优惠政策范围的通知》(财税〔2017〕43号)等规定:自2017年1月1日至2019年12月31日,符合条件的小型微利企业,无论采取查账征收方式还是核定征收方式,其年应纳税所得额低于50万元(含50万元)的,均可以享受财税〔2017〕43号文件规定其所得减按50%计入应纳税所得额,按20%的税率缴纳企业所得税的政策,简称"减半征税政策"。

平、点位预期等的销售量情况,综合确定特定时期给拟合作小微企业的费用。

三个月后,市场部经理将一份原有业务模式和计划实行业务模式的比较方案递交给了陈总,见图6。

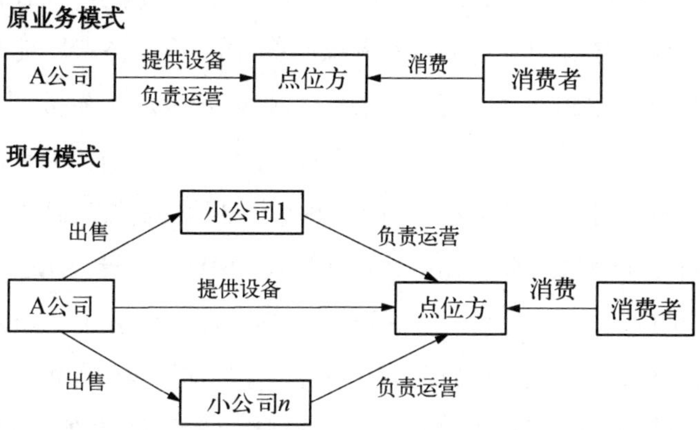

原业务模式

A公司 —提供设备/负责运营→ 点位方 ←消费— 消费者

现有模式

A公司 —出售→ 小公司1 —负责运营→ 点位方
A公司 —提供设备→ 点位方 ←消费— 消费者
A公司 —出售→ 小公司n —负责运营→ 点位方

注:① W公司成立若干控股小公司(小公司1~n),并且单家小公司的年营业额预计在人民币100万元以下;② W公司委托给各小公司负责运营各点位,实际上小公司的运营人员仍然是原来运营人员,但这些运营人员的所属关系从W公司变成了小公司;③ 各小公司承担并支付各自负责点位的租金。

图6 新旧业务模式对比

公司暂时按照拟定的方案开始实践,半年的时间,公司的市场占有率增加5%,困扰已久的税务风险问题和畸高的管理费用也大幅降低,实现扭亏为盈。乘着"大众创业,万众创新"的新风,A公司又一次在市场中站稳脚跟。

四、单兵作战

(一)税务约谈发现风险

"我是Y区税务局的税务员,您是A公司的财务总监吗?贵公司之前申请高新技术企业优惠备案,我们需要对贵公司做事后复审,邀请您参加约谈……"赵总监接到税务局打来的电话。

2017年3月的一天,赵总监如约来到税务局,见到了刘科长,刘科长说:"赵总监,今年贵公司的财务有了不少的改善,不过还是有些细节问题没做好,具体事宜税务会和你交流。"

税务员对赵总监说:"赵总监,我看了一下你们上周提交过来的材料,经过我们税务人员的专业核算发现,贵公司的研发费用归集有问题,提交的材料里面没有明确的区分研究阶段和开发阶段,而且有一些费用是不应该计入研发费用的,比如研发部门在开发阶段的业务招待费、差旅费、培训费等,不符合扣除标准。另外,你们公司主营业务范围是自动售货机的研发和销售,每年研发费用投入应该是很大的。每一台自动售货机的研究和开发过程相对较长。比如根据贵公司提供的2015年财报显示,贵公司应该是在研发自动售货机,但是在长达一年的研发时间内,贵公司将所有的研发费用全部予以费用化,这并不合理,所以每一项费用你们都需要仔细核对一下。公司研发自动售货机产品过程中,领用原材料占比较大,如果领用的原材料已经形成产品了,是不能够加计扣除的。总之,贵公司费用增加,利润减少,企业所得税减少。而税务风险最大、最直接的是应缴的税未缴,这会产生各种不良后果;其次就是能享受的优惠没享受,虽然贵公司目前还未申请上高新技术企业,不满足高新技术企业的优惠条件,也是一种风险;还有不明显的风险就是:税收政策信息不对称、管理沟通不到位,这种风险平时不容易引起重视,但上面两种直接风险有很多都是由它引起的。"

(二)向政策靠拢

从税务局回来后,赵总监立马组织财务部门和研发部门的人员进行讨论,同时赵总请来了A会计师事务所的专业注册会计师即审计人员来进行指导。A注册会计师事务所的审计人员提出:"如果贵公司作为高新技术企业,那么贵公司未来的研发投入基数较大且每年呈增长趋势,公司对研发费用的核算应该实行的是在发生时由研发支出、费用化支出科目进行归集,期末结转至管理费用,计入当期损益,会减少公司利润,同时对于所得税前扣除也有一定影响。如果将部分研发费用进行资本化,形成无形资产,那么就

案例四
且歌且行，花开彼岸

可以按照规定进行摊销处理，可以增加当期利润。关于公司在研发过程中除了会领用原材料，也会直接领用一些外购的设备的情况我们根据领料单，产成品入库单，区分哪些原材料形成了产成品，最终交付给客户。"

财务部门的经理也作出补充："研究阶段的特点在于其属于探索性和开发性的过程，是为了进一步的开发活动进行资料及相关方面的准备，本身也存在着很多不确定性。从已经进行的研究活动看，无法确定这个阶段的费用是否可以转入开发、开发后是否会形成无形资产等，为此，我们公司研究阶段发生的支出应予以费用化。而开发阶段的特点相对研究阶段而言，应当是完成了研究阶段的工作，在很大程度上形成一项新产品或新技术的基本条件已经具备。公司自行研究开发项目在开发阶段发生的支出，同时满足资本化条件的，才能予以资本化，确认为无形资产。之前税务约谈就发现研发费用加计扣除普遍存在着研发费用界定不清、归集范围把握不准等问题。就拿原材料来说，一定要明确领用材料的用途。企业可以按照领料单进行测算，还可以根据研发和生产当月耗用工时进行计算。"

研发部门经理表示："目前公司为了满足市场拓展的需求，引进美日的先进技术和仪器，并和美国的 XYZ 研究所达成长期研发合作的合同，主要目的就是研发适应欧美需求的自动售货机产品。研发部门每年都需要向美国研究机构提供研发费用详细的发生与支出明细，公司也就需要明确研发部门发生费用的归集问题。"

"针对研发费用的问题我们成立研发专项账务小组，针对公司研发费用部分建立专账核算体系，建立健全财务税务体系，同时，由研发部和专项账务小组做好研发费用的预决算管理体系。"赵总监吩咐财务管理层去着手计划这些事。

"针对人员与新政策脱节的问题，我们可以效仿 B 公司的做法，定期请专业人士给员工做讲座。"助手小张建议。

"这个想法很好，市场部虽然经过了协商，问题还是有很多，可以重点加强市场和仓库那边的税务培训。那就由你来负责这个事情。"赵总监说。

一个月后,公司顺利成立了研发专项账务小组,也规划好了培训安排等事宜。重新梳理了公司有关研发费用的各项扣除,这次赵总监信心满满地向税务局提交了企业所得税汇算清缴声明书,并向当地税务局申请高新技术企业备案。

五、乘胜追击

在财务部建立了研发专项账务小组,与研发部门对接后,使得研发方面的账目有了明显的改善,由此整个公司的账目都没有漏洞,税务问题也得到了很好的解决。在上一次最近地税务审核中,受到了税务局的表扬,并且公司的税务等级成功地由 B 类上升到了 A 类。

在努力了 6 个月之后,A 公司成功地在 2018 年申请上了 AI 技术的核心知识产权,经过一年的努力,公司满足了如下条件:① 企业申请认定时已经成立 10 年;② 公司通过自主研发获得对自助售货机在技术上发挥核心支持作用的知识产权的所有权;③ 对公司的自动售货机发挥核心支持作用的 AI 技术属于《国家重点支持的高新技术领域》规定的范围;④ 公司招聘了 10 名新的研发人员。据统计从事研发和相关技术创新活动的科技人员占企业当年职工总数的比例不低于 10%。

2018 年,公司成功申请成为高新技术企业,享受国家 15% 的税收优惠政策,同时企业满足研发型企业的要求,可以在研发费用上加计扣除 75%,公司的状况越来越好,公司可以每年比往常少缴税 40 余万元。

六、尾声

赵总监回过神来,高层会议已然结束,整个会议室回荡着欢愉的氛围,回想公司财务税务管理体系不断优化的过程,可谓是一路艰辛,一路进步。如今公司正筹备上市,赵总监作为财务总监,也要考虑对公司的财税体系作进一步优化。路曼曼其修远兮,尽管路途艰辛,但努力的成果却远超艰辛,

| 案例四 |
| 且歌且行,花开彼岸 |

赵总监满怀喜悦之情……

A 公司率先在自动售货机行业全面推广手机支付,不仅带来了更大的市场份额、更高的销售量,还在无形之中积累着形形色色的消费数据。

随着公司开拓国外市场发展战略的确定,公司全体员工意气风发,斗志昂扬,公司将向着新的进程阔步前进。而在即将面对的未来征程中,如何利用国际税收法律和政策,如何解决贸易保护主义和关税壁垒带来的发展威胁,成功地谋划国际化征程上的"立足点",即将成为 A 公司亟待解决的新课题。

案例使用说明

一、教学的目的与用途

1. 适用课程:"税法""税务管理""财务管理"等课程,教学对象为 MBA、EMBA、全日制研究生和本科生,此外还适用于企业内部高级管理人员培训课程。

2. 案例以 A 公司为例,分析了自动售货机行业企业税务管理的改善过程,预期达到以下三个教学目的:

(1) 理解掌握企业税收管理的基本概念及相关理论,分析税务管理在企业经营管理过程中发挥的作用。

(2) 总结中小企业经营管理过程中容易出现的税务问题和税务风险来源,思考如何在企业管理中融入税务风险的内部控制,税务风险的识别和评估以及税务风险的应对。

(3) 培养税务管理意识和普及税务部门税收标准,学习如何配合税务部门工作和消除企业与税务部门的计税差异。

二、启发思考题

1. 结合 A 公司财务部门的税务规范管理之路,请分析 A 公司财务部门目前存在哪些税务风险问题?又是如何降低财务风险的?

2. 结合 A 公司的税务规范历程,请分析 A 公司出现税务问题的原因。

3. 结合 A 公司市场部门和研发部门的税务规范历程,请分析 A 公司市场部门如何灵活运用国家政策进行税务管理、如何在研发方面做好规范?

4. 以 A 公司为例,谈谈中小型企业应如何进行税务管理?

三、分析思路

针对 A 公司税务规范管理之路案例,我们建议学生按照案例内容来循序渐进、由浅入深地进行案例分析,我们设计的 4 道启发思考题是案例分析的核心问题,同时为了使学生更加细致掌握案例信息,并在案例课堂讨论的过程中层层递进、逻辑通畅地对应相关理论,我们期望这 4 道问题能够成为从基本案例信息连接到税务规范问题理论与知识点的桥梁,从而帮助学生掌握正确的案例分析思路,同时加深对税务规范问题的本质理解和灵活运用。教师可以根据自己的教学目标来灵活使用本案例。这里提出本案例的分析思路,如图 1 所示,仅供参考。

首先,引导学生通过阅读案例总结提炼出 A 公司财务部门在税务规范管理的过程中出现了哪些税务风险,归纳总结 A 公司降低税务风险的具体策略。通过对案例公司税务规范管理存在问题原因的剖析,帮助学生了解现阶段我国中小企业存在税务问题的动因,结合识别税务风险和解决方式的相关理论,引导学生思考如何改变中小企业的税务风险高的问题。其次,基于 A 公司存在税务问题的诸多原因,引导学生提炼分析出 A 公司在发展过程中存在具体的税务风险问题的相关原因。通过深入了解 A 公司税务风险存在的原因,引导学生从公司战略管理、会计处理、企业管理和内部控制等多个角度开放思维逻辑,进一步理解 A 公司降低税

案例四
且歌且行,花开彼岸

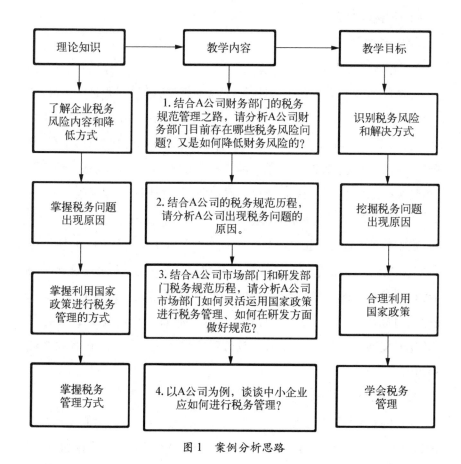

图 1 案例分析思路

务风险的策略,从而帮助学生思考目前我国中小企业应该如何解决税务风险问题。再次,针对 A 公司市场部门和研发部门存在的税务问题,总结 A 公司针对不同部门分别采取了哪些措施,同时结合国家出台的优惠政策,帮助 A 公司进一步优化税务管理,完善税务风险控制制度。最后,通过对 A 公司存在税务规范问题产生的原因、具体问题以及优化措施的总结归纳,启发学生探讨我国现阶段中小企业应该如何进行税务规范管理。

四、理论依据及分析

【理论依据】

1. 税务管理(从税务机关的角度)

税收管理亦称"税务管理",是税务机关对税收活动全过程进行决策、计划、组织、协调和监督等一系列工作的总称。一般包括:① 税制体系的建立和完善;② 税收政策、法令、规定以及各种管理制度和办法的制订、颁布、解释与执行;③ 确立税收管理体制,在中央和地方之间正确划分各级管理权限并贯彻执行;④ 税款的组织征收入库;⑤ 执行税收计划、编报税收收入,积累和统计税务资料、管理税收票证等;⑥ 税务干部的培训管理等。

税收管理的职能是指税收分配过程中的计划决策、组织实施、协调控制和监督检查。税收管理是实现税收分配目标的手段,因此税收分配的目标也就是税收管理的目标。税收分配的目标通常表现在两个方面:一是财政目标,即筹集收入;二是调节经济的目标,即实现宏观调控、促进经济稳定和发展。在日常工作中,税收管理的目标又具体表现在各项管理活动中。

2. 税务管理(从企业的角度)

企业的税务风险管理是一个不断变化的过程,要结合环境的具体情况和市场的变化,对企业税务风险进行重新评估,优化企业的资源配置,并将税务风险管理贯穿始终,以高屋建瓴的角度进行企业税务风险管理。并立足于对企业税务的分析研究、计划筹划、监控处理、协调沟通、预测报告等内容,实现企业的依法依规纳税,较好地防范和规避纳税风险,减少企业的税收负担,提升自己的税后利润,促进企业的长远健康发展。

企业应定期全面、系统、持续地收集内部和外部相关信息,结合实际情况,通过风险识别、风险分析、风险评价等步骤,查找企业经营活动及其业务流程中的税务风险,分析和描述风险发生的可能性和条件,评价风险对企业实现税务管理目标的影响程度,从而确定风险管理的优先顺序和策略。

案例四
且歌且行,花开彼岸

3. 税务风险相关知识

一般而言,企业应结合自身税务风险管理机制和实际经营情况,重点识别下列税务风险因素:

(1)董事会、监事会等企业治理层以及管理层的税收遵从意识和对待税务风险的态度;

(2)涉税业务人员的职业操守和专业胜任能力;

(3)企业组织机构、经营方式和业务流程;

(4)税务管理的技术投入和信息技术的运用;

(5)企业财务状况、经营成果及现金流情况;

(6)企业相关内部控制制度的涉及和执行;

(7)企业面临的经济形势、产业政策、市场竞争及行业惯例;

(8)企业对法律法规和监管要求的遵从;

(9)其他有关风险因素。

税务风险识别和评价由企业税务部门协同相关职能部门实施,也可聘请具有相关资质和专业能力的中介机构协助实施,对税务风险实行动态管理,及时识别和评估原有风险的变化情况以及新产生的税务风险。

4. 税务管理目标

(1)进一步深化税制改革,完善税收政策;

(2)继续深化税收征管改革、提高征管质量;

(3)全面加强税收宣传;

(4)切实加强干部队伍建设和党风廉政建设;

(5)加快费改税的步伐。

税收管理相对于税收筹划而言,是更加强调企业日常税收问题处理的概念。从广义上来讲,税收管理可以涵盖税收筹划,但由于企业能够遇到的税收筹划机遇并不是很多,而税费在企业整个成本当中占据日益重要的位置,因此,企业有专门进行税收管理的必要性。

离开企业本身的管理需求,从整个社会法治化的需要来看,企业进行税收管理也是必要的,这不仅是企业在市场竞争中增强竞争力的一个有效渠道,也是符合整个社会税收法治化趋势的。

5. 科技创新企业主要税收优惠政策

(1) 高新技术企业。经省级科技主管部门认定的高新技术企业,减按15%的税率征收企业所得税。高新技术企业发生的职工教育经费支出,不超过工资薪金总额8%的部分,准予在计算企业所得税应纳税所得额时扣除;超过部分,准予在以后纳税年度结转扣除。

(2) 研发费用加计扣除。企业开发新技术、新产品、新工艺发生的研究开发费用,未形成无形资产计入当期损益的,在按照规定据实扣除的基础上,按照研究开发费用的50%加计扣除;形成无形资产的,按照无形资产成本的150%摊销。

(3) 软件、集成电路设计企业。新办的集成电路设计企业和符合条件的软件企业,经认定后,在2017年12月31日前自获利年度起计算优惠期,第一年至第二年免征企业所得税,第三年至第五年按照25%的法定税率减半征收企业所得税,并享受至期满为止。

(4) 软件产品。对增值税一般纳税人销售其自行开发生产的软件产品,按17%的法定税率征收增值税后,对其增值税实际税负超过3%的部分实行即征即退政策。

6. 企业税务管理中存在的普遍问题

(1) 税务管理意识缺乏的原因。

① 没有正确认识税务管理的重要性。

税务管理意识欠缺,没有对目前企业的税收政策以及税务管理情况进行思考、学习和完善,不够关注涉税信息,欠缺税法知识和税收知识,对纳税敏感度不高,无意识中很容易出现漏税和偷税的情况,加剧了企业的罚款风险和巨额补缴风险,不利于企业的长远发展①。

---

① 陈嵩.分析税务筹划在中小企业财务管理中的应用[J].财会学习,2019(17):178,180.

案例四
且歌且行,花开彼岸

② 税务制度不够完善。

税务制度都还不够完善,无法实现税务管理的制度化、规范化和法制化。缺乏完善的税务管理制度大大增加了税务管理的难度,不利于税务管理工作的顺利开展,进而影响企业的长远发展。

③ 税务管理的基础工作薄弱。

没有明确职责,未建立完善的税务工作处理程序或者没有采取有效的措施来制约税务工作,导致相关的管理人员对税务工作不重视,税务管理的基础工作薄弱,管理权力和执行义务没有明确,严重影响了税务管理的质量和效率[①]。

(2) 税务优化的方式。

① 正确认识税务管理的重要作用。

提高员工对税务管理的认识;建立完善的税务责任机制,筛选优秀高素质的税务管理人才,建立专门的税务管理团队。

② 建立完善的税务管理机制和制度。

结合实际情况来设置税务管理机构,并配置专业的税务管理人员,只有设置专门的税务管理部门和相关的岗位。甚至建立单独的部门和岗位来进行管理,实现对各种税务相关事项的统一管理,才能提高管理效率和管理质量。要建立完善的税务管理制度来为税务管理工作提供指导;建立税务自查机制,做好涉税风险的预防。

③ 夯实税务管理基础工作。

夯实税务管理基础工作是企业税务管理的基本目标,建立完善的授权审批制度和岗位责任制度。建立风险管理部门,对税务工作加强监督管理,提升税务管理层次[②]。

---

① 屈静晓.中小企业税务风险管理存在的问题与对策研究[J].中小企业管理与科技,2017(02):49-50.
② 刘卫忠,许龙,张同建等.小微企业税收优惠对研发投入的激励效应研究——基于江苏省小微企业的数据检验[J].科技管理研究,2019(22):35-40.

【案例分析】

1. 结合 A 公司财务部门的税务管理之路,请分析 A 公司财务部门目前存在哪些税务风险问题?又是如何降低财务风险的?

经营者税务规划及其对财务税务风险的态度存在不同程度的偏差,企业经营理念与发展战略,经营模式或业务流程,部门间的权责划分与相互制衡,税务风险管理机制的设计与执行,企业信息的基础管理情况,财务状况和经营成果,对管理层的业绩考核等都是 A 公司当前迫切需要控制的税务风险。

当前,A 企业管理者涉税意识有待加强、财务工作者业务水平偏低、内部审计不健全、内部控制制度不完善等将会给公司经营带来困难,可能造成将来 A 公司的收益损失。处于快速发展阶段的 A 公司企业财税管理中存在以下具体问题。

(1)账务处理混乱,缺乏合理的核算和反映机制。

A 公司存在的问题:首先,公司的账务处理混乱、没有合理的核算和反映工作内容。其次,公司的发票报销流程存在诸多问题,同时,公司内部各个业务部门没有相互配合协调,导致实际的工作和账务处理不相符。总体来说,A 公司人员的税务风险意识薄弱以及制度不完善。尤其是作为一个制造销售企业,公司财务账目预算更需要精准核算以保证资金链的高效运作。

A 公司的税务工作做不到合理高效,首先是由于财务账目不够规范等。其次是由于公司缺少人才来弥补在这个方面的不足,不能合理根据资金留档来规划纳税(在纳税调增调减等各方面),专业程度不够。因此财务部在实际的税务管理中仅仅符合按期缴纳申报税,将税务管理当成任务来完成,没有认识到税务管理的重要作用和影响,在公司的实际生产经营过程中,一些重大项目没有很好地嵌入税收因素,导致企业的纳税不够合理正确。

(2)财务管理制度不够完善。

目前,很多企业的税务制度都还不够完善,由于缺乏完善的税务制度,

| 案例四 |
| 且歌且行,花开彼岸 |

导致企业的税务管理不够规范。缺乏完善的税务制度会导致企业在纳税的过程中出现各种各样的税务问题,而往往出现这些问题时由于没有明确的责任划分,所以找不到负责的人员,这对企业的税收影响非常重大。企业高效的税务管理工作离不开完善的税务管理制度,只有建立了完善的税务管理制度才能实现税务管理的制度化、规范化和法制化。

A 公司在内部制度方面也是存在着这些问题,报销随意引起的各项账目抵扣不规范、公司审批程序不规范;从公司财务部门的逐步规划以改善财务处理能力,做出符合国家标准的报税行为;再到从公司新增发票管理制度《A 公司的财务报销及相关规定》,从票据整理、粘贴要求,财务报销原始票据的基本要求,会计报销管理要求,机票报销管理要求,电子发票管理要求,票据报销期限,票据报销不予受理情况说明和票据损毁报销程序等八个方面完善了 A 公司财务报销的各种情况,使得公司的报销程序规范化,不再产生各种混杂的账目,从根本上解决了账目的不系统问题。

(3) 税务管理的基础工作薄弱。

A 公司虽然是一个小公司,但是纳税问题不分公司大小,正是由于纳税意识薄弱,造成了纳税上存在漏税问题,以至于公司的纳税评级落到了 B 级,陷入一个十分被动的局面。因此 A 公司在公司管理和财务处理方面付出了巨大的努力,以改变现有的财务管理人员和工作人员结构,强化财务部门、市场部门和研发部门人员的发票报销意识,规范相关部门的发票报销制度,明确每个部门的费用报销流程和审核机制,减少了 A 公司偷税漏税的可能性,规范化的报销和严格化的费用审核才能够挽回自己的纳税信誉。A 公司加强了公司内部审计职能的管理,改变之前欠缺有效措施制约公司税务工作的现状。A 公司一系列的举措目的就是要实现税务管理的目标,为日后公司的战略目标的实现打下坚实的财税基础[1]。

---

[1] 张丽霞.中小企业税务风险的防范与控制[J].纳税,2019(13):20.

2. 结合 A 公司的税务规范历程,请分析 A 公司出现税务问题的原因。

从 A 公司的发展历程角度来分析,A 公司的发展阶段可以分为创立初期阶段(2007~2010 年)、快速发展阶段(2011~2015 年)、持续发展阶段(2016 年至今),税收管理的突出问题则是出现在公司快速发展阶段。

在 2011~2015 年期间,由于公司的快速发展,规模的扩大,公司的体制健全以及财务的完善显得尤为重要。从一个小型企业转变成一个极具规模的中型企业,A 公司战略规划触发了公司的税务风险。公司的税务问题也因此将受到重视。

A 公司是一个由最初原始股东控股的公司,虽然发展后极具规模,可是在管理层问题上依旧没有解决,公司依旧是高层获取利益为主,造成公司管理不善,更类似于一个家族集团,内部管理出现各种问题,以至于公司亟须改革。总之 A 公司的经营管理、内部控制和会计处理也触发了公司的税务风险。

A 公司财务人员(专业税收管理人员配备不到位)能力水平提高跟不上公司的快速发展以及税务方面缺少专业的人员进行管理,公司制度也不再适用,使得 A 公司的财务账目不能够通过税务机关的检查,从而导致一系列的税务处罚和信誉降低,对于公司的经营管理造成了负面影响。

结合 A 公司的发展历程,可以发现 A 公司出现严重税务问题的原因如下:

(1) 公司管理权力不下放,财务无法统筹规划。

财务部赵总监虽然在 2012 年初就加入公司,但是公司确定的未来两年的战略会议明确未来公司各个部门需要全力配合销售等部门发展,财务部仅作为辅助性的部门,不能有效地切实管理公司,管理权力并不能下放到关键部门,财务仅仅对其他部门提供支持性工作,这是问题的关键。

所以公司从上到下都疏于认识财务的重要性,缺乏足够的风险防范意

案例四
且歌且行，花开彼岸

识，公司认为出现小额罚单和漏税现象都不是问题，此外，公司大多数高管在计算缴纳个人所得税时存在问题、家庭多项费用的支出报销都挂着公司的名目，公司报销不够规范、公司的审批流程繁杂、研发费用归集存在诸多问题，没有明确的制度规范，公司票据问题混乱，从而导致公司的税务问题愈演愈烈。并且 A 公司的资产核算抵扣完全没有根据国家标准来进行，造成每年账目都需要调整，加之相关人员能力问题，职工教育经费、研发费用等问题解决不清。

例如，企业发生的与生产经营活动有关的业务招待费支出，按照发生额的 60% 扣除，但最高不得超过当年销售（营业）收入的 5‰，2012 年当年发生的工资、薪金总额是 1 000 万元，按照税法扣除标准计算职工福利费和职工教育经费税前列支分别是 140 万元和 80 万元，但是实际税前列支分别是 200 万元和 100 万元，应当予以调增应纳税所得额 80 万元（职工福利费 60 万元和调增职工教育经费 20 万元）。2012 年业务招待费实际发生额为 50 万元，当年实现的销售收入是 5 000 万元，最多税前列支业务招待费是 25 万元，但是实际税前列支了 30 万元，应调增应纳税所得额 5 万元。在发票方面企业使用收款收据代替税务发票（专用发票和普通发票）30 万元，这部分费用按照税法规定不允许税前列支，应调增应纳税所得额 30 万元。公司管理层属于个人消费所负担的开支在公司账面中列支，这部分费用应该调增应纳税所得额。在资产减值损失方面，2012 年在没有向税务部门备案的情况下将实际发生的资产减值损失在税前扣除。按照税法规定资产减值损失一般不得税前扣除，除非确有重大资产损失，去税务部门备案后方可税前扣除。财务部门将其作为费用税前扣除影响当期公司的盈利，但是不符合税法规定，因此应当予以调增。

种种问题造成 A 公司在与税务部门打"擦边球"，加剧了 A 公司的税务风险。

（2）部门协调脱节，沟通不畅。

企业的财税部门的正常运转涉及企业各个部门的相互协调配合，财务信息是各个部门日常经营活动信息的汇总,A 公司之所以出现了较大的税务问题,单位内部人员缺乏沟通也是很大原因。

首先,公司的由于市场部门和财务部门缺乏沟通,导致市场部在一味大规模拓展市场的同时疏忽了取得的增值税普通发票公司不能做进项税额抵扣,票据类型问题各部门不能合理规范使用,从而极大地加重了企业的财务负担;采购部门和市场部门只关注自己的业绩,公司财务也不注重统筹规划,造成两者之间无法有效合作,公司资金大量流出,影响公司正常运作。

其次,在公司研发费用加计扣除问题上,之前由于研发部和财务部没有进行很好的沟通,导致研发部门把许多不属于研发费用加计扣除的项目也纳入扣除范围,研发部门购入原材料所取得的部分专用发票没有按规定加盖发票专用章,只是加盖了财务专用章,大多数都不符合国家相关条款,公司税务风险越来越大。

3. 结合 A 公司市场部门和研发部门的税务规范历程,请分析 A 公司市场部门如何灵活运用国家政策进行税务管理、如何在研发方面做好规范?

结合案例正文部分和理论部分,本部分分别分析市场部门和研发方面的税务管理规范进程。

公司市场部门方面:2017 年上半年,公司虽然在点位拓展方面大幅增加,市场占有率进一步提升,可是利润却降低 3 个百分点,业绩遭遇滑铁卢。经过仔细分析业绩下降的原因,发现一方面是因为市场部门拓展市场点位过程中发生了大额的差旅费用,导致管理费用激增,另一方面则是由于公司承担了巨额的税务负担,随着公司点位的进一步拓展扩充,很多点位面临支付点位费用却开不到发票的困境,从而造成公司的增值税不能抵扣进项税额,同时,随着公司不断发展壮大,销售收入增加的同时带来大量的企业所得税。而公司想要拓展市场,发生差旅费用无法避免,同时,如果为了降低税务负担,拒绝与不能开发票的优质点位合作,既减少收入又会降低公司的市场占有率。作为 A 公司这样的零售企业,市场为王,面对两难的境地,A

案例四
且歌且行,花开彼岸

公司群思集议,出谋划策,最终财务部门的张经理提出公司可以充分利用国家对于小微企业减半征税的税务优惠政策,与拟拓展点位当地的小微企业展开合作,地方小微企业利用当地的地域优势和人脉优势在当地拓展点位,同时,拓展点位后的收入归小微企业自己所有,而A公司则经过综合考虑后确认支付小微企业一笔费用。通过双方合作,会计上本来归属于A公司的收入则计入小微企业的账目,同时,主要由地方小微企业拓展市场,所以A公司可以省去大部分的差旅费用。由此一来,A公司的收入减少,企业所得税的税负可以降低,而A公司支付给小微企业的费用可以拿到小微企业开具的增值税发票,作为增值税的进项税抵扣,A公司的增值税税负可以降低。而小微企业可以享受国家有关小微企业的"减半征税"的优惠政策,合作双方互惠互利,实现共赢。

这里所提到的小微企业需要符合什么条件呢?小微企业是指从事国家非限制和禁止行业,并符合下列条件的企业:

(一)工业企业,年度应纳税所得额不超过100万元,从业人数不超过100人,资产总额不超过3 000万元;

(二)其他企业,年度纳税所得额不超过100万元,从业人数不超过80人,资产总额不超过1 000万元。

其中,从业人数,包括与企业建立劳动关系的职工人数和企业接受的劳务派遣用工人数。从业人数和资产总额指标,应按企业全年的季度平均值确定。具体计算公式如下:

$$季度平均值=(季初值+季末值)\div 2$$
$$全年季度平均值=全年各季度平均值之和\div 4$$

年度中间开业或者终止经营活动的,以其实际经营期作为一个纳税年度确定上述相关指标。

结合A公司2017年采取小微企业合作的新型业务模式创新后,公司2019年第四季度财务报表如表1所示。

表1 2017年第四季度新旧模式会计报表和税务报表比较表

单位：万元

项目	新业务模式			旧业务模式
	A公司	新合作公司	合计	A公司
一、营业收入	151	67	218	230
减：营业成本	11	5	16	13
销售和管理费用	—	—	—	—
其中：点位费	0	24	24	24
差旅费	6	3	9	7
研究费用	30	0	30	30
财务费用	0.5	0.1	0.6	0.5
二、会计利润（亏损以"-"号填列）	103.5	34.9	160.4	155.5
纳税调整	0	24	24	24
应纳税所得额	103.5	58.9	184.4	179.5
减：所得税费用（25%）	25.875	7.3625	33.2375	44.875
税后利润	77.625	51.5375	184.7625	134.625
企业所得税税负率（%）	17.14	15.72	15.25	19.51
增值税	25.67	7.31	32.98	35.02
增值税税负率（%）	—	—	15.13	15.23

资料来源：数据来源为苏州乐美智能物联技术股份有限公司提供，但是为商业保密需要，上述数据均为虚拟数据，部分数据已做处理

如表1所示，A公司通过与小微企业进行合作，2017年第四季度，公司的税后利润规模进一步扩大。增值税方面：新业务模式比旧业务模式增值税税负率降低0.1个百分点，企业所得税方面：新业务模式比旧业务模式企业所得税税负率降低4.26%。

研发方面：A公司虽然成立了研发部门对公司的研发项目费用等进行规范化管理，但是在公司2017年的年度汇算清缴中却受到税务部门的约谈，指出了公司研发费用方面存在的问题。首先是公司没有准确区分无形

案例四
且歌且行,花开彼岸

资产的研究阶段和开发阶段,其次在"研发费用"的具体费用归集方面也存在问题,公司将研发部门在开发阶段的业务招待费、差旅费用报销和培训费用等计入研发费用的研究阶段,研发部分发生费用整体混乱,与此同时,还使得公司本该属于研发支出可以资本化的项目进行费用化处理,最终影响企业的利润和所得税的扣除。基于此问题,公司咨询了会计事务所的审计人员,在专业审计人员的指导下,公司明确区分了研究阶段和开发阶段,将研发部门发生的费用按照相关规定进行合理的资本化和费用化处理,优化了研究费用的归集问题,同时强化内部研发部门和财务部门的沟通合作,针对研发费用建立转账核算体系,建立健全公司的税务体系,为后续申请高新技术企业做铺垫。针对研发费用的归集问题,会计事务所的审计人员、财务部门人员和研发部门人员都阐述了自己的观点:① 会计师事务所主要将已经完成研发的自动售货机的研发费用进行"资本化",以提高当期公司经营的当期利润水平。公司在研发过程中除了会领用原材料,也会直接领用一些外购的设备。我们根据领料单、产成品入库单,区分哪些原材料形成了产成品,最终交付给客户。企业可以按照领料单进行测算,还可以根据研发和生产当月耗用工时进行计算。② 公司财务部认为将自动售货机的研发费用进行分情况处理:在研发过程中将研发支出"费用化",在研发成功后将研发支出"资本化"。这样可以享受税收优惠政策,降低新产品研发费用的不确定性,提高纳税的合规性,降低纳税风险。③ 公司的研发部门认为当前当务之急就是要明确研发费用的归集问题,以满足后续企业国际化发展战略的需要。

4. 以 A 公司为例,谈谈中小型企业应如何进行税务管理?

(1) 制定规范的税务风险数据沟通与防范制度。

对于国家税务政策及法律烦琐多变的情况,中小企业内部需要进行良好的数据沟通,消除缴税盲点,提升税务风险控制水平,制定规范的税务风险交流制度。一方面,要强化业务部和财务部之间的互动。业务部的员工在实际工作中,存在税务疑惑或是发现税务隐患时能随时采用多种方法向财务部体现,财务部接到相关反映后,要立即处理,将税务风险降到最小。财务工作者要及时了解涉税政策的改变,并立即把税务政策的调整信息传达给所有人员,充分发挥出上传下达的功能。财务工作者还应当科学处理税务分析、缴税筹划等,监督完善中小企业运营战略持续发展。另一方面,加强企业和税务部之间的沟通。税法的变动性与不确定性和税务部门的自主裁量权加大了税务的不稳定性,中小企业应当及时掌握新发布的税务政策和法规,对出现的税务疑惑和税法不详细的地方,应积极与税务部门联系和沟通,或是通过向税务服务组织、税务专家询问,尽量谨慎处置涉税事项,创造良好的缴税环境,减小税务风险。

(2) 完善税务风险控制能力。

首先,制定风险辨别制度,完善风险辨别行为。风险辨别属于中小企业控制税务风险的第一大工作。中小企业唯有判别出了税务问题,方可顺利进行后期的风险评价与应对。为此,需要制定科学的税务风险辨别措施和制度,从源头出发,从掌握合同签署是否规范等经济活动的根源辨别风险,进而为企业的经营保驾护航。其次,选用合适的风险评价措施,完善风险评价行为。中小企业不同于大型企业,其人力、物力以及财力等资源均十分有限,所以无法照抄大型企业所用的税务风险评价制度,其需要结合自身基本特征和实践中极易产生的问题和风险点选用恰当的风险评价方式。最后,采取科学措施,完善风险应对。在评价税务风险时,要分类解决税务风险。

(3) 大力培育专业的税务风险控制人才。

由于中小企业的发展规模小,税务环境非常复杂,税务工作大都由财务工作者处理,但是需要保证他们有较高的专业水平。为此,应定期组织税务工作者通过现场教育或是网络培训等各种途径,及时掌握国家新发布的税务政策,更新理论知识,定时组织税务工作者掌握缴税申报、税务自查与税务评价等技能,为中小公司的税务风险控制奠定坚实的基础。而且,为确保中小企业中税务工作者的稳固性,还要对税务工作者建立科学的薪酬绩效考评与奖罚机制。

| 案例四 |
| 且歌且行,花开彼岸 |

五、关键要点

1. 案例分析的关键点

(1) A 公司是中小企业的代表,研究中小企业不断优化税务管理的历程,降低税务风险。

(2) A 公司优化税务管理与企业管理相结合,从点到面降低税务风险。

2. 关键知识点

(1) 税务管理理论,税务管理的过程和方式。

(2) 税务风险理论,税务风险的内部控制和税务风险的来源,税务风险的识别和评估以及税务风险的应对。

(3) 国家为鼓励创新出台的税务优惠政策。小微企业减半征收,高新技术企业税收优惠条件和税收优惠力度,研发费用加计扣除。

3. 关键能力点

(1) 实现税务管理的方式。

(2) 普及税务知识。

六、建议课堂计划

本案例可以作为专门的案例讨论课来进行,通过采取小组讨论的方式分析本案例,以完成本案例的教学目标。教师可灵活安排学习方式,以下课堂建议学习计划仅供参考(整个案例的课堂教学时间控制在 90 分钟左右)。

阶 段	内 容	时 间
课前:教学准备阶段	(1) 对课程教学班级进行分组,每组人数控制在 5~7 人; (2) 将打印好的案例发放给学生; (3) 要求学生提前阅读案例正文部分。	—
课中:小组讨论阶段	(1) 教师首先简单介绍该课堂的主要授课内容,学生通过采用小组讨论的方式了解税务管理的基本方式;	5分钟

续 表

阶 段	内 容	时 间
课中:小组讨论阶段	(2)教师简要阐述自动售货机的行业背景、A公司的基本情况;	5分钟
	(3)将小组讨论的3个问题展示在投影仪上,学生分组对案例问题进行分析探讨;	15~20分钟
	(4)教师随机提问,了解小组成员的讨论结果;	15~20分钟
	(5)教师结合税务管理的理论知识对学生的讨论结果做归纳总结。	15~20分钟
课后:形成案例报告	学生以小组为单位针对A公司的案例形成案例分析报告。	20分钟

七、案例后续进展或其他信息

A公司目前已经走出国门,在美国、日本等国家开设了子公司和分公司。但是目前却由于缺乏对国际税收法律政策的了解,在当地贸易保护主义和关税壁垒的重重压力下,举步维艰。虽然市场得到了开拓,但是也给A公司带来了很大的生存压力。子公司和分公司的税务管理问题亟待解决,税务风险也随之产生。

(王立夏　石丽瑜　于　浩　李红梅)

案例五

巅峰到低谷,凤凰变野鸡:
华谊兄弟,巨星的陨落

摘　要:自2018年中央经济工作会议把"去杠杆"作为三大攻坚战之一开始,"去杠杆"就成为近几年宏观经济的逻辑主线。高杠杆可以帮助企业在短时间内谋取高额收益,但同时过度使用杠杆也会增加金融风险和宏观金融的脆弱性。在"去杠杆"的宏观环境下,一部分通过举债过渡经营的企业均逐渐出现财务结构的恶化,失去支付能力甚至陷入财务困境。这一现象在影视行业中尤为明显,自2018年以来,由于"限薪""阴阳合同"等事件的冲击,影视行业进入调整期或淘汰期,上市企业均开始面临业绩下行、"热钱"撤离的危机。本案例讲述了2018年年末,中诚信国际将华谊兄弟传媒股份主体及相关债项信用等级列入观察名单这一事件,分析企业陷入财务困境的内外部原因和影响,主要内容包括华谊兄弟的发展简介,华谊兄弟自2013年以来的一系列并购事件,2018年末陷入财务困境及解决债务危机的过程,以期对同行业其他企业的财务管理提供参考。

关键词:财务危机;影视行业;并购;华谊兄弟

2018年12月24日,圣诞节前夕的平安夜,原本应是一个幸福祥和的日子,但是购买了华谊兄弟债券的投资人和华谊兄弟的高层却度过了一个难眠的夜晚。中诚信国际将华谊兄弟及相关债项信用等级列入观察名单,这一新闻迅速占据各大财经新闻的头条,没有人知道华谊兄弟到底能不能按期偿还将近30亿元人民币的债务①。难道曾经的娱乐传媒大佬就会以这样的结局宣布破产,慢慢陨落吗?

一、勠力一心,开启华语电影新篇章

华谊兄弟传媒股份有限公司(以下简称"华谊兄弟"),由王中军、王中磊兄弟在1994年创立。从1998年投资著名导演冯小刚的影片《没完没了》正式进入电影行业。华谊兄弟投资出品的多部影片都成功跻身年度票房前列,更有像《手机》《天下无贼》等优秀电影获得了国内外电影大奖。2016年贺岁档,华谊兄弟凭借投资影片《寻龙诀》、出品影片《老炮儿》两部重磅佳作收获了近26亿元票房,成为当年贺岁档最大赢家。除了电影事业以外,2000年,华谊兄弟经纪事业起步,是国内最资深的经纪公司之一。自成立至今,华谊兄弟经纪公司曾签约过包括周迅、李冰冰、林心如、黄晓明、苏有朋等近百位艺人,雄厚的实力在中国的经纪公司中首屈一指。在电视剧方面,华谊兄弟也推出了《士兵突击》《蜗居》《倚天屠龙记》等老百姓喜爱的作品。经过多年的发展积累,公司已基本形成了包括电影、电视剧、艺人经纪、影院、游戏、新媒体、品牌授权及其他影视衍生业务的完整的传媒产业链。华谊兄弟在成立发展之初凭借着其在电影和电视剧行业取得的傲人成绩,在2009年9月27日通过证监会创业板发行审核,成为国内首家获准公开发行股票的娱乐公司,被称为"中国影视娱乐第一股"。

除了原本就经营得风生水起的影视娱乐版块及其衍生业务以外,华谊兄弟从2011年开始拓宽自己的事业版图。2011年,华谊兄弟开始布局实景娱乐,致力于整合文化、影视、金融、政府、互联网、商业、旅游资源,打造全新的电影文化旅游业态,主要产品形态包括:电影小镇、电影世界和文化城。以"华谊兄弟"品牌价值及丰富的影视作品版权储备为依托,优选核心区位,结合地方特色文化打造覆盖全国主要城市的影视文旅实景项目。2015年,

---

① 华谊兄弟信用评级被列入观察名单[EB/OL]. (2018-12-24)[2020-12-24]. https://www.sohu.com/a/284135745_161623.

| 案例五 |
巅峰到低谷,凤凰变野鸡

华谊兄弟实景娱乐海口观澜湖项目二期完工,在开业一年的时间内,游客已经破百万人次,并且吸引了全球拥有10亿观众的法国《城市之间》节目入驻。2018年7月,苏州电影世界也正式开业。除了和影视相关的实景娱乐以外,华谊兄弟还开拓了包含新媒体、互联网游戏、粉丝经济、VR技术及其娱乐应用等互联网相关产品的市场。2010年,华谊兄弟入股掌趣科技成为其第二大股东,2012年掌趣科技上市后为华谊兄弟带来高额回报,保守估计掌趣科技为公司带来了9.6亿元的利润。2013年华谊兄弟合并手游领域内市场占有率仅次于腾讯的银汉科技,并结合自身优势娱乐资源助推其手游新作上市推广,以银汉科技为代表的手游业务已成为华谊兄弟新的业绩增长点,银汉科技在2015年为公司带来了1.24亿元的净利润。2016年,华谊兄弟入股电竞市场领军企业英雄互娱并成为其第二大股东。至此,华谊兄弟形成了影视娱乐、实景娱乐和互联网娱乐三大板块并行的运营模式。

二、急功近利,一意孤行陷未来于水火

2009年10月30日,华谊兄弟在深交所正式挂牌交易,股票代码300027,发行价格是28.58元每股。发行当天成交量达到29 611 563股,最高价91.8元每股,涨幅高达221%,当日收盘价为70.81元每股。作为明星股东的冯小刚、张纪中和黄晓明也跻身亿万富豪行列。但是这样高的溢价也让投资界批评声不断,有投资人认为,华谊兄弟提前透支了三年的股价,果然,自上市后,华谊兄弟的每股价格就再也没有回到过90元。过度依赖电影和经纪业务让刚上市的华谊兄弟在2009年就经历了第一波危机。2009~2010年间,包括内地第一经纪人王京花在内的近50位艺人相继离开华谊兄弟,让华谊兄弟伤筋动骨①。这时候的王中军意识到了问题所在,提出了"去电影单一化"的目标,一方面想尽办法留住包括冯小刚在内的知名导演,另一方面,通过大量收购拓宽事业版图,摆脱对电影的依赖。

① 吕笑颜,陈茜.华谊,只剩"兄弟"?[J].商学院,2019(8):49-53.

为拓展网络游戏业务,华谊兄弟于 2010 年末收购北京华谊巨人信息技术有限公司,收购价格为 7 000 万元,交易完成后公司持有华谊巨人 51% 的股权,并且获得了《万王之王》的经营权。在这次收购完成之后,华谊巨人承诺在 2011~2013 年平均每年获取税后净利润人民币 1 441.3 万元。

2013 年 7 月,华谊兄弟发布公告,以 6.72 亿元的交易价格、15.87 倍的溢价收购广州银汉科技有限公司(以下简称"银汉")50.88% 的股权。银汉主要经营业务为移动网络游戏的研发和运营,其在中国移动网游领域占据重要地位。华谊兄弟本次收购行为是为了进一步拓展游戏业务,尤其是在公司收购的掌趣科技上市创业板以后获得巨额收益。银汉售股股东承诺银汉 2013 年、2014 年和 2015 年将分别实现净利润 1.1 亿元、1.43 亿元和 1.859 亿元。如当期银汉实际实现的利润指标未达到承诺值或业绩承诺期届满后的减值额大于已补偿金额,则银汉售股股东将优先以股份补偿、不足部分以现金补偿的方式履行业绩补偿承诺。在业绩承诺期内,银汉售股股东每一会计年度以本次交易认购的目标股份和现金对华谊兄弟进行补偿的上限不超过收购对价的三分之一;银汉售股股东用于补偿的股份数不超过其在本次交易中实际获得的股份,银汉售股股东用于补偿的现金数额不超过其在本次交易中实收及应收的现金总额。

"去电影单一化"的策略不仅没有让华谊兄弟在其他业务方面大展拳脚,反而让它原本风光的电影事业遭受到了打击,电影发行份额在 2014 年仅有 2%[①]。华谊兄弟于是重新开始聚焦电影行业。2015 年 10 月 22 日,华谊兄弟发布公告,拟以 7.56 亿元的股权转让价款收购东阳浩瀚的股东艺人或艺人经纪管理人合计持有的目标公司 70% 的股权,溢价超过一百倍,产生了账面上高达 7.49 亿元的商誉。根据公告,明星股东给出了业绩承诺,承诺期限为 5 年。其中,明星股东承诺,东阳浩瀚影视 2015 年度税后净利润不低于 9 000 万元,2016~2019 年公司每年净利润增速不低于 15%。华谊兄弟

---

① 华谊兄弟,该醒了[EB/OL].(2019-03-04)[2021-03-04]. https://www.sohu.com/a/298691456_212351.

| 案例五 |
巅峰到低谷,凤凰变野鸡

收购东阳浩瀚旨在发展以明星 IP 为核心的娱乐产业领域,实现"明星驱动 IP"的制作、流转和价值最大化。另外,在 2015 年 11 月,华谊兄弟受让老股东冯小刚和陆国强合计持有的目标公司 70%的股权,股权转让价款为人民币 10.5 亿元。由于浙江东阳美拉公司(以下简称"东阳美拉")几乎是一个空壳公司,所以以资产总额计算,华谊兄弟此次收购中对东阳美拉的估值是其资产总额的 11 万倍。冯小刚作出的业绩承诺期限为 5 年,自 2015 年 12 月 9 日起至 2020 年 12 月 31 日止,2016 年度承诺的业绩目标为东阳美拉当年经审计的税后净利润不低于人民币 1 亿元,自 2017 年度起,每个年度的业绩目标为在上一个年度承诺的净利润目标基础上增长 15%。若冯小刚未能完成某个年度的业绩目标,则冯小刚同意于该年度的审计报告出具之日起 30 个工作日内,以现金方式补足东阳美拉未完成的该年度业绩目标之差额部分。华谊兄弟的本次收购是公司加强电影、电视剧主营业务发展的需要,有利于加强公司储备项目的能力,对公司在电影、电视剧业务发展方面将产生积极的作用和影响,是华谊兄弟"明星驱动 IP"商业模式的延续。华谊兄弟的股价也随着几次收购行为有所波动(如图 1 所示),进入 2015 年 3 月以后,华谊兄弟凭借其在电影、电视剧行业的优异成绩,以及股市上行热潮,华谊兄弟股票价格开始波动上涨,在 2015 年 6 月 12 日到达巅峰,收盘价为 63.58 元每股。尽管后来股市下行,华谊兄弟股价出现了一定程度的下跌,但是 2015 年下半年的收盘价格一直维持在 40 元每股左右。

华谊兄弟为了大力发展"明星 IP"可谓是谋篇布局,耗费了大量资金。在拥有了国内两家艺人经纪公司浩瀚影视和东阳美拉传媒公司的股权以后,华谊兄弟又在 2016 年 3 月 15 日拟投资 1.3 亿元入股韩国明星经纪公司 SIM 公司,交易完成后,华谊乐恒将持有 SIM 公司 26.5%的股份,华谊兄弟通过其全资子公司持有华谊乐恒 80%股权。华谊兄弟在本次并购中,对被并购公司的估值是被并购公司净资产的约 4.8 倍。此次收购 SIM,华谊兄弟看重的一点是"SIM 公司在演员培训上有十年的经验和培训体系"。华谊兄弟称,将会通过该笔投资,引入韩国全套的艺人培训体系,大力发展"明星

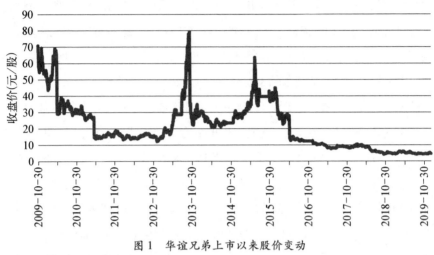

图 1 华谊兄弟上市以来股价变动

资料来源：作者根据东方财富 Choice 客户端华谊兄弟股价资料整理

IP",以获取巨大的市场利润。

自 2010 年起,华谊兄弟为了拓展业务进行了八次大额并购①,且每一次都为溢价并购。这种过度的扩张为华谊兄弟带来了近 30 亿元的商誉,也为其陷入财务危机埋下了伏笔。

三、火上浇油,压死华谊兄弟的最后一根稻草

2003 年,华谊兄弟参与制作的冯小刚电影《手机》在当年贺岁档引起轰动效应,男女主角葛优、范冰冰"一战成名",影片的"暗讽"意味也让主持人崔永元无故"躺枪"。15 年后,冯小刚开始筹备《手机2》的拍摄,这一事件彻底激怒了崔永元。2018 年 6 月,崔永元爆料范冰冰 4 天 6 000 万元天价片酬的事情在微博上闹到沸沸扬扬,引起了社会的广泛关注。同一时刻,崔永元起底阴阳合同问题,号称整理了 585 位与华谊兄弟合作艺人的合同材料,这一事件不仅打击了范冰冰和冯小刚,更是让《手机2》的出版方华谊兄弟硬

---

① 详细并购及溢价信息见附件2附表1。

案例五
巅峰到低谷,凤凰变野鸡

生生吃了一个跌停板。崔永元的爆料引起了税务机构的注意,国税总局责成江苏省等地税务机关依法调查。2018年9月底,江苏省税务局完成对于范冰冰的调查,责令其缴纳8.8亿元的罚款。虽然华谊兄弟一再发公告澄清其没有税务问题,但似乎市场上的投资人并不买账,华谊兄弟的股价更是一路暴跌。截至2018年10月9日,华谊兄弟的股价已经不足5元,市值比巅峰时期的800亿元跌去了近80%[①]。

崔永元的炮轰也成为华谊兄弟债务问题的导火索。如果"阴阳合同"的涉税漏洞被彻底堵上,新增的税务成本将由演职人员和制作方分担,对影视公司的利润有一些负面影响,影视公司的制作成本上升,盈利能力下降,这将会导致华谊兄弟没有足够的现金流来偿还即将到期的短期负债。华谊兄弟当时还未到期的16华谊兄弟MTN001估值净价纷纷跌破90元(票面100元),而相应的中诚信国际隐含评级也从发行初期的"AA"跌至"A-",如表1所示。

表1 2018~2019年16华谊兄弟MTN001及华谊兄弟主体评级变化

时间	中证隐含评级	评级日期	评级机构	债项/主体评级	是否列入观察者名单
2019-01-03至 2019-01-28	C	—	中诚信国际	AA/AA	—
2018-12-28至 2019-01-02	BB+	—	中诚信国际	AA/AA	—
2018-12-24至 2018-12-27	BB	2018-12-24	中诚信国际	AA/AA	是
2018-10-16至 2018-12-21	A-	—	中诚信国际	AA/AA	—
2018-08-06至 2018-10-15	AA-	—	中诚信国际	AA/AA	—

① "查税风暴"后的华谊兄弟:断尾求生,千亿市值成泡影[EB/OL].(2019-08-22)[2020-08-22].https://www.sohu.com/a/335486492_119038.

续 表

时　间	中证隐含评级	评级日期	评级机构	债项/主体评级	是否列入观察者名单
2018-04-10 至 2018-08-03	AA	2018-06-27	中诚信国际	AA/AA	—
2018-02-27 至 2018-04-09	AA-	2018-02-09	中诚信国际	AA/AA	否

资料来源：作者根据东方财富 Choice 客户端华谊兄弟公开资料整理

崔永元炮轰事件打击了整个影视娱乐行业，除了华谊兄弟以外，华策影视、唐德影视股价都曾一度跌停，但只有华谊兄弟的股价"跌跌不休"，一路跌成"白菜价"。究其原因，华谊兄弟自 2010 年开始的一系列并购让其面临着巨大的商誉减值风险。2018 年三季报显示，华谊兄弟账面上存在高达 30.6 亿元的商誉。2018 年财政部会计准则委员会提议通过商誉摊销的消息，让大量 A 股上市公司商誉炸雷，华谊兄弟势必也要做好对包括商誉在内的资产减值准备[①]。

2018 年 12 月 24 日，评级机构中诚信国际发布公告称，决定将华谊兄弟传媒股份有限公司"AA"的主体信用等级、该公司发行的债券"16 华谊兄弟 MTN001"（2019 年 1 月 28 日到期）"AA"的债项信用等级列入观察名单，并将持续关注该公司到期债务的偿付资金安排。消息公布的第二天，华谊兄弟的股票回报率从 4.07% 下跌到 1.03%，前后两天的 CAR 跌至 -3.47%。中诚信国际隐含评级更是在 2018 年 12 月 24 日至 2019 年 1 月 4 日，将"16 华谊兄弟 MTN001"的评级从"A-"一路降到了"C"，这意味着中证认为华谊兄弟对于这支债券的隐含违约率高达 45%。从华谊兄弟账面上看，截止到 2018 年第三季度末，其有息负债的合计高达 69.15 亿元，短期债务比重高达 68.5%，而同期末的货币资金仅有 30.49 亿元，加上近 10 亿元的预告亏损，国际信用评级公司认为华谊兄弟在 29 亿元短期债券到期日之前，无法

---

① 华谊兄弟最难一年还有雷？为保壳或一亏到底财务洗澡[EB/OL].（2020-01-06）[2020-08-17]. https://www.sohu.com/a/365245913_249976.

案例五
巅峰到低谷,凤凰变野鸡

按时还清所有到期负债,华谊面临较大的债券到期偿付压力。除了债务问题以外,华谊前期收购项目较多,形成了较大规模的商誉,中诚信国际还将持续关注收购项目业绩承诺完成情况及其可能引发的商誉减值风险。另外,华谊兄弟两个实际控制人王中军和王中磊合计持有公司28.02%的股份,而这些股份中超过90%已质押出去,这么高比例的股权质押让中诚信国际认为华谊兄弟存在平仓风险。

华谊兄弟的债权到期时间在春节前后,原本华谊兄弟可以凭借春节档电影上映回流一些现金,但是华谊兄弟由于近年的决策失误,在原本经营得风生水起的影视剧业务上也屡屡碰壁。2018年出品的《狄仁杰之四大天王》《找到你》等影片,都只是处在盈亏边缘,而2019年春节档竟未推出一部贺岁档影片,如表2所示。在资本市场和电影市场同时受挫的情况下,华谊兄弟又如何走出财务困境呢?

表2 2019年贺岁档影片及出品方

出品方	电影	出品方排位
光线传媒	《疯狂的外星人》	出品(排位3)/主控发行
猫眼微影	《飞驰人生》	出品(排位3)/主控发行
	《熊出没·原始时代》	出品(排位3)
	《新喜剧之王》	出品(排位8)
	《情圣2》	联合出品(排位9)
	《廉政风云》	联合出品(排位10)
中国电影	《流浪地球》	出品(排位1)/主控发行
	《新喜剧之王》	出品(排位1)
博纳影业	《飞驰人生》	出品(排位2)/主控发行
阿里影业	《小猪佩奇过大年》	出品(排位1)/主控发行
	《飞驰人生》	出品(排位4)
	《新喜剧之王》	出品(排位4)
	《流浪地球》	联合出品(排位5)
	《廉政风云》	联合出品(排位9)

续　表

出品方	电　影	出品方排位
淘票票	《情圣2》	出品(排位2)/主控发行
北京文化	《流浪地球》	出品(排位2)/主控发行
万达影视	《情圣2》	出品(排位3)/主控发行
	《熊出没·原始时代》	出品(排位4)
	《飞驰人生》	出品(排位5)
	《廉政风云》	联合出品(排位5)

数据来源：作者根据艺恩文娱公开数据整理

四、穷途末路，华谊兄弟走上自我救赎之路

华谊兄弟在2018年12月24日被列入观察名单之后，各大券商纷纷抛售持有的华谊债券，而华谊兄弟则是在投资平台上回应，称正在积极地与金融机构洽谈，有信心偿付资金。

自2019年1月8日起，华谊兄弟连续发布多条公告，向浙商银行、平安银行、中信银行和民生银行等4家银行申请共23亿元人民币的综合授信，并为2018年10月向招商银行申请的2亿元综合授信提供补充担保。为了筹措这笔总计约25亿元的资金，华谊兄弟所质押担保的资产包括了全资子公司华谊兄弟娱乐、东阳浩瀚、华谊影城(苏州)、英雄互娱等资产，非但如此，华谊兄弟连王氏兄弟私人名下的不动产都拿出来质押担保，包括自有房产海口市龙华区观澜湖大道1号的三栋别墅、三亚市吉阳区红树山谷度假酒店房产、华谊兄弟互娱(天津)投资自有房产一套。除此之外，华谊兄弟还质押了未来的电影票房收入，以缓解当前的资金危机。

2019年1月24日，债券"16华谊兄弟MTN001"到期前5天，阿里影业和华谊兄弟同日发布公告称，双方达成战略协议，阿里影业将在华谊兄弟主控的影视项目、艺人发展、衍生品开发、营销服务等领域建立业务合作。阿里影业通过附属公司北京中联华盟文化传媒投资有限公司，拟向华谊兄弟

案例五
巅峰到低谷，凤凰变野鸡

提供一笔 7 亿元人民币借款，期限 5 年，利息按中国人民银行同期五年期贷款基准利率。同时华谊兄弟与阿里影业达成战略合作协议：华谊兄弟保证在 5 年内主控并完成上映不少于 10 部院线电影，阿里影业对相关项目在投资、合作发行、票务合作、新媒体版权合作等方面具备优先权；此外，公司与阿里影业在艺人经纪、衍生品开发、营销宣发等领域依托各自的优势资源达成战略合作①。继阿里影业以 7 亿元的贷款支援华谊兄弟以换取更多合作权益之后，5 月 5 日，华谊兄弟再次发布公告称，旗下全资子公司华谊国际与港股上市公司华谊腾讯娱乐签订了《合作框架协议》，将在影视娱乐项目合作投资及发行权利合作购买、发行服务方面展开合作。这意味着对于华谊兄弟来说，其未来五年的电影业务都需要和阿里影业捆绑，这种近乎"卖身契"似的合作框架真的能带华谊兄弟走出困境，再创辉煌吗？

表 3 2019 年华谊兄弟融资详情

筹资时间	筹资方	筹资方式	筹资金额	筹资条件
2019-01	浙商银行杭州分行	银行借款	2 亿元	一年。华谊兄弟互娱投资有限公司及王中军及配偶、王中磊及配偶提供连带责任保证。
2019-01	民生银行北京分行	银行借款	7 亿元	一年。华谊兄弟以所持东阳浩瀚影视娱乐有限公司 65.8% 股权和华谊影城有限公司 14.29% 股权进行质押担保，影片《八佰》应收款项作为补充质押担保。巨人投资有限公司及史玉柱提供连带责任保证。
2019-01	招商银行北京分行	银行借款	2 亿元	三年。不超过七部影片收益应收账款质押担保，以持有"新圣堂"58%的股权提供补充质押担保，王中军及配偶、王中磊及配偶提供连带责任担保。

---

① 华谊"钱荒"向阿里借 7 亿元押注 5 年 10 部电影沦为"打工仔"[EB/OL]. (2019-01-27)[2020-01-27]. https://new.qq.com/omn/20190126/20190126A0J7CL.html.

续　表

筹资时间	筹资方	筹资方式	筹资金额	筹资条件
2019-01	平安银行	银行借款	12亿元	一年。公司持有的英雄互娱20.17%的股权质押担保,王中军及配偶、王中磊及配偶提供连带责任担保。
2019-01	中信银行总行营业部	银行借款	2亿元	一年。以持有的娱乐投资100%的股权提供质押担保,自有房产四套提供抵押担保,王中军、王中磊提供连带责任保证。
2019-01	阿里影业	战略合作协议	7亿元	华谊质押了公司持有的东阳美拉70%的股权以及北京华远嘉利房地产公司持有的自有房产、国有土地使用权提供抵押担保,承诺5年至少10部电影的优先投资权。王中军及配偶、王中磊及配偶提供连带责任担保。
2019-03	浙商银行杭州分行	银行借款	7.7亿元	两年。以持有的英雄互娱不低于15.06%、不超过20.17%的股份提供质押担保。
2019-04	腾讯计算机系统有限公司	可转债票据	3 000万美元	三年。年利率为8%。华谊国际为WR在协议项下的履约提供不可撤销的保证。
2019-04	王忠军	无息借款	2.7亿元	一年。

数据来源:作者根据华谊兄弟多份公告整理

五、尾声

2019年4月,华谊兄弟宣布已按期兑付中期和短期融资券的全部本金及利息,其中债券发行金额合计29亿元,债务危机基本解除。华谊兄弟为了避免这次信用违约,通过大规模地"借新还旧"的"滚动展期"方式偿债,但此举无法从根本上解决其债务压力问题。雪上加霜的是,之前陷入财务困境的负面消息也让华谊兄弟在国内资本市场上失信。数据表明,自其清

| 案例五 |
巅峰到低谷,凤凰变野鸡

偿了"16华谊兄弟MTN001"和"18华谊兄弟CP001"之后,华谊兄弟再也没有在国内市场上通过发行债券融资。2019年1月以来,其唯一发行的债券为其子公司向关联方发行的3 000万美元可转债票据。除此之外,华谊兄弟2019~2020年度上映的电影缺乏绝对竞争力,票房收入无法得到保障。2019年,全国票房收入再创新高,达到642.66亿元,但在这样的形势下,华谊兄弟收入却缩水近50%,陷入持续巨亏的泥潭。2019年上半年,华谊兄弟上映的影片《云南虫谷》《把哥哥退货可以吗?》《小小的愿望》,票房表现均平平。其中,《小小的愿望》经历了改名、内容改写、改档等各种风波,影片上映后也未能"见彩虹",最终票房不足3亿元。华谊兄弟联袂冯小刚重磅打造的《只有芸知道》累计票房也不过1.59亿元①。此外,尽管《攀登者》《我和我的祖国》票房口碑齐飞,但因出品方众多,华谊兄弟能分到的利润是少之又少。影片《八佰》的延期上映,也无法在2019年为华谊兄弟的票房收入做出贡献。债务危机的解除,似乎都没能将华谊兄弟从困境的泥潭中完全拉出。之前高价收购积累的商誉,也在2019年继续计提减值,连续几年巨亏的华谊兄弟应该何去何从?曾经的"中国影视娱乐第一股"是否会又面临退市危机呢?

附件1 华谊兄弟财务报表摘要

附表1 华谊兄弟2018年第三季度资产负债表摘要　　单位:万元

流动资产	840 548.40
固定资产	91 421.89
长期股权投资	500 222.83
资产总计	2 028 691.28
同比(%)	1.74
流动负债	698 328.17

---

① 实惨!华谊兄弟半年亏损3.79亿元,上半年仅两部跨期电影上映[EB/OL].(2019-08-31)[2020-08-31]. https://www.sohu.com/a/337728384_114835.

续 表

非流动负债	226 170.16
负债合计	924 498.34
同比(%)	-4.83
股东权益	1 104 192.94
归属母公司股东的权益	1 001 904.21
同比(%)	5.85
资本公积金	259 260.02
盈余公积金	44 869.45
未分配利润	414 612.33

附表2　华谊兄弟2018年第三季度流动资产情况　　单位：万元

流动资产	年报金额
货币资金(速动)	304 931
应收票据及应收账款(速动)	148 397
预付款项(速动)	202 384
其他应收款(速动)	21 503
存货	109 086
一年内到期的非流动资产	5 727
其他流动资产	48 517
流动资产合计	840 548

附表3　华谊兄弟2018年第三季度流动负债情况　　单位：万元

流动负债	年报金额
短期借款	45 312
应付票据及应付账款	87 357
预收款项	91 566
应付职工薪酬	1 472
应交税费	11 644
其他应付款	32 570

案例五
巅峰到低谷,凤凰变野鸡

续 表

流 动 负 债	年报金额
一年内到期的非流动负债	328 400
其他流动负债	100 004
流动负债总计	698 328

附表4 2017~2018年华谊兄弟商誉明细　　　　　　单位:万元

报 告 日 期	2018-12-31	2018-06-30	2017-12-31
报告期	年报	中报	年报
报表类型	合并报表	合并报表	合并报表
GDC Tech BVI(商誉)	34 858.34	34 858.34	34 858.34
北京春风画面文化传媒有限公司(商誉)	176.06	—	—
北京华谊兄弟音乐有限公司(商誉)	3 269.49	3 269.49	3 269.49
北京华远嘉利房地产开发有限公司(商誉)	4 866.43	4 866.43	4 866.43
广州银汉科技有限公司(商誉)	—	—	0.00
合肥活力天行电影城有限公司(商誉)	1 222.24	1 222.24	1 222.24
深圳市华宇讯科技有限公司(商誉)	23 178.24	23 178.24	23 178.24
天津滨海新区华谊启明东方暖公关顾问有限责任公司(商誉)	—	—	7 588.08
天津滨海新区华谊启明东方暖文化发展有限责任公司(商誉)	7 588.08	7 588.08	—
天津欢颜广告有限公司(商誉)	24 000.08	24 000.08	24 000.08
新圣堂(天津)文化传播有限公司(商誉)	1 645.00	1 645.00	1 645.00
新圣堂影业(天津)有限公司(商誉)	—	—	—
许昌华谊兄弟影院管理有限公司(商誉)	2 084.54	1 112.94	—
浙江常升影视制作有限公司(商誉)	24 499.40	24 499.40	24 499.40

续 表

报 告 日 期	2018-12-31	2018-06-30	2017-12-31
浙江东阳浩瀚影视娱乐有限公司（商誉）	74 901.62	74 901.62	74 901.62
浙江东阳美拉传媒有限公司（商誉）	104 650.48	104 650.48	104 650.48
合计（商誉）	306 939.99	305 792.33	304 679.39

附件2 财务报表中关于华谊兄弟自2010年来重大并购事件的披露

附表1 华谊兄弟并购案例整理

序号	收购时间	收购公司	收购对价	定价依据	购买时溢价	业绩承诺及完成情况	收购意图
1	2010-12-08	北京华谊巨人信息技术有限公司	7 000万元（51%股权）现金支付	华谊巨人预计2011~2013年平均每年的税后净利润约人民币1 441.3万元，本次收购以9.5倍左右市盈率为交易价格	5.6倍	无业绩承诺	进入网络游戏行业
2	2013-09-10	浙江常升影视制作有限公司	25 200万元（70%股权）现金支付	依据浙江常升2013年预计税后净利润的12倍确定公司估值，即股东全部权益价值为3.6亿元	36倍	业绩承诺期限为5年，其中2013年度承诺目标为经审计的税后净利润不低于人民币3 000万元，其余几年的目标将在2013年承诺的净利润目标基础上按协议约定比例增长。仅2016年未完成承诺业绩	绑定张国立的明星IP价值，巩固电视剧行业领头地位

案例五
巅峰到低谷，凤凰变野鸡

续 表

序号	收购时间	收购公司	收购对价	定价依据	购买时溢价	业绩承诺及完成情况	收购意图
3	2014-05-16	广州银汉科技有限公司	67161.6万元（50.88%股权）现金和股份支付	依据银汉科技2013年承诺业绩净利润的12倍确定公司估值，即股东全部权益价值为13.2亿元	15.9倍	银汉科技承诺2014年度至2016年度累计实现扣除非经常性损益后归属于母公司净利润不低于51455.11万元。承诺业绩未完成	扩大网络游戏布局
4	2015-09-01	天津欢颜广告有限公司	25000万元（100%股权）现金支付	未披露	25倍	未披露	加强设计、制作、代理、发布广告业务
5	2015-10-22	浙江东阳浩瀚娱乐影视有限公司	75600万元（70%股权）现金支付	依据2015年度承诺业绩经审计税后净利润的12倍为公司的估值，即股东全部权益价值为10.8亿元	108倍	业绩承诺期限为5年，2015年经审计税后净利润不低于9000万元，之后每年依次增加15%，承诺截至日为2019年12月31日。截至目前仅2017年完成承诺业绩	绑定多位明星IP，稳定明星经纪业务，为电影、电视剧储备人才资源
6	2015-11-24	北京华远嘉利房地产开发有限公司	24314万元（100%股权）现金支付	未披露	1.25倍	未披露	涉猎房地产领域
7	2015-12-09	浙江东阳美拉传媒有限公司	105000万元（70%股权）现金支付	依据2016年度承诺业绩经审计税后净利润的15倍为公司的估值，即股东全部权益价值为15亿元	11万倍	业绩承诺期限为5年，2016年经审计税后净利润不低于1亿元，之后每年依次增加15%，承诺截止日为2020年12月31日。截至目前，仅2016年、2017年完成承诺业绩	牢牢绑定冯小刚的明星IP价值

续 表

序号	收购时间	收购公司	收购对价	定价依据	购买时溢价	业绩承诺及完成情况	收购意图
8	2016-02-29	北京英雄互娱科技股份有限公司	190 000 万元（20%股权）现金支付	依据实际控制方承诺的英雄互娱2016年度经审计税后净利润的19倍为公司的估值，即股东全部权益价值为95亿元	91.5倍	业绩承诺期限为3年，2016年经审计税后净利润不低于5亿元，之后每年依次增加20%，承诺截止日为2018年12月31日。每年均完成业绩承诺	游戏研发运营、软件开发、技术推广等业务

案例使用说明

一、教学目的与用途

1. 本案例主要适用于"财务管理""财务报表分析"等课程的教学。

2. 本案例适用对象是 MBA、EMBA、MPACC 和企业培训人员以及管理类、经济类专业的本科生、研究生。

3. 本案例的教学目的是帮助学生了解企业陷入财务困境的内部、外部原因，财务困境对企业和相关行业的影响，企业走出财务困境的方法。

二、启发思考题

1. 企业陷入财务困境的原因有哪些？

2. 结合案例，分析华谊兄弟此次陷入财务困境的内部和外部原因。

3. 结合案例，分析此次陷入财务困境对华谊造成了什么影响？华谊采取了哪些方式走出财务困境？你认为这次财务危机是否得到了彻底解决？

4. 结合华谊案例和影视行业发展现状，分析华谊的财务危机对于影视

| 案例五 |
| 巅峰到低谷,凤凰变野鸡 |

行业造成了什么影响?

三、分析思路

本案例通过对华谊兄弟2018年末至2019年初陷入财务困境这一事件的分析,旨在引导学生分析企业陷入财务困境的原因和财务困境会对企业以及相关行业造成的影响。本案例共提出3个启发思考题,授课教师可根据课程要求和教学目标灵活选择。分析思路和理论基础如表1所示。

表1 案例分析思路

启发思考题	理论知识点	案例中对应位置
1. 企业陷入财务困境的原因有哪些?	财务管理	—
2. 结合案例,分析华谊兄弟此次陷入财务困境的内部和外部原因。	财务报表分析,财务杠杆,企业并购	1. 勠力一心,开启华语电影新篇章 2. 急功近利,一意孤行陷未来于水火 3. 火上浇油,压死华谊兄弟的最后一根稻草
3. 结合案例,分析此次陷入财务困境对华谊造成了什么影响? 你认为这次财务危机是否得到了彻底解决?	报表分析,战略管理	3. 火上浇油,压死华谊兄弟的最后一根稻草 4. 穷途末路,华谊兄弟走上自我救赎之路 5. 尾声

四、理论依据与分析

1. 企业陷入财务困境的原因有哪些?

财务困境,又称"财务危机"或"财务困难"。关于财务困境的定义,存在多种说法,从防范财务困境的角度来看,"财务困境是指一个企业处于经营性现金流量不足以抵偿现有到期债务的现象"[①]。值得注意的是,财务困境与财务破产并非同义,大部分财务破产的企业都经历了财务困境,但也存

---

① 李卓.并购融资风险管理研究——以蓝色光标为例[D].北京交通大学,2016:39-41.

在一部分经历过财务困境的企业通过资产重组等手段摆脱了破产清算的终结。导致企业陷入财务困境的因素有很多,既有企业自身内部经营管理不善等原因,也有企业外部宏观政策收紧等原因。

(1) 导致企业陷入财务困境的企业内部因素:

① 经营管理不完善,不能保证适度投资扩张。

② 经营杠杆失衡,过高的固定成本和管理费用将利润拉低。

③ 财务杠杆过高,债务过多导致资产负债率失衡。

④ 企业内部财务管理制度混乱,权责不明会造成资金使用效率过低。

⑤ 企业内部治理结构存在缺陷,存在不合理的对外担保。

⑥ 企业战略布局不正确,未来主营业务利润没有保障。

(2) 导致企业陷入财务困境的企业外部因素:

① 宏观经济大环境不景气。

② 国家政策、法律法规影响企业经营。

③ 所处行业进入衰退期。

④ 企业经营体制不符合市场经济发展需求。

⑤ 金融政策收紧,未能取得发债资格。

⑥《企业会计准则》制度的修订对利润影响巨大。

2. 结合案例,分析华谊兄弟此次陷入财务困境的内部和外部原因。

2018年12月24日,中诚信国际信用评级有限责任公司披露,中诚信国际决定将华谊兄弟传媒股份有限公司AA的主体信用等级、"16华谊兄弟MTN001"AA的债项信用等级及"18华谊兄弟CP001"A-1的债项信用等级列入观察名单。华谊兄弟于2016年发行的"16华谊兄弟MTN001"号债券将于2019年1月28日到期,金额为22亿元;同时,发行金额为7亿元的"18华谊兄弟CP001"号债券也将于2019年4月9日到期。如表2、表3所示,截至2018年末,华谊兄弟账面货币资金仅为26.41亿元,速动资产的总额为43.95亿元,远远低于其流动负债的总额72.56亿元。鉴于华谊兄弟2018年下半年利润明显下滑,电影票房不及预期,中诚信国际预计华谊兄弟

案例五
巅峰到低谷,凤凰变野鸡

全年业绩将持续下滑,认为其面临巨大偿债压力并表示将持续关注其债券到期偿付安排。

表2 华谊兄弟2018年年报流动资产情况　　　单位:元

流动资产	年报金额
货币资金(速动)	2 641 281 831.96
应收票据及应收账款(速动)	1 274 478 438.56
预付款项(速动)	1 606 813 579.47
其他应收款(速动)	479 997 437.49
存货	1 227 197 755.46
一年内到期的非流动资产	82 053 138.62
其他流动资产	220 967 558.76
流动资产合计	7 532 789 740.32

数据来源:作者根据华谊兄弟2018年年度财务报表整理

表3 华谊兄弟2018年年报流动负债情况　　　单位:元

流动负债	年报金额
短期借款	187 264 000.00
应付票据及应付账款	925 230 420.55
预收款项	1 190 971 523.51
应付职工薪酬	21 146 275.86
应交税费	149 346 435.31
其他应付款	430 338 050.16
一年内到期的非流动负债	3 647 305 561.79
其他流动负债	700 000 000.00
流动负债总计	7 256 602 267.18

数据来源:作者根据华谊兄弟2018年年度财务报表整理

(1)华谊兄弟此次陷入财务困境的内部原因如下:

① 多次高溢价并购,定价风险和融资风险显现。

自2011年以来,华谊兄弟先后发生八起重大收购事件(华谊兄弟做出过公开披露文件）①，纵观华谊兄弟的这八起收购案例，可以看出华谊兄弟的收购重心主要在扩大网游版图以及稳定明星经纪业务上。这八起收购均为溢价收购，其中对浙江东阳浩瀚娱乐影视有限公司的溢价高达 108 倍，而对浙江东阳美拉传媒有限公司的收购溢价更是高达 11 万倍。收购东阳浩瀚让华谊兄弟账面产生了 7.4 亿元的商誉，而对于东阳美拉的收购更是为华谊兄弟账面带来了超过 10 亿元的商誉。

其实，华谊兄弟此举并不意外，董事长王中军表示：娱乐产业早已进入"明星驱动 IP"时代，"明星驱动 IP"是指，以明星股东为核心展开影视项目的 IP 孵化、投资、制作和发行。近年来明星的价值被无限放大，自立门户成立工作室取代签约经纪公司已成为当红明星们的首选，如何留住明星成为一大难题，此时经纪合作模式应运而生②。东阳浩瀚成立之时，原始股东包涵李晨、杨颖、冯绍峰、杜淳、郑恺、陈赫六位明星股东，东阳美拉的原始控制人是与华谊兄弟合作已久的著名导演冯小刚。华谊兄弟为了绑定与这些吸金明星的商业利益，不惜用让明星股东们"稳赚不赔"的巨额溢价留住他们，根据收购协议，东阳浩瀚在五年内保证 6.07 亿元的总体利润，东阳美拉则要在五年内保证 7.44 亿元的总体利润，两者的承诺业绩均小于他们的收购价格，由此得出明星股东们此次被收购稳赚不赔。

艺人及导演对于华谊兄弟的过往发展非常重要，通过高价收购艺人持股公司股份，可以理解为一种资本上的合伙人制度，对于华谊兄弟与明星股东来说是一种实现共赢的方式，但是过高甚至是不合理的收购溢价没有给华谊兄弟带来可观收益，反而令付出过多溢价的华谊兄弟陷入了财务困境。

华谊兄弟陷入财务困境终究是一个现金流问题③，自 2015 年开始，华谊兄弟的经营活动净现金流入再也无法支撑起多起高溢价收购活动所需的现

---

① 收购案例详情请参照案例正文附件 2 附表 1。
② 郑宇花等.影视业高溢价并购问题探析——以华谊兄弟并购东阳美拉为例[J].时代金融,2018(3)：294.
③ 杨雄胜.营运资金与现金流量基本原理的初步研究[J].南京大学学报,2000(5)：38.

案例五
巅峰到低谷,凤凰变野鸡

金流,除了 2015 年 8 月的一次股票增发募集 35.73 亿元外,华谊兄弟筹资来均自于银行借款和债券等债务融资渠道。由于债务融资的增加,导致华谊兄弟的财务费用增加,偿债压力迅速上升,这一压力在 2018 年末突然爆发,如表 4 所示,在 2019 年一季度,华谊兄弟需要偿还借款 29 亿元。

表 4　2011~2019 年华谊兄弟发行债券明细

证券名称	发行日期	到期日期	票面利率（当期）（%）	证券类别	发行规模（亿元）
18 华谊兄弟 CP001	2018-04-09	2019-04-11	5.7	一般短期融资券	7
18 华谊兄弟 SCP001	2018-02-26	2018-11-25	5.85	超短期融资债券	3
17 华谊兄弟 SCP001	2017-05-24	2018-02-19	6.18	超短期融资债券	5
17 华谊兄弟 CP001	2017-04-11	2018-04-13	4.86	一般短期融资券	9
16 华谊兄弟 SCP001	2016-09-01	2017-05-30	3.17	超短期融资债券	10
16 华谊兄弟 CP002	2016-05-04	2017-05-06	3.73	一般短期融资券	7
16 华谊兄弟 MTN001	2016-01-28	2019-01-29	4.28	一般中期票据	22
16 华谊兄弟 CP001	2016-01-22	2017-01-25	3.45	一般短期融资券	6
15 华谊兄弟 CP002	2015-12-18	2016-12-21	3.5	一般短期融资券	3
15 华谊兄弟 CP001	2015-05-18	2016-05-19	4	一般短期融资券	6
14 华谊兄弟 CP002	2014-09-05	2015-09-09	5.5	一般短期融资券	3
14 华谊兄弟 CP001	2014-06-18	2015-06-19	5.69	一般短期融资券	3

续　表

证券名称	发行日期	到期日期	票面利率（当期）（%）	证券类别	发行规模（亿元）
13华谊兄弟CP002	2013-04-19	2014-04-22	4.83	一般短期融资券	3
13华谊兄弟CP001	2013-01-15	2014-01-17	5.3	一般短期融资券	3
12华谊兄弟CP001	2012-02-17	2013-02-21	7.5	一般短期融资券	3
11华谊兄弟CP001	2011-11-17	2012-11-21	8	一般短期融资券	3

数据来源：作者根据华谊兄弟2018年年度财务报表整理

② 经营战略发展缓慢，主营业务失去核心竞争力。

华谊兄弟自2016年以来一直坚持四项主营业务，分别为影视娱乐板块、品牌授权及实景娱乐板块、互联网娱乐板块、产业投资及产业相关其他的股权投资板块。其中影视娱乐业务板块一直处在主导地位，其业务内容主要包括电影的制作、发行及衍生业务；电视剧的制作、发行及衍生业务；艺人经纪及相关服务业务；影院投资、管理、运营等业务；电影票在线业务及数字放映设备销售业务等。

自上市以来，华谊兄弟的艺人经纪业务一直屡受挑战。艺人流失问题必然是不可控的，2010年前后章子怡、范冰冰、李冰冰、周迅等人纷纷离开了华谊自立门户，2011年当家的葛优也走了。这些人的离去，虽然没有让华谊垮掉，但确实是伤筋动骨。然而，华谊兄弟真的离不开冯小刚，当冯小刚不再是盈利保障，华谊兄弟也就到了衰败的时刻。1999年，冯小刚主导的第一部贺岁大片《没完没了》上映，为华谊兄弟带来约3 000万元票房收益和1 500万元广告收益。这让华谊兄弟意识到，知名导演就是电影行业最有价值的内容IP，是高票房的保障。而后从2001年的《大腕》到2015年的《老炮

案例五
巅峰到低谷,凤凰变野鸡

儿》,均获佳绩。与冯小刚合作的成功,让王氏兄弟名利双收,超高的电影票房也让华谊兄弟稳坐电影行业头把交椅。在电影《1942》上映之前,华谊一共投资的冯小刚 12 部电影,每一部都让华谊兄弟赚得盆满钵满,华谊兄弟和冯小刚彼此成就,2009 年 10 月 30 日华谊兄弟在深圳证券交易所上市的第一天,身为股东的冯小刚摇身一变成为亿万富翁,这是华谊兄弟用股权留住明星的开始。但 2012 年 11 月 29 日,冯小刚的《1942》上映,电影上映首日票房不及预期,11 月 30 日起两个交易日内华谊的市值便蒸发了 13 亿元,冯小刚这一黄金牌面第一次不灵了。

华谊兄弟的影视娱乐业务发展停滞,其他板块业务乏善可陈。华谊兄弟并非不想改变业绩过分依赖冯小刚的局面,2013 年王中军宣布华谊兄弟未来将"去电影单一化",经营目标为摆脱对电影的依赖,同时发展互联网娱乐、品牌授权及实景娱乐等业务,增加收入来源。面对影视行业风险,做全产业链布局是降低风险的有效途径,比如光线传媒,占猫眼过半的股份,掌握着能影响排片的在线票务平台;又比如万达电影,其在发行上拥有全国近 500 家影院和 4 000 余块银幕,而华谊兄弟在全国仅拥有 20 余家影院,200 余块银幕。但是华谊兄弟业务转变的结果却是,电影业务衰退的同时,互联网娱乐业务依靠并购,品牌授权及实景娱乐业未见起色[①]。2014 年华谊兄弟出品的 10 部电影中票房最高的一部仅为 2.3 亿元,票房仅排名 41 名,被竞争对手光线传媒、万达电影远远甩在身后,也是从这一年开始华谊兄弟再也没能夺回过行业第一;2015 年的情况依旧没有好转,除了年底的《寻龙诀》算是惊喜,其他电影都表现平平。2015 年底,华谊兄弟终于宣布重新聚焦电影行业。然而要重新聚焦电影,首先还得解决人的问题,因此出现了两起高溢价收购明星股东公司的案例,从而绑定明星 IP,再次牢牢抓住冯小刚。2016 年虽然受整体影视行业环境下压的影响,华谊兄弟业绩遭遇了上市八年来的首次下滑,但受惠于产业投资板块的投

---

① 汤晨琪.影视企业"全产业链"商业模式的财务风险分析——以华谊兄弟为例[D].浙江工商大学,2020:59-64.

资收益,其净利润即使下降仍位居上市影视娱乐公司榜首。2017年华谊兄弟推出《前任3》《芳华》《摔跤吧!爸爸》几部热卖电影,影视娱乐板块收入同比增长28.15%,实景娱乐业务收入也大幅增长,但互联网娱乐业务由于处置广州银汉科技公司而大为缩水①。2018年华谊兄弟影视娱乐板块营业收入缩水,《狄仁杰之四大天王》等多部上映票房不如预期,最关键的是崔永元爆出的"阴阳合同"事件,使冯小刚导演的《手机2》无限延期上映,对于影视公司来讲,重要影片没上映就意味着几乎没收入,东阳美拉因此未能完成2018年的业绩承诺,并且华谊兄弟的其他三大板块业务收入均同样大幅下降。

华谊兄弟一直在努力摆脱利益来源单一的经营格局,但是源于品牌授权及实景娱乐业务投资大收效慢、互联网娱乐发展依赖收购的原因,影视娱乐业务一直是华谊兄弟营业收入的重头。但是华谊兄弟自2018年开始就再也没有值得叫卖的影视作品出现,因此曾经的影视第一股也被往日的竞争对手光线传媒、万达电影、中国电影等在票房上迅速赶超。

③ 企业内部财务管理不良,期间费用率高。

华谊兄弟董事长王中军公开表示:本公司电影业务团队存在花钱大手大脚的问题。期间费用率体现了企业管理层的费用管理水平,如表5所示,通过与另外两家影视企业比较,不论是销售费用率、管理费用率、财务费用率,还是三者总合占营业收入的比例,华谊兄弟都远高于另外两家公司,说明华谊兄弟在费用管理方面不加节制,造成了大量资金浪费。

同时,通过比较三家公司期间费用率和营业利润率的变动,并未发现反向变动的关系,因此并非期间费用管理控制水平越高,企业盈利能力就越强。

---

① 孙翰雯.多元化并购对企业绩效的影响研究——以华谊兄弟并购银汉科技为例[J].金融经济,2019(4):93.

案例五
巅峰到低谷,凤凰变野鸡

表5 华谊兄弟、光线传媒与万达电影期间费用占比营业收入比较

单位:%

名称	费用率	2014年	2015年	2016年	2017年	2018年
华谊兄弟	销售费用率	13.81	15.13	23.18	18.37	16.73
	管理费用率	9.63	10.74	15.62	14.14	13.57
	财务费用率	4.14	3.67	8.02	7.35	8.46
	期间费用率	27.58	29.53	46.82	39.86	38.76
	营业利润率	49.35	35.83	33.60	20.68	-22.10
光线传媒	销售费用率	0.82	0.85	3.99	4.45	0.20
	管理费用率	4.43	5.71	8.78	9.50	5.29
	财务费用率	1.81	1.38	0.75	1.79	1.21
	期间费用率	7.06	7.94	13.52	15.74	6.70
	营业利润率	33.83	28.43	45.93	36.46	129.22
万达电影	销售费用率	5.36	4.71	6.18	7.23	7.21
	管理费用率	6.33	6.56	7.93	8.01	7.65
	财务费用率	-0.28	0.75	1.70	1.73	2.01
	期间费用率	11.41	12.02	15.82	16.98	16.87
	营业利润率	17.55	18.09	13.86	14.15	11.29

数据来源:作者根据华谊兄弟、光线传媒与万达电影的2014~2018年年度财务报表整理

通过表6数据还可以得出,自2015年多起收购之后华谊兄弟的营业利润、净利润以及扣除非经常性损益的净利润等盈利指标均呈下降趋势,其中2017年的扣非净利润有所回升,但2018年再次断崖式下跌。2018年除了销售毛利率外,所有指标均为负,这就说明华谊兄弟此时的盈利出现重大问题。

表6 2014~2018年华谊兄弟主营业务指标

指标	2014年	2015年	2016年	2017年	2018年
营业利润(亿元)	11.79	13.88	11.77	8.16	-8.60
净利润(亿元)	10.34	12.18	9.94	9.87	-9.09

续 表

指　　标	2014年	2015年	2016年	2017年	2018年
扣非净利润(亿元)	5.40	4.72	-0.40	1.31	-11.81
销售毛利率(%)	60.92	50.28	51.18	45.45	44.81
销售净利率(%)	43.30	31.45	28.37	25.01	-23.36
总资产收益率(%)	16.12	11.54	8.06	6.86	-2.54
净资产收益率(%)	19.97	13.04	8.52	8.86	-12.00
每股收益(元)	0.73	0.76	0.29	0.30	-0.39

数据来源：作者根据华谊兄弟2014~2018年年度财务报表整理

④ 财务结构失衡，偿债压力大。

长期来看，资产负债率是负债总额占资产总额的比例，其越高说明企业的财务风险越高。但资产负债率并非越低越好，企业运用一定的债务杠杆，可以提高企业股东收益，如表7所示，华谊兄弟的资产负债率一直保持在50%左右，虽然保持在适度的比率范围内，但是相对于其他的影视娱乐企业来说，其资产负债率还是较高的。

有息负债是指附有具体利息条款的，并且有明确的偿还时间限制的负债，相比于经营性负债而言，有息负债协商空间小，存在更高的违约风险。本案例认为短期借款、一年内到期的非流动负债、其他流动负债、长期借款及应付债券为有息负债。有息负债率为有息债务总额占总债务的比例，其越高说明企业的偿债压力越大。如表8所示，华谊兄弟的有息负债率一直保持较高的水平，自2016年开始一直高于60%。一般情况下有息负债率高于60%时，企业陷入财务困境的概率很大，华谊兄弟在2016年、2017年及2018年有息负债率均超过60%，财务困境显现已久。

短期来看，华谊兄弟的经营活动现金净流量始终无法满足偿还流动负债的需要，需要不断融资来支持企业运营。速动资产是指企业中变现能力较强的资产，如表9所示，在2018年末华谊兄弟的速动资产远小于流动负债的数目，可见此时的华谊兄弟正承受着非常大的短期偿债压力。

案例五
巅峰到低谷,凤凰变野鸡

表7 2014~2018年华谊兄弟资产负债率变化及对比　　单位:%

	2014年	2015年	2016年	2017年	2018年
华谊兄弟	42.15	40.04	50.38	47.64	48.01
光线传媒	34.85	14.87	22.21	28.86	20.32
万达电影	34.32	41.03	45.57	49.40	45.44
唐德影视	61.91	39.89	58.38	62.22	89.65
中国电影	50.54	50.02	27.27	28.06	26.45

数据来源:作者根据华谊兄弟、光线传媒、万达电影、唐德影视及中国电影的2014~2018年年度财务报表整理

表8 2014~2018年华谊兄弟有息负债率变化及对比　　单位:%

	2014年	2015年	2016年	2017年	2018年
华谊兄弟	57.41	52.61	78.34	76.07	68.39
光线传媒	57.51	8.62	49.26	57.46	45.42
万达电影	0.00	54.61	39.60	55.99	58.23
唐德影视	51.77	51.53	53.04	41.85	25.75
中国电影	6.93	6.15	0.38	0.35	3.93

数据来源:作者根据华谊兄弟、光线传媒、万达电影、唐德影视及中国电影的2014~2018年年度财务报表整理

表9 2014~2018年华谊兄弟短期偿债能力表现　　单位:亿元

	2014年	2015年	2016年	2017年	2018年
流动负债	29.13	59.62	59.38	50.44	72.57
经营现金净流量	-0.21	5.27	7.59	-2.15	5.82
速动资产	34.97	54.17	71.04	61.62	43.95

数据来源:作者根据华谊兄弟2014~2018年年度财务报表整理

另外,华谊兄弟的总市值从2015年股价最高点的859亿元跌至2018年末最后一个交易日的122亿元,不断下跌的股价让董事长王中军不舍得再使用股权增发这一融资手段。除了银行借款和发债,王中军和王中磊还用尽了股票质押的能量,截至2018年末,王中军股份约6.15亿股,累计被质押

约 5.68 亿股,股票质押比例达 92.3%;王中磊持有股份约 1.72 亿股,累计被质押约 1.68 亿股,股票质押比例达 97.8%。同时,华谊兄弟股价的连续走低,平仓风险不断加大。

总而言之,华谊兄弟多次规模高溢价收购、主营业务乏力、财务管理薄弱及自身财务结构的失衡均是把其推入财务困境的黑暗之手。

(2)华谊兄弟此次陷入财务困境的外部原因如下:

① 明星"阴阳合同"曝光,对影视行业造成冲击。

2018 年 6 月,崔永元爆料范冰冰 4 天 6 000 万天价片酬的事情引起了社会的广泛关注。针对崔永元曝光的"阴阳合同"事件,中央宣传部、文化和旅游部、国家税务总局、国家广播电视总局、国家电影局等联合印发《通知》,要求加强对影视行业天价片酬、"阴阳合同"、偷逃税等问题的治理,控制不合理片酬,推进依法纳税,促进影视业健康发展。此次事件曝光之际,正值范冰冰主演的冯小刚作品《手机2》的上映宣传期间,华谊兄弟已经将该片作为 2018 年度主打影片投入制作,6 月 4 日当天华谊兄弟股价随即跌停,之后接连吃了好几个跌停板,事发之后该影片上映被无限延期,并在 2018 年年报中占据存货总额第二名。

但是该事件的影响只波及华谊兄弟、唐德影视以及华谊嘉信的股价大幅下降,其他的影视公司影响并不大。对于影视行业来说,"大明星=高票房"的盈利模式已经被"工业化制作"所代替,例如像 IMAXCHINA 这样以影院为主营业务的公司,其主要是发挥渠道作用,对内容生产参与程度很低,因此事件影响也非常小;但像冯小刚这样重视作品本身故事情节,依靠演员 IP 流量带动票房的盈利模式,就会因明星个人牵连受到巨大的影响。另外,改正"阴阳合同"行为带来的新增税务成本是由明星和制作方共同承担,对影视公司的利润将会有一定的影响。

② 金融政策收紧,公司融资困难。

目前金融去杠杆的经济大背景下,金融公司要回归本质,为实体经济提供资金,不能在金融机构空转,因此整个经济体系都在收缩信用。其直接影

| 案例五 |
巅峰到低谷,凤凰变野鸡

响是,金融机构对外放款受到更大约束,实体企业也只能降低负债水平。华谊兄弟的融资渠道以发行短债和银行借款为主,不停滚动发行短债来支持长期收购投资,但在金融紧缩政策下,"八个盖子十个锅"这种借新债还旧债的做法已经无法持续下去,企业流动性压力凸显。

③ 投资过剩,商誉泡沫呈现。

"不收购,无商誉",商誉产生于收购,如果企业收购的出价超过被收购对象的净资产公允价值,超出的部分就叫作商誉。按照规定,上市公司的商誉资产必须每年做减值测试,如果被收购的对象出现经营恶化等迹象,上市公司就必须对商誉进行减值,如果减值规模过大,将在很大程度上影响上市公司的业绩。

2018年,商誉减值问题在上市公司年报中集中爆发。原因有二:一方面,2018年11月,证监会发布了《会计监管风险提示第8号——商誉减值》,严格明确要求企业定期或及时进行商誉减值测试,至少每年年终进行减值测试;另一方面,2019年1月,财政部会计准则委员会专家提议,商誉计提由减值改成逐年摊销,这一"政策预期"导致很多上市公司在2018年业绩中集中计提减值损失,"洗大澡"尽早丢掉巨额的商誉包袱。不然,要是上市公司连续三年净利润无法覆盖商誉摊销,将会导致连续三年亏损进而退市。

如表10、表11所示,华谊兄弟2018年度共计提9.73亿元商誉减值准备,占本年度净亏损10.93亿元的89%,也就是说2018年华谊兄弟的巨额亏损绝大多数是因为计提了商誉减值准备。这也是华谊兄弟首次对商誉计提减值,计提减值后商誉账面价值余额为20.96亿元,占总资产11.37%。华谊兄弟一直被诟病于高溢价收购形成了巨额商誉,但通过与其他两家企业对比,可以发现并购扩张在影视行业中较为普遍。相比于光线传媒而言,华谊兄弟的一系列并购形成了对被收购方更多的商誉;相比于万达电影而言,华谊兄弟的一系列并购更为稳妥,溢价泡沫更少。

表10　2014~2018年华谊兄弟收购商誉情况及对比　　　单位：%

		2014年	2015年	2016年	2017年	2018年
华谊兄弟	长期股权投资和可供出售金融资产合计占总资产比例	25.25	32.96	30.52	34.75	39.27
	商誉占总资产比例	15.13	19.95	17.98	15.12	11.37
	商誉占净资产比例	26.16	33.27	36.24	28.88	21.86
光线传媒	长期股权投资和可供出售金融资产合计占总资产比例	45.97	43.12	55.64	64.33	53.61
	商誉占总资产比例	7.32	8.40	7.17	1.90	0.14
	商誉占净资产比例	11.24	9.87	9.22	2.67	0.17
万达电影	长期股权投资和可供出售金融资产合计占总资产比例	0.00	2.48	2.03	2.15	2.17
	商誉占总资产比例	0.50	33.46	42.58	42.34	41.37
	商誉占净资产比例	0.77	56.74	78.22	83.69	75.82

数据来源：作者根据华谊兄弟、光线传媒及万达电影的2014~2018年年度财务报表整理

表11　2018年华谊兄弟计提商誉减值明细

被投资单位名称	年初余额（万元）	计提减值准备（万元）	年末余额（万元）	计提比例（%）
浙江常升影视制作有限公司	24 499.40	24 191.40	308.00	98.74
深圳市华宇讯科技有限公司	23 178.24	22 927.54	250.70	98.92
浙江东阳美拉传媒有限公司	104 650.48	30 217.53	74 432.95	28.87
GDC Tech BVI	34 858.34	19 975.95	14 882.39	57.31

数据来源：作者根据华谊兄弟2018年年度财务报表整理

4. 结合案例，分析此次陷入财务困境对华谊造成了什么影响？你认为这次财务危机是否得到了彻底解决？

（1）此次财务困境对华谊兄弟造成的影响。

① 资产缩水，利润大幅下滑。

2019年4月26日华谊兄弟发布了2018年年报，公司营收38.91亿元，同比下降了1.4%。这也是华谊兄弟上市以来首次出现亏损。造成

案例五
巅峰到低谷，凤凰变野鸡

利润大幅下滑的原因除了其发行的不少电影票房未达预期以外，还有总比大额的商誉减值损失。由于自 2010 年来的过度扩张，华谊兄弟账面上存在高达 30 多亿元的商誉。在 2018 年计提 9.73 亿元之后，仍有 20.96 亿元的商誉。商誉减值直接造成了华谊兄弟账面上总资产的缩水。

通过表 12 数据可以得出，自 2015 年多起收购之后华谊兄弟的总资产和股东权益在 2017 年达到最大值。但 2018 年度，财产缩减 17.15 亿元，远大于负债缩减 7.49 亿元，说明企业的资产缩水更加严重。

表 12　2014~2018 年华谊兄弟部分财务指标　　单位：亿元

	2014 年	2015 年	2016 年	2017 年	2018 年
资产总计	98.19	178.94	198.53	201.55	184.40
负债合计	41.39	71.64	100.02	96.02	88.53
股东权益合计	56.80	107.30	98.50	105.52	95.87

数据来源：作者根据华谊兄弟 2014~2018 年年度财务报表整理

② 偿债能力下降。

表 13　2014~2018 年华谊兄弟短期偿债能力分析　　单位：%

	2014 年	2015 年	2016 年	2017 年	2018 年
流动比率	1.8	1.23	1.47	1.71	1.04
速动比率	1.52	1.11	1.35	1.5	0.87
现金流量比率	-0.01	0.09	0.13	-0.04	0.08

数据来源：作者根据华谊兄弟 2014~2018 年年度财务报表整理

通过表 13 数据可以得出，自 2015 年多起收购之后华谊兄弟的流动比率和速动比率的走势相同，在 2015 年出现了一个低点，之后连续两年提升，在 2017 年达到最高，在 2018 年再次下行。即使是在 2017 年的最佳点，华谊兄弟的流动比率也没有达到安全值 2，在 2018 年其速动比率也跌破了安全值 1。结合现金流量比率来看，在 2017 年达到最低值 -0.04，说明 2017 年的经营活动现金净流量为负数,表明对于企业负债的偿还,完全无法依靠经营活动产生的现金流量,只能依靠企业自有资金和筹资活动的周转,间接证明2017年的短期偿债能力同样不尽如人意。

表14　2014~2018年华谊兄弟长期偿债能力分析

	2014年	2015年	2016年	2017年	2018年
已获利息倍数	14.69	15.61	6.53	4.63	-1.58
资产负债率(%)	42.15	40.03	50.38	47.64	48.01
有形资产/负债(%)	0.81	0.86	0.51	0.65	0.67

数据来源:作者根据华谊兄弟2014~2018年年度财务报表整理

通过表14数据可以得出,自2015年多起收购之后,虽然华谊兄弟的资产负债率一直保持在合理范围之内,但是已获利息倍数(EBIT/利息费用)不断下降,在2018年达到负值,这说明华谊兄弟能够支付到期债务利息的保障程度在不断降低,再加上公司的短期偿债能力持续下降,企业面临较大的偿债压力。华谊兄弟的有形资产和负债的比率自2015年以来也出现了下降,说明企业按期偿还债务的保障程度降低。

表15　2014~2018年华谊兄弟财务结构分析　　　　单位:%

	2014年	2015年	2016年	2017年	2018年
流动负债/总负债	70.39	83.23	59.37	52.52	81.97
流动资产/总资产	53.47	40.92	44.06	42.90	40.85

数据来源:作者根据华谊兄弟2014~2018年年度财务报表整理

通过表15数据可以得出,华谊兄弟在2015年流动负债占比最大,而此时流动资产资产占比较小,短期偿债压力巨大。2016年及2017年,财务结构稍有好转,但2018年流动负债占比再次增加,与此同时流动资产占比缩小,财务状况再次恶化。

③声誉受损,评级下降。

华谊兄弟作为曾经的"中国影视娱乐第一股",在金融市场享有很高的

| 案例五 |
巅峰到低谷,凤凰变野鸡

声誉,这次险些违约的"16 华谊兄弟 MTN001"发行时在没有担保人的情况下票息仅为 4.285%。华谊兄弟作为债权主体的信用评级也有 AA。相比同行业其他企业,光线传媒在 2017 年发行的"17 光线 01"担保人为深圳市高新投集团有限公司,票息为 5%,发行规模也仅为 5 亿元,远远低于华谊兄弟的 22 亿元债权发行规模。而经历过这次财务危机,华谊兄弟自 2019 年 1 月起,再没有在中国境内发行任何债券。2019 年发行的唯一债券为全资子公司华谊国际有限公司及其美国全资孙公司 WR Brothers Inc. 向公司股东深圳市腾讯计算机系统有限公司之关联方 Mount Qinling Investment Limited 发行 3 000 万美元的可转债票据。外资评级机构对于华谊兄弟最新的评级报告也显示,他们认为华谊兄弟投资者关系表现不活跃,最终给定华谊兄弟 B 的评级①。

除了在金融市场受挫,华谊兄弟的异常财务表现也引起了监管机构的注意。深交所 2019 年 5 月 31 日发问询函②,内容包括华谊兄弟 2018 年计提的 9.73 亿元商誉减值的详细测算,是否对长期股权投资进行减值测试,预付账款是否要计提减值等。虽然华谊兄弟回复了问询函,但是关于各项资产的减值会在未来继续出现。

(2) 这次财务危机是否得到了彻底解决。

华谊兄弟虽然清偿了 29 亿元的债务,但是其财务困境是否得到了彻底解决依然是个未知数。用来清偿 29 亿元债务的钱,均为各大银行和阿里影业的有息贷款。为了满足公司经营发展的实际需求,公司向大股东王中军借了 2.7 亿元借款,作为大股东对于公司经营提供的无偿财务支持。这一决定证明截止到 2019 年 4 月,华谊兄弟资金流动性的问题依然没有得到很好解决。根据 2019 年前三个季度的公开资料来看,华谊兄弟的财务困境进一步恶化。

---

① 同行业光线传媒评级结果为 A。
② 华谊兄弟:关于对深圳证券交易所年报问询函回复的公告[EB/OL].(2021-05-28)[2021-05-29]. https://guba.eastmoney.com/news,300027,839006014.html.

由表 16 所示，通过对比 2019 年前三季度华谊兄弟相对稳定的资产负债率和流动比率，可以看出华谊兄弟流动资产占比的不断缩水，其偿债能力未能有所好转，偿债能力一直保持在严峻的地步。

表 16　2019 年前三季度华谊兄弟偿债能力

	2018 年末	2019 年一季度	2019 年二季度	2019 年三季度
流动资产(亿元)	75.33	66.79	67.32	58.00
资产总计(亿元)	184.40	176.66	178.12	166.24
流动负债(亿元)	72.57	60.42	68.27	59.99
负债合计(亿元)	88.53	82.11	86.60	77.37
流动比率(%)	1.04	1.11	0.99	0.97
资产负债率(%)	48.01	46.48	48.62	46.54

数据来源：作者根据华谊兄弟 2019 年第三季度财务报表整理

华谊兄弟穷尽"手头现金+折价出让股权+出售金融资产+应收款项+抵押设备、院线"等各种方法融资，截至 2019 年三季度末，王中军持股质押比例已经高达 99.98%，王中磊持股质押比例达到 99.67%。种种迹象说明华谊兄弟财务问题依然严峻。

除此以外，华谊兄弟的主营业务也没有向好的趋势。如表 17 所示，通过对比 2019 年前三季度华谊兄弟的营业收入、营业利润、归属母公司股东的净利润，可以看出其业绩均呈下降趋势，与此同时经营活动净流量也大量萎缩。

表 17　2019 年前三季度华谊兄弟盈利情况

	2018 年末		2019 年一季度	
	数值(亿元)	同比(%)	数值(亿元)	同比(%)
营业收入	38.91	-1.40	5.92	-58.21
营业利润	-8.60	-205.34	-1.43	-131.47
归母净利润	-10.93	-231.97	-0.94	-136.33
经营活动净流量	5.82	371.30	-1.45	-120.99

案例五
巅峰到低谷,凤凰变野鸡

续 表

	2019年二季度		2019年三季度	
	数值(亿元)	同比(%)	数值(亿元)	同比(%)
营业收入	10.77	-49.26	16.17	-49.22
营业利润	-3.96	-168.63	-6.90	-214.63
归母净利润	-3.79	-236.75	-6.52	-298.56
经营活动净流量	-2.05	-148.45	-1.94	-155.39

数据来源:作者根据华谊兄弟2019年第三季度财务报表整理

作为华谊兄弟宣布回归电影主业的扛鼎之作《八佰》遭遇撤档,该片原定于2019年暑假档上映,但直至2020年春节仍未上档。同时遭遇撤档的电影,还有《小小的愿望》。电影遭遇撤档对于资金链本来就捉襟见肘的华谊兄弟来说,无异于雪上加霜。另外,2019年12月上映的冯小刚作品《只有芸知道》,作为华谊兄弟2019年唯一的上映影片而言也仅仅以1.59亿元的票房惨淡收场。

华谊兄弟所在的影视行业也正经历着"寒冬",中宣部、文化部等监管部门先后对影视行业天价片酬、阴阳合同、偷税逃税等问题进行治理,监管力度明显强化,受此影响,部分企业影视项目和版权项目未能按期取得发行许可证,上映的滞后将影响企业营收和利润。另外,影视行业内容监管趋严,企业存货和应收账款规模持续增长,营运效率有所下降,影视企业面临一定的资产减值和资金回款压力。根据数据显示,2018年影视行业26家(申万宏源三级分类:传媒-文化传媒-影视动漫)上市公司中,仅有5家企业净利润同比增长率为正。

另外,因为影视行业存在扩张基本靠并购的模式,多家上市公司账面上均产生了大量的商誉,占总资产的比重较高。即使顺利度过了业绩承诺期,只要并购标的未来盈利不及预期,也将会为企业带来一定商誉减值风险。

最值得关注影视行业整体偿债能力,截至2018年年末,26家影视上市公司平均资产负债率为39.56%,同比增长4.48个百分点;平均有息负债率为37.41%,同比增长0.95个百分点,影视行业杠杆率大大提升,其中有息负债增加居多。平均短期负债占总负债达到83.98%,同比增长2.4个百分点,由此说明影视行业企业债务结构主要以短期债务为主,短期偿债压力偏大。

华谊兄弟所在的文化传媒分类指数走势自 2017 年以来一直弱于沪深 300 走势,如图 1,其原因是自 2017 年初开始,受到资金趋紧、投资风格转变、板块业绩分化和监管政策继续趋严等多重因素影响,前期估值偏高的传媒板块估值中枢持续下调。

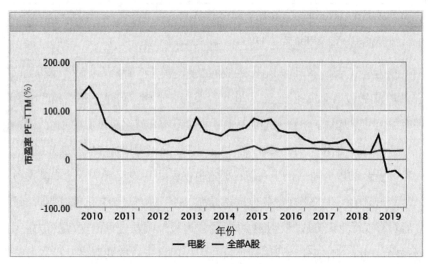

图 1　电影行业市盈率与全部 A 股比较

数据来源:作者根据东方财务 Choice 客户端有关信息整理

华谊兄弟此次陷入财务困境,不仅反映出了该行业中普遍的扩张型收购所带来的营收效益不甚理想,也反映出了过高商誉给企业带来的财务压力以及减值风险,进一步反映出该行业的企业发展应该稳扎稳打地专注于优质作品内容本身,而不是通过资本运作获得短暂的泡沫收益。

五、关键要点

1. 关键知识点:

(1) 财务困境的定义;

(2) 造成财务困境的原因和影响;

| 案例五 |
巅峰到低谷,凤凰变野鸡

(3)企业如何优化财务结构,控制债权比例。

2. 能力点:

(1)能够通过对企业财务报表和行业研究报告的分析对企业是否会陷入财务困境做出判断;

(2)能够掌握重要财务比率的计算;

(3)能够结合企业自身情况,分析高财务杠杆对于企业的影响。

六、建议课堂计划

本案例可以按照如下的课堂计划进行分析和讨论,仅供参考,教师可根据授课具体调整时间或略去其中某一部分。

整个案例的课堂时间控制在 80~100 分钟。

课前准备:提前发放资料,提出启发思考题,请学生在课前完成阅读并收集相关企业和行业信息,以对分析问题提供背景信息。

课中计划:课中安排计划表,如下。

内 容	主讲人	时 间	说 明
课前引导	教师	5分钟	简要介绍案例并提出思考问题
分组讨论	学生	15分钟	学生讨论准备发言大纲
小组发言	学生	8~10分钟/组	每组派一到两名学生代表发言,评述案例,回答启发思考题,其他成员补充,教师可根据自身情况对不同的组别分派不同的启发思考题,幻灯片辅助
自由辩论	学生	20分钟	就启发思考题、案例关键点进行深入讨论
案例总结	教师	10分钟	教师归纳总结学生讨论情况并作出点评,指导学生运用理论知识解决实际问题并引导学生对案例做出更深入研讨

课后练习:学生可以按小组为单位,采用报告形式将启发思考题和课堂讨论材料综合性整理,总结案例经验,提出意见建议。

(李玉博 陆 叶 寇祎璐 张昊旻)

案例六

A 股首例敌意要约收购成功案例：
浙民投收购 ST 生化

摘　要：在我国以往的资本市场要约收购过程中，中小股东参与程度普遍不高，参与主体多为内部大股东与外部投资资本。可是与以往不同的是，浙民投敌意要约收购 ST 生化的成功却离不开二级市场中所有中小股东们的集体行权行为①。通过本次案例的学习，一是使学生了解促成此次要约收购成功的因素有哪些；二是让学生了解敌意并购双方的攻防策略有哪些，产生的效果如何；三是随着信息披露制度以及中小股东权益保护制度的相继完善，若公司出现增长乏力、管理效率低下、信息披露不完整以及公司治理出现问题则势必会遭到市场的选择，使学生理解资本市场的外部治理作用。

关键词：要约收购；敌意并购；公司治理；中小股东利益

2017 年 12 月 5 日，是浙民投（天弘）敌意要约收购 ST 生化的截止日，可是截至前日 12 月 4 日，浙民投（天弘）的要约收购仅完成 1 840 万股，仅仅占 7 492 万股最终要约收购目标股份的 24.56%。就在外界和浙民投（天弘）自身对此次要约收购不抱希望之时，12 月 5 日开盘之后，其要约收购数量突然暴涨，净预售股份比例由 4 日的 24.56% 突然拉升至 195.61%，也就是说在这一日，大约有 1.28 亿股的股份接受了浙民投（天弘）的要约收购计划，完成了原本不可能完成的任务。

---

① 陈洁."庶民"的胜利——"ST 生化要约收购案"评析[J]. 投资者，2018(2)：185-187.

案例六
A 股首例敌意要约收购成功案例

一、案例公司基本情况介绍

(一) ST 生化介绍

ST 生化,全称为"振兴生化股份有限公司"。如图 1 所示,其前身系"宜春工程机械股份有限公司",于 1996 年 6 月 28 日在深圳证券交易所上市,2000 年 3 月 31 日,宜春工程机械股份有限公司名称变更为"三九宜工生化股份有限公司"。因连续两个会计年度净利润为负,2006 年 5 月 9 日公司被实行退市风险警示的特别处理,股票简称由"三九生化"变更为"∗ST 生化"。2006 年 10 月,由于第一大股东三九医药与振兴集团和山西恒源煤业有限公司存在未完成的承诺股权转让事项,股票简称变为"S∗ST 生化"。2007 年 4 月 27 日,因连续三个会计年度净利润亏损,公司股票被暂停上市。2007 年 12 月 26 日,三九医药股份有限公司将持有的 6 162.11 万股股份(占总股本的 29.11%)过户至振兴集团公司,公司名称变更为"振兴生化股份有限公司"。2013 年 2 月 8 日,因履行了股权分置改革的承诺事项、亏损业务的剥离,以及债务重组问题,在经历了连续几年的暂停上市后公司股票恢复上市;2014 年 11 月 5 日,因 2013 年业绩指标不再触及退市风险警示条件,股票简称由"∗ST 生化"变为"ST 生化",继续实行其他风险警示的原因是公司对控股股东关联方担保诉讼尚未履行完毕。在浙民投(天弘)成功收购之后,控股股东(振兴集团)所签订的担保抵押合同事项已经处理完毕,该事项对公司的影响已经消除,股票简称由"ST 生化"变为"振兴生化"。2019 年 11 月 14 日,公司名称由"振兴生化股份有限公司"正式变更为"南方双林生物制药股份有限公司",19 日证券简称由"振兴生化"变更为"双林生物"。

ST 生化属医药制造业,截至 2017 年 12 月 31 日,拥有 2 家二级子公司,17 家三级子公司,其中血制品业务子公司广东双林生物制药有限公司(以下简称"广东双林")是一处优质资产,其主要业务为生产和销售血液制品,公司主要产品为人血白蛋白、静注人免疫球蛋白(pH4)、人免疫球蛋白、乙型

图 1　ST 生化发展简图

资料来源：作者根据有关 ST 生化公开资料整理

肝炎人免疫球蛋白、破伤风人免疫球蛋白、狂犬病人免疫球蛋白等。如表 1 所示，自 2016 年以来广东双林为上市公司贡献了 100% 的营收占比，如表 2 所示，广东双林的净利润也始终高于上市公司盈利水平。

表 1　2013~2017 年 ST 生化与广东双林营业收入情况

单位：万元

公司	2013 年	2014 年	2015 年	2016 年	2017 年
ST 生化	47 771.58	48 949.57	50 026.93	56 743.64	68 537.81
广东双林	43 949.12	48 394.84	49 513.43	56 743.64	68 537.81

资料来源：作者根据 ST 生化发布的历年财务报表整理

案例六
A股首例敌意要约收购成功案例

表2　2013~2017年ST生化及广东双林净利润对比

单位：万元

公司	2013年	2014年	2015年	2016年	2017年
ST生化	6 400	10 693	6 683	4 432	3 195
广东双林	13 057	16 134	12 525	11 351	11 655

资料来源：作者根据ST生化发布的历年财务报表整理

（二）振兴集团

振兴集团在山西做煤炭业务起家，实际控制人为史珉志，2007年从三九医药手中收购ST生化控股权，计划注入旗下的煤电资产，实现借壳上市。但2008年的金融危机和煤炭行业政策调整突然来袭，令整个煤电行业步入下行周期。本作为优质资产已部分注入上市公司的振兴电业变成烫手山芋，由表3可以看出，振兴电业自2009年亏损6 877万元开始，此后每年营业亏损缺口均巨大。而振兴集团2012年进行股改时承诺将会回购振兴电业，但直到2016年底才得以完成，结果导致上市公司虽凭借血制品业务连续九年盈利，但因股改承诺未完成而一直带着ST的帽子，无法进行再融资等资本运作。

表3　2009~2015年ST生化与山西振兴集团电业有限公司净利润情况

单位：万元

公司	2009年	2010年	2011年	2012年	2013年	2014年	2015年
ST生化	-4 000.07	-1 090.94	394.83	253.52	6 400.52	10 693.21	6 683.00
振兴电业	-6 877.30	-8 244.84	-10 054.89	-8 404.94	-848.69	-2 379.92	-1 253.34

资料来源：作者根据ST生化发布的历年财务报表整理

（三）收购方浙民投

此次要约收购的发起方为杭州浙民投天弘投资合伙企业（以下简称"浙民投（天弘）"），浙江民营企业联合投资股份有限公司（以下简称"浙民投"）是浙民投（天弘）最终控制人。浙民投是一家集聚浙江省优秀民营企业资本、金融资源的大型股份制产融投资公司，其是由浙江省工商联牵头，浙江省金融办指导,工商银行浙江分行配合落实,并由浙江民营龙头企业和机构于 2015 年 4 月共同发起创立的投资公司,具体股权情况如图 2 所示。浙民投专注于金融领域、大健康医疗领域、节能环保领域、高端制造业以及国有企业改革等领域的投资。

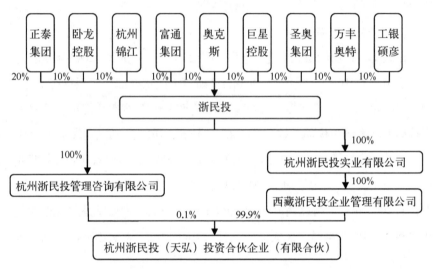

图 2　浙民投(天弘)控股股东股权结构图

资料来源:作者根据《振兴生化股份有限公司收购报告书》整理

(四)"白衣骑士"佳兆业

佳兆业集团控股有限公司,成立于 1999 年,总部位于中国香港,2009 年 12 月在中国香港联交所成功上市(1638.HK),作为中国大型综合性投资集团,佳兆业集团控股旗下拥有二十多家集团及专业公司,分公司超 100 家,总资产超 2 200 亿元人民币,业务涵盖综合开发、财富管理、城市更新、文化体育、商业运营、旅游产业、酒店餐饮、物业管理、航海运输、健康医疗、科技产业、公寓办公、足球俱乐部等超 20 个产业和细分领域。

二、要约收购过程

(一)爆发阶段:浙民投公开收购

2017年6月21日,浙民投经过为期三天的紧张准备工作,一套完整的要约收购报告书同时投递到了ST生化、深交所和中国证监会山西证监局。当日下午,ST生化发布公告称有重大事项待公告,股票自下午开市起停牌不超过5个交易日。根据《上市公司信息披露管理办法》的规定,发生"可能对上市公司证券及其衍生品种交易价格产生较大影响的重大事件,投资者尚未得知时,上市公司应当立即披露"。但是ST生化并没有立即按照规定披露要约收购报告书摘要,而是在2017年6月27日停牌期满时才披露出《振兴生化股份有限公司要约收购报告书摘要》:

1. 要约收购的目的

收购人及其一致行动人看好血制品行业的发展前景,以及上市公司的发展潜力,拟通过本次收购取得上市公司控制权。届时,收购人及其一致行动人将利用自身资源优势,帮助上市公司提升管理效率,促进上市公司稳定发展,增强上市公司的盈利能力和抗风险能力,提升对社会公众股东的投资回报。本次要约类型为主动要约,并非履行法定要约收购义务。本次要约收购不以终止ST生化上市地位为目的。

2. 要约收购股份的情况

要约收购范围为ST生化除浙民投及浙民投实业外的其他股东所持有的上市公司股份,具体情况如表4所示。

表4 浙民投要约收购价格及目标股份数

股份种类	要约价格(元/股)	要约收购数量(股)	占已发行股份比例(%)
有限售条件流通股	36.00	74 920 360	27.49
无限售条件流通股			

资料来源:作者根据《振兴生化股份有限公司要约收购报告书摘要》整理

3. 要约收购期限

本次要约收购期限共 30 个自然日,即要约收购报告书全文公告之次一交易日起 30 个自然日。

4. 要约收购资金的情况

要约价格为 36 元/股,高于停牌前的 6 月 21 日的收盘价 30.93 元/股。基于要约价格为 36 元/股的前提,本次要约收购所需最高资金总额为 2 697 132 960.00 元。收购人本次要约收购以现金支付,要约收购所需资金来源于收购人自有资金及自筹资金。

在这份要约收购报告书摘要发布后,浙民投与 ST 生化的收购大战拉开序幕。

(二)激化阶段:收购双方的攻防策略

1. 停牌策略

2017 年 6 月 27 日,发布要约收购报告书摘要的同时,ST 生化还发布了《重大资产重组停牌公告》,称本公司正在筹划重大资产重组事件,拟收购康宝生物、内蒙古维克生生物两家公司,因此公司股票自 2017 年 6 月 28 日开市起继续停牌,且最晚将于 2017 年 7 月 21 日恢复交易。

在停牌期又将满之时,ST 生化在 2017 年 7 月 20 日继续发布停牌公告,再次申请继续停牌一个月。2017 年 8 月 16 日 ST 生化披露了资产重组的具体事项,称拟更换重大资产重组标的,公司股票继续停牌,但后来因该事项的合规性受到深交所关注,最终 ST 生化被勒令终止了资产重组,ST 生化最终在 9 月 21 日得以复牌。

停牌期间 ST 生化多次收到深圳证券交易所的《关注函》,《关注函》对该资产重组的真实性和停牌程序的审慎性等方面提出了质疑。

长时间的重组停牌对浙民投构成了一定的压力。一方面,浙民投于 2017 年 6 月 29 日已经打入中国证券登记结算有限责任公司指定结算账户的 5.39 亿元保证金,每天都要损失高额利息;另一方面,剩余部分 21 亿元资金出于合规性考虑无法轻易动用。

案例六
A股首例敌意要约收购成功案例

2. 法律诉讼

2017年9月14日,ST生化控股股东振兴集团向山西省高级人民法院提起诉讼,将浙民投天弘与ST生化共同起诉,称浙民投存在信息披露违规、利益输送和内幕交易等内容,请求判令其终止收购并赔偿股价下跌损失。同时,振兴集团还向浙江省银监局举报民生银行和浙民投,称民生银行向浙民投提供的14亿元贷款存在违规。深交所对浙民投下发了《关注函》,浙民投对被指控问题作出解答并出具证据,此起诉讼最终并未开庭审理。

3. 寻找"白衣骑士"

ST生化停牌和法律诉讼对策均没能阻挡要约收购的进程,最终在2017年11月1日《振兴生化股份有限公司要约收购报告书》公布,浙民投开始接受中小股东的预售股份。收购期限共33个自然日,即要约收购报告书全文公告之次一交易日起33个自然日,起始日为2017年11月3日,截止日为2017年12月5日。

浙民投要约收购报告书全文的公布,标志着此次要约收购进入倒计时阶段,振兴集团还在继续积极寻求应对策略。

2017年11月29日,中国信达资产管理股份有限公司深圳市分公司(以下简称"信达深分")与航运健康(佳兆业子公司)、振兴集团于当日签署了《债务重组三方协议》,振兴集团与航运健康签署了《股份转让协议》和《投票权委托协议》,信达深分与航运健康签署了《投票权委托协议》。协议规定,振兴集团将持有的18.57%的股份以每股43.2元的价格转让给航运健康,将剩余4.04%的股权以抵偿债权的方式转让给信达深分;同时,信达深圳又将所获得的4.04%的股权表决权委托给航运健康,期限为1年。在转让完成后,航运健康可以控制的表决权比例达到22.61%,在浙民投(天弘)收购完成前成为ST生化第一大股东。此次股份转移过程如图3所示。

(三)结束阶段:浙民投要约收购ST生化成功

"白衣骑士"的到来,无疑让浙民投惊出了"一身冷汗"。一方面,佳兆业43.2元/股的收购价格明显高于当时的股价,释放ST生化当前市价被低

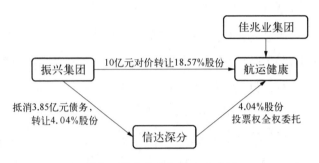

图 3　ST 生化股权转让示意图

资料来源：作者根据《振兴生化股份有限公司关于股东股份转让交易双方承诺事项的公告》及 ST 生化发布年度财务报表整理

估的信号；另一方面，43.2 元/股的收购价格超过浙民投 36 元/股要约收购价格的 20%，中小股东预期持有股票将比接受要约的未来收益更加可观。2017 年 11 月 29 日，"白衣骑士"到来的当天，股价收盘价涨至 35.19 元，中小股东也反应迅速，接受预售要约的中小股东净预售股份占目标收购股份数比例迅速由 24.30% 回落至 7.99%。另外，此时距离要约收购截止日还有 5 天，按照我国证券法律相关规定，浙民投此时已无法通过修改本次要约收购价格来为自己的敌意要约收购添加一张筹码①。浙民投只能通过公共媒体鼓动中小股东接受要约，浙民投表示通过此次要约收购行为，目标是让公司所有股东都享受要约收购行为带来的明显收益，而非像振兴集团引入"白衣骑士"的做法，股份的溢价只能由大股东享有，其他中小投资者无法享有；浙民投还要求振兴集团披露此次股份协议转让给佳兆业的所有信息②。

2017 年 12 月 4 日，深交所对振兴集团与佳兆业之间的协议转让股份事件发出关注函，重点关注协议转让的真实性、合法性、完整性以及风险提示

---

① 教科书式的案例：A 股第一单真正的敌意收购——浙民投收购 ST 生化，中国的 KKR [EB/OL]. (2018-05-16) [2019-05-16]. https://www.sohu.com/a/231832603_436079.
② 关于 ST 生化大股东转让股权应对浙民投要约收购：我的几点看法 [EB/OL]. (2017-11-30) [2020-11-30]. https://www.sohu.com/a/207734423_667897.

案例六
A 股首例敌意要约收购成功案例

等问题。ST 生化当日股价下跌,收盘价仅为 33.15 元,低于要约收购价格 7.92%,而特别处理的股票(ST)每日涨跌幅限制为 5%。12 月 5 日,要约收购期满,浙民投(天弘)要约收购 ST 生化的预受要约股份达到 1.47 亿股,是收购目标 7 492 万股的 2 倍,预受要约股东数量达到 3 870 户,历时 168 天的敌意要约收购宣告成功,这也是 A 股市场上成功的第一例敌意要约收购案例。

扣除原控股股东振兴集团持股部分及其他限售流通股和收购人已经持有的股份后,ST 生化实际可参加要约的全部流通股数量为 1.94 亿股,本次有效预受要约共计 1.47 亿股,出席比例达到了 75.5%,可以说是除退市要约之外的史上中小股东最高出席率案例。

三、补充资料

(一) 敌意收购的方式——要约收购

敌意收购,是指目标公司的大股东和管理层强烈反对、对并购持抗拒态度的情况下,并购者在二级市场上收集足够数量的目标公司股票以达到控制目标公司的收购行为[①]。敌意收购的目标企业,常常是内部管理效率低下的企业。

要约收购,是指收购人通过向目标公司的股东发出购买其所持该公司股份的书面意见表示,并按照依法公告的收购要约中所规定的收购条件、价格、期限以及其他规定事项,收购目标公司股份的收购方式。其最大的特点是在所有股东平等获取信息的基础上由股东自主做出选择,因此被视为完全市场化的规范的收购模式,有利于防止各种内幕交易,保障全体股东尤其是中小股东的利益。相比举牌收购,要约收购的并购成本一般更高。

要约收购包含部分自愿要约与全面强制要约两种要约类型。部分自愿要约,是指收购者依据目标公司总股本确定预计收购的股份比例,在该比例范围内向目标公司所有股东发出收购要约,预受要约的数量超过收购人要

---

① 什么是恶意收购?一张图看懂如何防御恶意收购![EB/OL].(2018 - 02 - 05)[2020 - 02 - 05]. https://www.sohu.com/a/221133468_698782.

约收购的数量时,收购人应当按照同等比例收购预受要约的股份。

目前部分要约收购已成为上市公司控制权争夺战的"大杀器"。不同于举牌,以部分要约收购进行的控制权争夺战不再局限在两大股东之间,而是加入了中小股东这一数量众多的新的博弈主体,其对待要约的态度将直接左右控制权争夺战的走向,博弈往往更加复杂化。

(二) ST 生化被收购前存在的问题

1. 股权结构较为分散

收购之前,如表 5 所示,ST 生化的控股股东为振兴集团,持股 22.61%,其余股东持股比例较小,第二大股东持股比例仅为 3.96%,前十大股东持股比例之和不足 40%,股权结构十分分散,中小股东数量众多。

表 5　2017 年三季度末 ST 生化前十名股东持股情况

股东名称	持股比例(%)	股东性质
振兴集团有限公司	22.61	境内非国有法人
华夏医疗健康混合型发起式证券投资基金	3.46	公募基金
浙江民营企业联合投资股份有限公司	2.40	境内非国有法人
天津红翰科技有限公司	2.23	境内非国有法人
兴全全球视野股票型证券投资基金	1.39	公募基金
兴全商业模式优选混合型证券投资基金	1.39	公募基金
费占军	1.26	境内自然人
兴全轻资产投资混合型证券投资基金	1.17	公募基金
工银瑞信医疗保健行业股票型证券投资基金	1.10	公募基金
李欣立	1.03	境内自然人

资料来源:作者根据 ST 生化发布 2017 年三季度财务报表整理

收购完成后,如表 6 所示,浙民投(天弘)及其一致行动人浙民投等共持有 ST 生化 31.44% 的股份,成为第一大股东,航运健康的实际控制人佳兆业持股 18.70% 成为第二大股东,前两大股东共持有股份占比达到 50.14%,振兴集团从振兴生化完全退出。

案例六

A 股首例敌意要约收购成功案例

表6 2019年三季度末ST生化前十名股东持股情况

股 东 名 称	持股比例(%)	股东性质
杭州浙民投天弘投资合伙(有限合伙)	27.49	境内非国有法人
深圳市航运健康科技有限公司	18.70	境内非国有法人
中国信达资产管理股份有限公司	3.67	国有法人
浙江民营企业联合投资股份有限公司	2.4	境内非国有法人
天津红翰科技有限公司	1.84	境内非国有法人
杭州浙民投实业有限公司	1.55	境内国有法人
程子春	1.28	境内自然人
何汝吉	1.24	境内自然人
费占军	1.15	境内自然人
赖源龙	0.93	境内自然人

资料来源：作者根据ST生化发布2019年三季度财务报表整理

2. 内部集权较为严重

董事会成员多为振兴集团家族人员，ST生化的实际控制人是振兴集团控制人史珉志，其一子史跃武是ST生化董事会成员，另一子史曜瑜2015年10月开始任职于ST生化，集董事长、总经理和财务总监职务于一身，"董、监、高"具体情况如表7所示。

表7 收购前ST生化"董、监、高"情况

董 事 会		
姓 名	职 务	背 景
史曜瑜	董事长、总经理、财务总监	曾任振兴生化监事
闫治仲	董事、董秘	曾任振兴生化证券事务代表
杨曦	董事	曾任振兴集团董事长助理
史顺民	董事	曾任振兴集团财务部副部长
李伟勇	董事	曾任北京军区总医院副主任医师
武世民	独立董事	山西高新会计师事务所
王丽珠	独立董事	山西财经大学财政金融学院教师

续 表

董 事 会		
姓 名	职 务	背 景
张林江	独立董事	亚太经合组织（APEC）港口服务网络常务副秘书长

监 事 会		
姓 名	职 务	背 景
曹三海	监事会主席/湖南唯康药业总经理	1987年起在振兴集团工作
朱光祖	监事	广东双林生物制药有限公司总经理
史喜民	监事/振兴电业公司经理	振兴集团电业有限公司经理
郑文东	职工监事	广东双林生物制药有限公司副总经理
王芳福	监事/湖南唯康药业党委书记	湖南唯康药业有限公司党委书记

高 管		
姓 名	职 务	背 景
史曜瑜	总经理	曾任振兴生化监事
史曜瑜	财务总监	曾任振兴生化监事

资料来源：作者根据ST生化发布2016年年度财务报表整理

收购后，振兴生化"董、监、高"情况如表8所示，浙民投与佳兆业在董事会和监事会中的人数持平，双方在对振兴生化的经营决策上都有较大的话语权，形成相互制约，相比于振兴集团控制时的家族高度集权式公司治理有了较为明显的改善。

表8 收购后ST生化"董、监、高"任职情况

董 事 会		
姓 名	职 务	背 景
黄灵谋	董事长、董事	国泰君安/浙民投
罗 军	董事、总经理	佳兆业
袁华刚	董事	国泰君安/浙民投
郑 毅	董事	佳兆业

案例六
A股首例敌意要约收购成功案例

续　表

董　事　会		
姓　名	职　　务	背　　景
余俊仙	独立董事	浙江天平会计师事务所合伙人
刘书锦	独立董事	华林证券股份有限公司投资银行事业部董事总经理
张晟杰	独立董事	北京中伦(杭州)律师事务所主任
监　事　会		
姓　名	职　　务	背　　景
王卫征	监事会主席/广州双林生物副总经理	佳兆业
周冠鑫	监事	浙民投
王卫征	监事/广州双林生物副总经理	佳兆业
简子霞	职工监事	广州双林生物
高　　管		
姓　名	职　　务	背　　景
朱光祖	总经理	广州双林生物
王志波	副总经理	国泰君安/浙民投
杨成成	财务总监	浙民投

资料来源：作者根据ST生化发布2018年年度财务报表整理

由图4可以看出，自2018年完成并购以来ST生化的管理费用规模、管理费用率均大幅下降，说明企业的管理模式大有改善。

3. 违规担保问题

2015年，因违规为振兴集团的关联公司担保等问题，证监会对上市公司及当时的董事长史跃武等人进行处罚。

事件起源于2006年6月20日，此时振兴集团还未取得ST生化控制权，山西振兴集团有限公司(以下简称"山西振兴")是振兴集团的关联公司，振兴集团旗下的振兴电业签署了为山西振兴提供最高额抵押担保的《股东会决议》，三九生化、振兴集团在该决议上盖章，史跃武在该决议上签字；振兴

图 4　ST 生化管理费用变化

资料来源：作者根据 ST 生化发布 2015~2019 年三季度财务报表整理

电业又与中国银行运城市分行签订《最高额抵押合同》，史跃武以振兴电业法定代表人身份在合同上签字。2006 年 6 月 29 日山西振兴与中国银行运城市分行签订的《人民币借款合同(短期)》上，将振兴电业列为担保责任主体之一。在此次担保事件中，振兴电业自身经营困难，存在涉诉事项，本身就不该再为其他公司提供担保，山西振兴同样财务状况差，管理混乱，也不满足规定的担保申请人的条件。并且，该事件并没有得到及时披露，直至 2012 年 5 月中行起诉振兴电业偿付 2 亿元担保金，这件事情才公之于众，ST 生化 2013 年财报中首次公开披露此次违规担保案件。振兴集团对于担保事项的刻意隐瞒，损害了中小股东的财富，引来中小股东的不快。

证监会于 2015 年 1 月 8 日对 ST 生化发布了《行政处罚决定书》：对 ST 生化给予警告，并处以 40 万元罚款；对史跃武给予警告，并处以 20 万元罚款。

4. 信息披露质量较差

自 2012 年至 2016 年末，ST 生化就已被监管部门公开谴责 4 次、通报批评 3 次、出具监管函 6 次、关注函 7 次、年报/半年报问询函 5 次。其定期披露的财务数据经常出错,此外,对于产量销量数据、借款担保等重大事项,ST生化的年报中数据也多不准确,甚至未予披露。比如在2015年12月中国证监会山西监管局因振兴生化所披露的《关于深圳证券交易所2015年半年报问询函回复的公告》重大资产重组信息违规(不及时、不准确)而对其出具警示函并记入证券期货市场诚信档案。

5. 内部控制水平较低

ST生化未制定绩效考评制度和人事管理制度,会计基础薄弱,存在报销、审批为同一人的情况;对于大额现金支出,除发票外无其他原始单据或相关证明;预计负债会计政策不具体,计提不谨慎;收入确认政策与实际执行情况存在差异;费用计提不充分,且存在跨期计提现象;合并报表存货抵消不准确等。如表9所示,2014~2017年间,会计师事务所均对ST生化出具否定意见,存在问题多涉及内部控制。

表9 2012~2017年ST生化财务审计报告意见

年份	审计意见类型	事务所名称	存在问题
2012	非标准无保留意见	致同会计师事务所	诉讼、担保、重组事项存在不确定性
2013	非标准无保留意见	致同会计师事务所	上海维科整体搬迁计划未完成
2014	否定意见	致同会计师事务所	未设立审计机构
2015	否定意见	致同会计师事务所	未设立审计机构、个人账户代替公司账户
2016	否定意见	致同会计师事务所	个人账户代替公司账户
2017	否定意见	致同会计师事务所	跨期计提费用、报表内存货抵消不准确、内部审计机构失败、审批与报销权利重合、内部控制制度未更新

资料来源:作者根据ST生化发布2012~2017年年度审计报告整理

6. 高管薪酬体系混乱

根据中国证监会山西监管局的警示函:2016年年报"公司员工情况"中,员工数量披露不准确;"董事、监事、高级管理人员报酬情况"中,"董、监、高"税前报酬总额未包含半年奖、年终奖及其他各项奖金、过节费,金额披露不准确。2014年、2015年年报中员工人数及"董、监、高"税前报酬也存在披露不准确的情况。根据《上市公司信息披露管理办法》第五十九条之规定,中国证监会山西监管局决定对你公司采取出具警示函的监督管理措施,并记入证券期货市场诚信档案。

7. 盈利能力低下

由表10可以看出,2015~2018年,ST生化营业收入大部分来自全资子公司广东双林的血液制品业务,业绩逐年上升。相较于要约收购前,要约收购后,2018年以来,公司营业利润、净利润、每股收益相较于2017年均有明显提升。

表10 2015~2019年三季度ST生化盈利情况

	2015年	2016年	2017年	2018年	2019年前三季度
营业总收入(亿元)	5.00	5.67	6.85	8.60	6.41
其中:血液制品营业收入(亿元)	4.95	5.66	6.85	8.60	—
血液制品营业收入占比(%)	98.97	100	100	100	—
营业利润(亿元)	0.68	0.55	0.84	0.93	1.41
净利润(亿元)	0.78	0.54	0.38	0.75	1.26
扣非净利润(亿元)	0.59	0.41	0.55	0.69	1.11
每股收益(元)	0.28	0.2	0.14	0.29	0.47

资料来源:作者根据ST生化发布2015~2019年前三季度财务报表整理

8. 不被资本市场看好

图5是2017~2019年ST生化累积股票回报率。可以看出2017年6月浙民投提出并购之前,ST生化股价走势弱于深证综合指数,2017年9月公司复牌之后,ST生化股价走势表现优于市场指数。

(三)大股东与中小股东的矛盾

2015年,大股东与中小股东矛盾进入爆发期。董事会曾在2015年

| 案例六 |
A股首例敌意要约收购成功案例

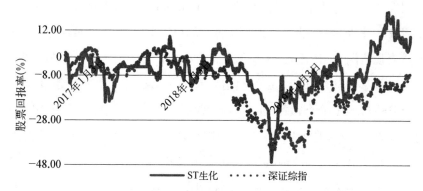

图5 ST生化2017年1月1日~2019年12月31日累计股票回报率
资料来源：作者根据东方财富Choice客户端ST生化股价变动情况整理

12月的股东大会上，提出对《公司章程》中的利润分配政策进行修改的议案，试图扩大董事会权限，但遭到股东大会否决，股东大会表决结果为：同意70 695 665股，占参与表决的股东（或其代理人）所持的有表决权股份总数的62.118 0%，未达到参与表决的股东（或其代理人）所持表决权的三分之二以上，表决结果为不通过。

2016年董事会再次提出修改公司章程，但是在2016年股东大会审议《关于修改〈振兴生化股份有限公司章程〉的议案》时表决结果与前一次一样被否定，结果为：同意63 295 289股，占表决权股份总数的42%，反对83 121 971股，占比55%，弃权3%，表决结果为不通过。其中，现场投票结果，同意61 621 064股，占通过现场投票的股东所持有表决权股份总数的99.999 8%，反对0股，弃权100股；网络投票结果显示，同意1 674 225股，占参与网络投票所有股东所持股份总额的1.872 3%，反对83 121 971股，占参与网络投票所有股东所持股份总额的92.955 1%，弃权4 625 440股，占参与网络投票所有股东所持股份总额的5.172 6%，中小股东通过网络积极行使了自己的表决投票权。

2016年11月，上市公司董事会发布修改过的定增预案，拟以每股22.81元的价格，向大股东发行1亿股，定向增发后振兴集团的持股比例将上升至43.51%。根据公司公告《振兴生化股份有限公司非公开发行A股股票预案》，本次非公开发行股票募集资金的目的拟用于以下项目：① 广东、广西、湖北、湖南、山东五省十家单采血浆站工程建设项目；② 血液制品生产基地二期工程建设项目；③ 细胞培养基工业化研发和生产线建设项目；④ 偿还所欠信达资产债务；⑤ 补充流动资金。通过实施以上项目，将有利于优化产业结构，提升主营业务收入，降低公司财务费用，增强盈利能力，完成股改承诺，保障上市公司全体股东利益。2016年11月29日，第七届董事会第十五次会议虽然通过了相关议案，但在随后的第二次临时股东大会上，这一议案被投资者全面否决。因为当时ST生化的股价基本维持在每股32元上方，定向增发的价格为22.81元，这在当时来看并不违规，但2017年初证监会颁布再融资新规，要求定增发行价需根据发行日股价确定，打消了定增套利的空间。

四、"庶民"取得胜利

浙民投收购ST生化是A股市场首次以敌意要约收购方式取得上市公司控制权的案例，不同于以往的收购是，此次收购结果是广大中小股民积极参与公司重大决策的有效体现①。因此可见，公平、公正、公开的市场化制度，是保证中小股民利益的关键，也是上市公司内部制度和治理水平的守门人。

案例使用说明

一、教学目的与用途

1. 本案例主要适用于"高级财务管理"和"企业并购与资本运营"等课

---

① 浙民投要约收购ST生化成功对资本市场具有重大意义[EB/OL]. (2017-12-07)[2020-12-07]. https://finance.sina.com.cn/stock/s/2017-12-07-doc-ifypnyqi1302048.shtml.

案例六
A股首例敌意要约收购成功案例

程的教学。

2. 本案例适用对象是 MBA、MPACC 和企业培训人员以及经济类、管理类专业的本科生、研究生。

3. 本案例的教学目的是帮助学生了解敌意要约式收购的动因、过程和策略,以及抵御敌意要约收购的方法,并探讨中小股东作为"庶民"监督控股股东的做法。

二、启发思考题

1. 如果浙民投聘请你对此次收购方式给出建议,举牌收购或要约收购,你会如何选择?

2. ST生化为何成为浙民投要约收购的对象?

3. 抵御敌意收购的策略有哪些?简述振兴集团为抵御浙民投此次收购的方式以及产生的效果。

4. 敌意要约收购曾在美股市场风行,但在A股市场仍属于新鲜事。"宝万之争"中,"宝能系"通过资管计划层层加杠杆,直接在二级市场买入万科股票,尽显"野蛮人"本色且暴露了金融体系的资管乱象,最终引来监管出手。但另一方面,敌意收购也是对上市公司控制人和管理层的一种市场化制约机制,客观上可促进上市公司改进治理、提升绩效。在ST生化的股权争夺战中,收购方是窃取果实的"野蛮人",还是有助于改善公司治理的积极力量,谈谈你的理解。

三、分析思路

授课导师可灵活运用本案例实现授课目标。本案例主要分为四个部分:第一部分为被收购企业和参与要约收购企业的情况介绍;第二部分为浙民投要约收购ST生化过程的详细介绍;第三部分为对要约收购方式的介绍、要约收购前ST生化存在的问题介绍,以及对被收购企业ST生物的治理问题和股东矛盾的补充。图1为本案例的分析思路,仅供参考。

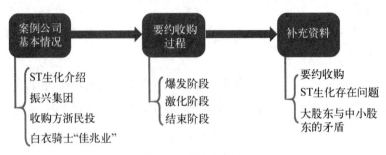

图 1　案例分析思路

具体的思路可按以下四个方面展开：

1. 通过对被收购企业 ST 生化的介绍，使学生了解被收购企业的发展历程、主营业务以及"带帽"缘由。对参与收购企业方浙民投、"白衣骑士"佳兆业以及原控股方振兴集团的介绍，使学生了解参与各方的资本实力、发展状况。

2. 通过对要约收购过程的详细介绍，使学生了解浙民投要约收购 ST 生化的目的和要约收购书的核心内容，收购双方的攻防策略以及最终的收购结果。

3. 通过对要约收购前后 ST 生化变化的介绍，使学生了解敌意收购对企业的经营、公司治理以及股价的影响。

4. 通过对要约收购方式以及 ST 生化内部问题的补充，使学生更好地理解要约收购。通过企业内部治理问题和中小股东矛盾的介绍，对控股股东为何被"趁虚而入"从而失去控制权引起反思。

四、理论依据及分析

1. 如果浙民投聘请你对此次收购方式给出建议，举牌收购或要约收购，你会如何选择？

引导学生比较敌意收购中两种收购方式的选择，可结合其他采用举牌进行敌意收购的案例一并讨论，学生可结合本案例的特点进行阐述。

案例六
A股首例敌意要约收购成功案例

举牌收购,即通过在二级市场购买股票的方式取得公司控制权,可以在并购标的不知情的情况下购买一定数量股份,节约并购成本,但根据《上市公司收购管理办法》的要求,投资人持有上市公司超过5%的股份以及股份每增减5%,应通知上市公司并披露简式权益变动报告书,这时公司原股东或管理层会对收购采取抵御策略,增加收购的难度和成本。

要约收购是收购人通过向目标公司股东发出购买其所持股份的书面要约,并按照依法公告的收购要约中所规定的收购条件、价格、期限以及其他规定事项,收购目标公司股份的收购方式。要约收购需要在一定期限内有足够股东愿意接受要约受让股份,能否成功受到要约的价格以及要约人、股东的意愿等因素的影响。本案例中ST生化分散的股权结构、控股股东和中小股东之间关系紧张的实际情况下,只要收购价格溢价给予中小股东一定的选择空间,收购的成功率便能大大提升。

2. ST生化为何成为浙民投要约收购的对象?

ST生化成为浙民投收购对象的原因主要存在以下三个方面。

其一,ST生化的股权相对分散。如表1所示,ST生化的控股股东为振兴集团有限公司,持股22.61%,其余股东持股比例较小,前十名股东共合计持股38.04%。分散的股权结构很容易受到外来者的入侵,这为日后浙民投的闯入埋下了隐患。不过,振兴集团并不是没有意识到控制地位的威胁,2016年11月董事会曾经企图通过定向增发来扩大振兴集团的持股比例,但是因为发行定价过低,在股东大会中遭遇中小股东联合反对而未能实现。并且,ST生化的公司章程中,并没有设置防御敌意收购的政策,因此在浙民投出现之后,ST生化只能拖延被收购的时间,却无力扭转控制权转移的残酷结局。

表1 2017年三季度末ST生化前十名股东持股情况 单位:%

股东名称	持股比例	股东性质
振兴集团有限公司	22.61	境内非国有法人
华夏医疗健康混合型发起式证券投资基金	3.46	公募基金

续 表

股 东 名 称	持股比例	股东性质
浙江民营企业联合投资股份有限公司	2.40	境内非国有法人
天津红翰科技有限公司	2.23	境内非国有法人
兴全全球视野股票型证券投资基金	1.39	公募基金
兴全商业模式优选混合型证券投资基金	1.39	公募基金
费占军	1.26	境内自然人
兴全轻资产投资混合型证券投资基金	1.17	公募基金
工银瑞信医疗保健行业股票型证券投资基金	1.10	公募基金
李欣立	1.03	境内自然人

资料来源：作者根据ST生化发布2017年三季度财务报表整理

其二,ST生化的优质子公司——广东双林,盈利能力强,发展空间巨大。如表2所示,自2013年至2017年广东双林的净利润一直远高于母公司ST生化,换句话说,如果没有广东双林出色的业绩,ST生化将一直处于亏损状态。另外,广东双林2017年末共下设13家单采血浆站,其中11家已取得《采浆许可证》且投入采浆,2家取得单采血站建设批复,目前正在建设阶段。然而我国对于血制品生产要求颇为严格,自2001年以来并未批准设立新的拥有血液制品生产资质的企业,因此浙民投只能通过收购来完成自己医疗健康版图的建设。

表2 2013~2017年ST生化及广东双林净利润对比

单位：万元

	2013年	2014年	2015年	2016年	2017年
ST生化	6 400	10 693	6 683	4 432	3 195
广东双林	13 057	16 134	12 525	11 351	11 655

资料来源：作者根据ST生化发布的历年财务报表整理

其三,ST生化企业内部治理出现多重问题,中小股东对此积怨已久。具体表现为：第一,企业内部集权较为严重,ST生化的董事长、总经理和财务

| 案例六 |
A股首例敌意要约收购成功案例

总监同为史曜瑜担任,未能有效实现岗位职能分离、相互监督、相互制约,该现象的存在大大增加了公司管理层凌驾于内控之上的风险,并且监管部门对于史跃武等人多次行政处罚也验证了其侵占资产的舞弊事实①。第二,违规担保,如在2006年振兴电业为大股东关联方山西振兴提供担保,两家公司均经营困难,前者不具备提供担保的能力,后者不满足申请担保的条件,同时该担保直到2013年才发布提示性公告。第三,信息披露制度不健全,自2012年至2016年末,ST生化就收到来自证监会和深交所的公开谴责、通报批评、监管函、关注函以及问询函共25次,函件主要围绕以下问题:ST生化治理结构不合理、信息披露违规、信息披露意识淡薄、发生关联交易、异常经营状况等问题。第四,内部控制水平低,审计师在ST生化的2014~2017年年度审计报告中均对其出具否定的审计意见,出具否定意见的原因主要围绕:ST生化未设立内部审计机构、个人账户代替公司账户、审批权及报销权重合、内部审计制度未更新等问题。第五,高管薪酬披露不明确,中国证监会山西监管局多次发出警示函,警示ST生化年报中关于高管薪酬披露不详②。

综上所述,ST生化的公司治理存在的问题众多,治理水平差,招致了控股股东与中小股东之间的矛盾。另外ST生化股权分散,控股股东持股比例较低,并且其朝阳血制品业务被振兴电业等劣质资产蒙灰,造成了股票市场对ST生化的低估,这些都成为浙民投收购苗头对准ST生化的原因所在。

3. 抵御敌意收购的策略有哪些?简述振兴集团为抵御浙民投此次收购采取的方式以及产生的效果。

(1) 抵御敌意收购的策略主要分为事前预防策略和事中应对策略③。

① 事前预防策略。

---

① 胡康康.中小股东要约收购ST生化的案例研究[D].浙江工商大学,2019:60-65.
② 徐晗.上市公司并购重组与大股东掏空——以"振兴生化"为例[D].北京交通大学,2019:44-72.
③ 曾凡黎.大股东抵御敌意并购的策略研究——以浙民投天弘敌意并购ST生化案为例[D].河南财经政法大学,2019:28-33.

其一,在企业章程中设置抵御敌意并购的特殊条款。例如以下两种做法:设置董事会轮换限制机制,对每年更换董事会成员的数量进行限定,例如每年最多只能更换三分之一或四分之一的董事会成员,如此一来即使第一大股东身份发生变化,敌意收购方也不能在短时间内获得控制权;设置绝对多数条款,关于公司经营控制权的转移问题必须经过超过绝对多数的股东同意,以此来增加敌意收购方的收购难度。

其二,企业与高级管理人员签订"金色降落伞"计划协议。"金色降落伞"计划,是指当企业被敌意收购方接管之后,如果要辞退原高管,必须给予高管高昂的补偿费用,如此一来增加了敌意收购方的并购成本。

② 事中应对策略。

其一,停牌拖延。根据规定,为了规避股价出现异常波动,当上市公司筹划一些重大事项例如资产重组、定向增发等会影响股价的行为时,可以申请停牌。上市公司可以利用停牌来拖延敌意并购方的进攻步伐,为自己赢得制定抵御策略的时间。

其二,提起法律诉讼或向监管层举报。法律诉讼是敌意收购方和抵御方相互博弈的常用手段,从提起法律诉讼到监管方调查审理再到最后作出判决结果一般都需要一段时间,抵御方可以利用这个时间聘请专业的机构和人员制定抵御方案,进一步与敌意并购方进行抗争。如果抵御方提出有确凿证据的诉讼,那么权威的第三方监管机构便可以切实终止收购的进行。

其三,寻找"白衣骑士"接盘。相比于被敌意收购方抢夺控制权,控股股东更愿意寻找善意收购方——"白衣骑士"施以援手,因为善意的并购方在并购实现后往往会邀请其继续参与公司经营治理。虽然寻找"白衣骑士"是一个很好的抵御方式,但寻找的过程中既要保证"白衣骑士"具有足以抗衡敌意收购方的实力,也要保证"白衣骑士"不会和敌意收购方联合。

其四,发起竞争要约。当目标公司被敌意并购方以要约收购的方式发出并购信息时,目标公司大股东为了维持自身的地位和控制权,可以发起竞争性要约,以高于敌意收购方的收购价格向中小股东发起收购要约。如此

案例六
A 股首例敌意要约收购成功案例

一来,在增加控股股东股权比例的同时,也能向外界释放股价被低估的信号,使股价以提升,进而降低敌意收购方所出收购价格的吸引力。

其五,采取"焦土战术"的资产重组计划①。此战术分为两种方法:第一,大量采购与公司主营业务不相关的资产或者盈利能力差的资产,提高企业的财务风险,通过恶化企业的财务环境和资产质量来降低企业对敌意并购方的吸引力;第二,出售公司的优质资产,往往是剥离敌意并购方最想获得的资产,通过这种釜底抽薪的方法迫使敌意并购方放弃并购。重大资产重组本身可能会提升市场对企业未来的信心从而劝阻中小股东接受要约,也可能会使优质资产转移从而打消收购方的购买念头。"焦土战术"是被收购方迫不得已时才会采取的战术,因为公司都不愿意看到企业的盈利能力和发展能力有所降低。

(2) 振兴集团为抵御浙民投此次收购采取的方式以及产生的效果②。

① 停牌策略。

在浙民投发布收购报告书的当天,ST 生化发布了《重大资产重组停牌公告》,公司股票自第二天开始停牌,在接连申请停牌共 85 天后 ST 生化复牌,资产重组计划也因不符合规定要求而被终止。一方面,此次停牌限制了股票的流动,为 ST 生化抵御敌意收购争取了宝贵的时间;另一方面,也增加了浙民投的财务压力,5.39 亿元保证金每天都在损失高额利息,剩余的 21 亿元资金也失去了流动性。

② 法律诉讼。

ST 生化大股东振兴集团向浙民投天弘和 ST 生化提起诉讼,指控浙民投天弘的收购要约信息披露不足、资金来源不符、打压上市公司股价以及在此次收购中存在利益输送和内幕交易的情况。浙民投面对诉讼,均提供了合

---

① 周石莲.反敌意收购策略研究——以 ST 生化收购案为例[D].江西师范大学,2019:29-35.
② 周佳慧.我国上市公司敌意收购与并购防御研究——基于浙民投收购 ST 生化的案例分析[J].现代商贸工业,2018(28):143.

理准确的回复,振兴集团的指控并不具有说服力,振兴集团最终也以撤诉收场。由于振兴集团的指控缺乏证据支持,并不会对此次并购造成实质性的障碍,只能为抵御争取一点准备时间。

③ 寻找"白衣骑士"。

2017年11月28日,ST 生化大股东振兴集团与航运健康(实际控制方:佳兆业)和信达深分签订股权转让协议(见图2),股权变更之后,航运健康持有 ST 生化股份投票权达到 22.61%,接替振兴集团成为 ST 生化的控股股东。

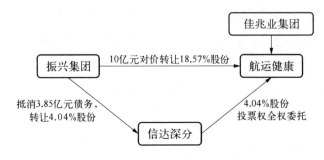

图 2　ST 生化股权转让示意图

资料来源:作者根据《振兴生化股份有限公司关于股东股份转让交易双方承诺事项的公告》及 ST 生化发布年度财务报表整理

寻找"白衣骑士"进行协议收购,是这次 ST 生化大股东在抵御敌意并购的进程中一个较有效果的措施。第一,按照协议约定,航运健康收购价格为 43.2 元/股,释放出 ST 生化目前股价被低估的信号,对中小股东来说,这就比以 36 元/股的价格接受要约显然收益更高,如果中小股东不接受要约而是继续持股,那么未来收益将更加可观;第二,"白衣骑士"出现的时点距离要约收购终止日不过一周的时间,而我国《收购管理办法》要求在要约收购的最终截至日前的 15 天内,除非出现竞争性要约,否则并购方是不能改变要约条件的,因此,此时的浙民投不能再更改要约价格。"白马骑士"被公布的 11 月 29 日,当日一直稳定在 33 元左右的 ST 生化股价上涨到 35.19 元/股,已接近要约收购价格,受到信息冲击的中小股东迅速反应,接受预售要

案例六
A股首例敌意要约收购成功案例

约的中小股东净预售股份比例快速由24.30%回落至7.99%,与计划收购股份27.49%差距瞬间拉大。可是世事无常造化弄人,12月4日深交所对该次股权转让提出质疑,ST生化当日股价下跌,收盘价为33.15元,由于特别处理的股票每日涨幅限制为5%,所以仅剩一天收购截止的ST生化股票股价不会再超过要约收购价格,此次ST生化抵御敌意收购案件以失败告终。

除以上三点以外,ST生化还采取了资产重组的应对策略。2017年7月,康宝生物、内蒙古维克生生物相继成为ST生化重大资产重组的对象。康宝生物是一家人血制品公司,其资产和盈利水平均高于ST生化,如果ST生化通过现金支付收购康宝生物,无疑会使自身的财务情况恶化,降低ST生化对浙民投的吸引力;而内蒙古维克生生物主要生产牛血清制品,与ST生化主营业务无匹配度,如果ST生化通过现金支付收购内蒙古维克生生物,那么将大大降低ST生化的资产质量,同样会降低对浙民投的吸引力。两起资产重组事件均因为种种原因未能成功,因此并不会影响到该次浙民投的收购。

4. 敌意要约收购曾在美股市场风行,但在A股市场仍属于新鲜事。"宝万之争"中,"宝能系"通过资管计划层层加杠杆,直接在二级市场买入万科股票,尽显"野蛮人"本色且暴露了金融体系的资管乱象,最终引来监管出手。但另一方面,敌意收购也是对上市公司控制人和管理层的一种市场化制约机制,客观上可促进上市公司改进治理、提升绩效。在ST生化的股权争夺战中,收购方是窃取果实的"野蛮人",还是有助于改善公司治理的积极力量,谈谈你的理解。

虽然浙民投此次收购夺取了ST生化的控制权,但是通过一系列举措来看,ST生化在收购后得以向好发展,也是一个令人欣慰的结果。

(1) 企业股权结构得以改善。

要约收购完成之前,振兴集团作为ST生化的控股股东,其持股比例为22.61%,其余股东持股比例较小,第二大股东持股比例仅为3.96%,第二至第五大股东持股比例总计为9.48%。由于中小股东的股权比例分散,难以对大股东形成有效的监管和制约，振兴集团管理决策很少顾及中小股东的利益，其频频出现的违规行为加剧了双方的矛盾。随后，中小股东在股东大会上接连否决了振兴集团提出的定向增发、修订公司章程、集体起诉等议案，都是控股股东已经失去中小股东的支持的表现。

在收购完成后，浙民投天弘及其一致行动人浙民投等共持有 ST 生化 29.99% 的股份，成为第一大股东，航运健康的实际控制人佳兆业共持股 22.61%，成为第二大股东，原控股股东振兴集团从振兴生化完全退出。浙民投与佳兆业作为第一、第二大股东，其股权相近，在企业的决策过程中可以起到相互制约、监督的作用，有利于防止大股东随意转移上市公司资产、侵占公司资金现象的出现。

（2）企业治理得以完善。

收购之前，ST 生化内部治理制度混乱，多次收到证监会的询问函。函件主要关注以下问题：上市公司治理结构不合理、上市公司信息披露违规、上市公司信息披露意识淡薄、上市公司关联交易、异常经营状况等问题。高管岗位未能有效实现岗位职能分离，从而不能保证内部经营效率效果，以及信息披露符合法律法规的要求，进而难以保证财务报告的可靠性。收购案发生之前，ST 生化"董、监、高"人员多出自振兴集团，在高管任职方面，公司并没有任用优秀控股子公司——广东双林的高级管理人员，企业经营管理决策权力完全集中在控股公司振兴集团，如此一来就方便了振兴集团不断利用广东双林为集团和关联方输血的操纵行为。

收购后，浙民投与佳兆业在董事会和监事会中的人数持平，董事长和监事会主席为浙民投方面，公司高管方面，佳兆业方面派出总经理和副总经理，浙民投方面则派出财务总监，双方在对振兴生化的经营决策上都有较大的话语权，形成相互制约，相比于振兴集团控制时的家族高度集权式管理，企业内部治理有着较为明显的优化改善。2018 年下半年，提拔子公司广东双林高管进入董事会，子公司的职员对公司的内部发展更为熟悉。让更多有经营能力的股东加入上市公司，将大大改善收购前家族式上市公司存在的问题,提升公司未来的经营能力和盈利能力。

(3) 企业发展得以促进。

从2012年至2019年三季度,ST生化的营业收入稳步增长,由图3(至笔者写作时,ST生化2019年全年营业收入并未公布,所以2019年前三季度没有同比增长率数据)可以看出公司的营业收入逐年提高,从2013年的4.78亿元增长到2017年6.85亿元,收购完成后2018年实现营业收入8.6亿元,该年同比增长率25.55%,远高于之前任何一年的增长率,创收能力大幅提升。

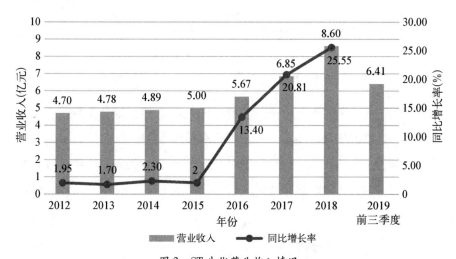

图3 ST生化营业收入情况

资料来源:作者根据ST生化发布的历年财务报表整理

由图4可知,公司的营业利润和扣除非经常性损益后的净利润走势则与营业收入走势不同,2015、2016两个年度的营业利润和扣非净利润出现衰退,从2017年开始营业收入的增加带动了营业利润和扣非净利润的调头上涨,2019年前三个季度涨势迅猛,遥遥领先2018年整年水平。虽然毛利率保持向下的趋势,但是净利率自2017年一直保持上行趋势。可以看出,自浙民投成功收购ST生化以来,公司的盈利能力和质量均得到了很大的提升。

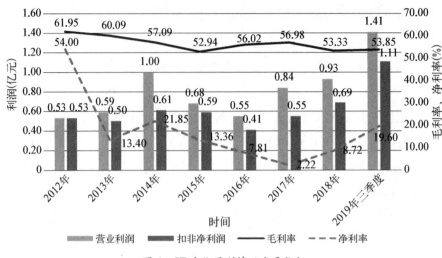

图 4 ST 生化盈利情况主要指标

资料来源：作者根据 ST 生化发布的历年财务报表整理

随着主要股东的更换，公司逐步解决历史问题，虽然没有改善上市公司销售费用较高的状况，但是公司的管理效率得到有效的提高，并购后在短期内就控制住了管理费用。由图 5 可以看出企业在营业收入和净利润均快速增长的同时，实现了公司管理费用占营收比率的下降，自 2015 年的 28.88%

图 5 ST 生化管理费用变化

资料来源：作者根据 ST 生化发布的历年财务报表整理

降为 2018 年的 18.21%。

（4）股票市场反应看好。

如图 6 所示,在 ST 生化 2017 年 11 月 1 日公布要约收购公告书之后,ST 生化的股票累计收益率才有所上升,并且大致始终保持在高于市场指数的水平,说明市场看好浙民投和航运健康携手共建 ST 生化的美好蓝图。

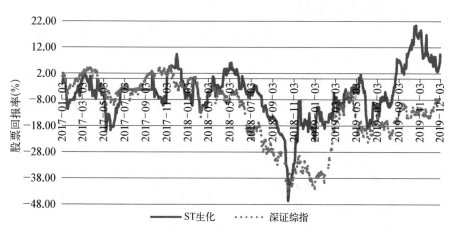

图 6　ST 生化 2017-01-03 至 2019-12-31 累计股票回报率
资料来源:作者根据东方财富 Choice 客户端 ST 生化股价变动情况整理

浙民投此次收购是基于对我国血液制品行业深入调查研究的基础上做出的长期性的战略布局,收购以来浙民投除了迅速解决振兴集团残留的除血制品制造外的不良资产和担保诉讼等问题,以及对企业股权结构、治理管理大力改革之外,浙民投还为大幅提升 ST 生化的经营业绩而投资于血液制品行业的下游公司医院。浙民投计划通过进入血浆开采和血液制品生产领域,实现血浆行业从开采、生产到销售的全产业链布局,同时通过整合原有投资医疗研发、大健康、精准医疗等领域,提升 ST 生化在血液制品行业的竞争优势。

五、关键要点

1. 关键点:了解被收购企业和参与收购企业,分析要约收购过程、重点分析要约收购书的核心内容以及要约收购双方的攻防策略,对比要约收购对企业的影响。

2. 关键知识点:被收购企业的选择,要约收购,要约收购攻防策略。

3. 能力点:综合分析的能力,善于归纳的能力,辩证思考的能力。

六、建议的课堂计划

本案例可以在教师引导下用于课堂教学,也可供学生分组研究展开头脑风暴,导师可灵活运用本案例。

整个案例的课堂时间控制在 80~100 分钟。

课前计划:提前发放资料,提出启发思考题,请学生在课前完成阅读和初步思考。

课中计划:

1. 课前引导——简要介绍案例并提出思考问题(5 分钟)

2. 分组讨论——告知发言要求(10 分钟)

3. 小组发言——每组派出一名代表发言,评述案例,其他成员补充(幻灯片辅助,30~40 分钟)

4. 自由辩论——就案例关键问题进行自由辩论,继续深入讨论(20 分钟)

5. 案例总结——根据小组发言与辩论情况,进行归纳总结,就同学的讨论情况进行点评,就如何运用理论知识去解决实际问题提出建议并引导学生对案例进一步发展做出展望(15~20 分钟)

课后计划:如有必要,请学生采用报告形式给出更加具体的解决方案,包括具体的职责分工,为后续章节内容做好铺垫。

板书设计:简要写明每个小组的观点,便于后面的分析评价以及归纳总结。

(李玉博　寇祎璐　武有伟)

案例七

卓郎智能借壳新疆城建，西方工业4.0踏上东方丝绸之路

摘　要："工业4.0"是指以智能制造为主导的第四次工业革命或革命性的生产方法。该战略旨在通过信息通信技术和信息物理系统相结合的手段，将制造业向智能化转型。卓郎智能技术股份有限公司（以下简称"卓郎智能"）是全球领先的自动化智能设备生产龙头，在全球拥有超过2 000项专利，纺纱市场份额排名全球第一，已达到工业4.0标准。本案例描述了2016年9月"借壳新规"颁布后，卓郎智能借壳新疆城建上市之路受挫，其董事长潘雪平紧贴"借壳新规"为卓郎智能量身定制了三步交易方案（资产置换、置出资产承接及股份转让、发行股份购买资产），最终成功借壳登陆A股的过程。作为"借壳新规"颁布后的首例上市方案，此次借壳上市与以往规避借壳的操作不同，而是针对新规量身打造了借壳方案，方案设计巧妙，效率高超，仅仅两个月就完成了全部交易过程。通过对本案例的学习，学生可以深入了解借壳上市是如何实现的以及"借壳新规"的颁布对借壳方案会产生什么影响。同时本案例作为新规颁布后的首例借壳方案，对之后在A股借壳上市的企业也具有一定的借鉴意义。

关键词：卓郎智能；新疆城建；借壳新规；借壳上市

2016年6月17日，正值梅雨时节的黄昏，常州金坛某高楼的一间办公室里，一位眉头紧锁的中年男士，倚在椅子靠背上，望着窗外绵绵密密的小雨，嘴里无奈地哼着："试问闲愁都几许？一川烟草，满城风絮，梅子黄时雨。"看得出来，他正在为某件事情发愁。

他是潘雪平,江苏省金昇实业股份有限公司(以下简称"金昇实业")的董事长。半个月前,潘雪平就借壳新疆城建集团股份有限公司(以下简称"新疆城建"),完成金昇实业旗下卓郎智能机械有限公司(以下简称"卓郎智能机械")①上市一事与新疆城建的股东谈妥,就在前一天,新疆城建发布了关于重大资产重组的停牌公告。眼看就要上市成功了,这天证监会发布了《就修改〈上市公司重大资产重组管理办法〉公开征求意见》的公告,拟提出取消重组上市的配套融资、提高对重组方的实力要求。准备了半年的借壳方案因不能实施配套融资方案而搁浅。

此刻,一串串问题在他脑海里闪现:还要不要上市融资?不上市融资,还怎么借"一带一路"政策布局新疆纺织产业大局?既然一定要上市,那么又该如何上市呢?A 股 IPO 排队过程漫长,投资机会稍纵即逝,只能借壳。借壳新规规定不能配套融资,40 亿元的借壳成本从何而来?

一、借壳方公司情况

(一)金昇实业简介

金昇实业创建于 2000 年,总部设立在常州,是一家以高端智能制造为主,致力于循环、绿色经济的全球化产业集团。金昇实业起初通过收购上海纺织机件总厂钢领制造有限公司 51% 股权建立了纺织机械业务,后续通过三次高质量的并购,其中一次国内并购(收购国有企业),两次海外并购(收购欧洲资产),发展成以高端装备制造为主的多元化产业集团,业务领域涉及机械制造、纺织工程等产业,已经在全球 35 个国家及地区拥有 1.5 万名员工、103 家工厂及公司,位列中国民营企业 500 强第 313 位。金昇实业旗下拥有德国埃马克机床、德国科普费尔齿轮、卓郎智能、瑞士赫伯陶瓷及利泰丝路等国内外拥有一百多年历史、行业地位领先的优质企业。

---

① 2012 年 11 月 5 日,金昇实业在江苏省常州市注册成立全资子公司卓郎纺织机械有限公司(以下简称"卓郎纺机")。2016 年 6 月 3 日,卓郎纺机更名为"卓郎智能机械"。

案例七

卓郎智能借壳新疆城建,西方工业4.0踏上东方丝绸之路

金昇实业主要产权控制关系结构如图1所示,潘雪平持有金昇实业51.75%的股权,为金昇实业的控股股东及实际控制人。

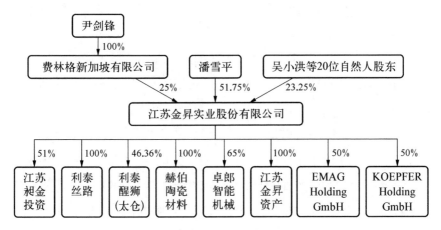

图1 2017年6月30日金昇实业股权结构图

资料来源:作者根据新疆城建(集团)股份有限公司重大资产置换及发行股份购买资产暨关联交易报告书(修订稿)整理

(二)金昇实业的外延并购之路

一家成立不到20年的企业,旗下如何拥有德国埃马克机床、德国科普费尔齿轮、卓郎智能、瑞士赫伯陶瓷和利泰丝路五家百年历史的优质企业?这主要得益于金昇实业的三次重要并购。

1. 并购一:老牌民族纺织企业,百年后重焕生机

2008年,金昇实业将拥有103年历史的利泰纺织①招入麾下,民营资本的入主加快了其转型升级和国际化的步伐,同时也开启了利泰建厂百年来发展最快、业绩喷发式增长时期。利泰纺织始建于1905年,载誉近百年的"醒狮"牌纱线及"利泰"牌坯布远销国内外,深得中外客户的信赖。受益于国家"一带一路"建设,2015年利泰纺织在新疆库尔勒市②投资160亿元人

---

① 2001年,利泰改制成为国家参股,更名为"太仓利泰纺织厂有限公司"。
② 新疆有最适于植棉的自然环境条件,热量丰富,日照充足,降水稀少,空气干燥,昼夜温差大和利用雪水人工灌溉,这为棉花的生长提供了我国其他产棉区所不及的良好条件。

民币巨资分期建设共600万锭、占地6 000余亩的纱线生产基地;首期100万锭于2015年10月28日建成投产。同时在新疆奎屯和乌兹别克斯坦卡什卡达里亚州卡尔希市分别开工建设100万锭纺纱、200万锭筒子纱的生产基地。

金昇实业扎根纺织业务,新的生产基地配备业内最先进的紧密纺、环锭纺、气流纺等纺织机械,形成符合"绿色、智能、定制、共赢、循环"的全新商业模式,致力于打造纺织行业新的业态,引领纺织行业的转型升级。

2. 并购二:海外初试刀,上演"蛇吞象",升级高端精密机床制造商

2010年,金昇实业又以1亿欧元并购了拥有140多年历史的德国埃马克机床(EMAG)集团50%的股份,创下2010年江苏民企收购外企股权单笔金额新高。埃马克集团总部位于德国巴登符腾堡州萨拉赫市,是全球领先的高端专用数控机床制造商。其旗下拥有埃马克倒立式加工中心、埃马克ECM电化学加工中心、莱尼科(Reinecker)精密磨床、卡斯藤思(Karstens)外圆磨床、科普(Kopp)凸轮轴和非圆磨床、纳科索思－尤尼恩(Naxos－Union)曲轴磨床、科普费尔(Koepfer)滚齿机、埃马克激光焊接等品牌与产品。收购埃马克时其年销售额不足3亿欧元,处于亏损状态,金昇实业的收购使其业绩开始上升,2015年全球销售额已达6亿欧元。

金昇实业的另一子家公司德国科普费尔齿轮集团(Koepfer),拥有140多年历史,是2012年从埃马克剥离出来的齿轮业务,一直为众多工业领域提供高品质的传动系统,包括汽车、机床、起重设备、驱动系统、自行车传动、建筑工程设备、医疗设备、机械设备工程、自动化技术等。金昇实业通过对Koepfer齿轮业务的调整和优化,使其三年内年销售额从5 000万欧元增长到1.5亿欧元,成为宝马、奥迪等德国著名厂商的供应商。

3. 并购三:再演"蛇吞象"好戏,全资并购全球纺机巨头

2012年11月5日,金昇实业在江苏省常州市注册成立全资子公司卓郎纺织机械有限公司(以下简称"卓郎纺机")。2012年12月3日,卓郎纺机、Saurer Germany GmbH & Co. KG作为买方,金昇实业作为担保方,同OC

案例七
卓郎智能借壳新疆城建,西方工业4.0踏上东方丝绸之路

Oerlikon Corporation AG、Oerlikon Textile GmbH & Co. KG 和 W. Reiners Verwaltungs – GmbH 签署资产和股份收购协议,收购瑞士欧瑞康(Oerlikon)天然纤维纺机业务和纺机专件业务的全部资产和股权,约6.48亿瑞士法郎(折合人民币约42.3亿元)。通过这样的重组方案,金昇实业将该部分资产改回了原来的名字——卓郎纺机(Saurer)。

卓郎纺机,源于瑞士,拥有近160年历史,旗下拥有众多世界级品牌,包括赐来福(Schlafhorst)、青泽(Zinser)、阿尔玛(Allma)、福克曼(Volkmann)、卓郎刺绣(Embroidery)等纺织机械产品品牌,以及 Accotex、Daytex、Fibrevision、Heberlein、Temco、Texparts 等纺织专件产品品牌,其主要的研发及制造中心正是设立在最先提出工业4.0理念的德国。2013年7月3日,金昇实业完成资产及股权收购的交割工作,根据协议约定,自2013年6月30日晚24时起上述资产及业务的所有经济利益正式由金昇实业享有。

金昇实业收购卓郎纺机后,卓郎纺机的盈利能力不断提升,从2013年到2018年,归属于母公司的净利润分别为人民币1.57亿元、3.28亿元、4.04亿元、4.75亿元、6.58亿元和8.1亿元。金昇实业的收购使卓郎纺机重生。

(三)"一带一路"迎契机,布局新疆纺织产业大局

近年来,新疆在发展纺织服装产业方面不遗余力,不仅出台了《发展纺织服装产业带动就业规划纲要(2014—2023年)》,还发布了10项扶持纺织服装产业的发展措施,除设立纺织服装产业发展专项资金外,还在现有财税政策基础上,将纺织服装企业缴纳增值税全部用于产业发展,并推出棉花补贴、运费补贴、低电价购电等一系列措施,政策优惠力度空前。除此之外,新疆是国家"一带一路"建设的重要节点,丝绸之路经济带的核心区,发展纺织服装产业具有得天独厚的资源优势和区位优势。推动纺织服装产业发展的一系列配套政策的实施,使新疆成为在全球范围内发展纺织服装产业最具吸引力的政策洼地和市场区域,新疆纺织服装产业发展成为行业内令全球

瞩目的最大亮点,产业投资快速增长。

潘雪平瞄准"一带一路"建设中新疆的发展机遇,希望借助新疆的政策优势、区位优势、资源优势和交通枢纽优势布局新疆纺织产业,立志把卓郎智能机械打造成纺织行业供给侧改革的标杆。但问题是企业经过两次海外并购负债累累,捉襟见肘的现金流使得布局新疆纺织产业大局困难重重。潘雪平又一次做出重大决定——上市融资。他知道,在 A 股 IPO 排队过程漫长,布局新疆纺织产业的机会稍纵即逝,而且企业现在的现金流状况使得上市难度增大,他多番思忖,最终决定通过借壳上市的方式来实现金昇实业的再次飞跃。

二、壳公司情况

(一)新疆城建简介

新疆城建成立于 1993 年 2 月,2003 年 12 月 3 日公司股票在上交所正式挂牌交易,是我国西北地区首家以城市基础设施建设、房地产开发、新型基础材料生产与销售等相关多元化运营业务为主业的国有上市公司。新疆城建具有国家市政公用工程施工总承包一级、房屋建筑工程施工总承包一级、建筑装修装饰工程专业承包一级、公路工程施工总承包二级、水利水电工程施工总承包二级等十余项行业资质。

截至 2017 年 6 月 30 日卖壳前,新疆城建前十大股东持股情况见图 2。乌鲁木齐市国有资产监督管理委员会通过持有新疆城建控股股东乌鲁木齐国有资产经营(集团)有限公司(以下简称"国资公司")100% 股权而间接持有新疆城建 26.56% 的股份,是新疆城建的实际控制人。新疆城建前十大股东合计持有 31.57% 的股份,较低的股权集中度使得公司容易成为被收购的目标。

(二)新疆城建财务状况恶化,壳资源待价而沽

新疆城建 2014~2017 年上半年卖壳前主要财务指标见表 1。

案例七

卓郎智能借壳新疆城建,西方工业4.0踏上东方丝绸之路

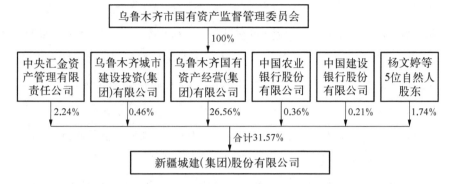

图2　2017年6月30日新疆城建前十大股东股权结构图

资料来源：作者根据新疆城建(集团)股份有限公司重大资产置换及发行股份购买资产暨关联交易报告书(修订稿)整理

表1　2014~2017年上半年新疆城建财务报表简表

项　目	2017年 6月30日	2016年 12月31日	2015年 12月31日	2014年 12月31日
资产总额(万元)	1 015 848.49	1 005 817.50	1 044 908.20	958 024.97
负债总额(万元)	808 587.53	806 049.74	824 494.85	740 666.76
归属于母公司所有者权益(万元)	181 076.70	183 123.71	209 061.83	208 899.28
营业总收入(万元)	70 299.62	319 067.98	437 972.60	566 500.15
利润总额(万元)	2 987.22	-25 407.78	6 004.56	19 891.09
归属于母公司所有者净利润(万元)	-2 047.02	-22 799.40	3 119.07	9 660.78
经营活动产生的现金流量净额(万元)	-9 357.73	-39 370.87	-1 802.33	24 079.04
资产负债率(合并)(%)	79.60	80.14	78.91	77.31
毛利率(%)	3.18	8.71	11.45	12.23

资料来源：作者根据新疆城建(集团)股份有限公司2014~2017年上半年财务报表整理

自2015年来,全国经济下行压力逐步增大,在全社会固定资产投资增速回落、建筑行业投资增速下滑及新疆地区建筑行业竞争加剧等因素的影响下,新疆城建主营业务建筑施工板块新签订项目收入和毛利率均呈现出

下降趋势。此外,受国内房地产行业整体低迷、房地产市场一二线城市和三四线城市明显分化、房地产投资增速明显下降和高库存压力等因素的影响,公司房地产开发业务也开始下滑。根据新疆城建经审计合并财务报表,2014 年、2015 年及 2016 年,新疆城建营业收入分别为 566 500.15 万元、437 972.60 万元和 319 067.98 万元,归属于上市公司股东的净利润分别为 9 660.78 万元、3 119.07 万元和-22 799.40 万元,新疆城建营业收入及归属于上市公司股东净利润持续下降,盈利能力持续下滑。

而在"一带一路"建设背景下,新疆的政策优势、区位优势、资源优势、交通枢纽优势逐渐凸显,纺织产业上的成本优势也较区域外其他地区突出,因此新疆城建的母公司乌鲁木齐国资公司希望通过引入纺织业优良资产,推动新疆纺织服装产业的发展和升级,提升新疆的装备制造水平,新疆城建的转型需求就此凸显。

三、交易过程

(一)金昇国资达共识,借壳新规生变局

一边是想要借壳上市布局新疆纺织产业的金昇实业,一边是想要引入纺织优良资产的乌鲁木齐国资公司,双方很快就金昇实业麾下卓郎智能机械借国资公司旗下新疆城建的壳完成上市一事达成一致意见。2016 年 5 月 31 日,新疆城建在上海证券交易所网站披露关于筹划重大事项停牌公告,6 月 16 日,又披露关于重大资产重组停牌公告,潘雪平布局新疆纺织产业大局的计划眼看就要实现。

然而,2017 年 6 月 17 日,证监会发布了《就修改〈上市公司重大资产重组管理办法〉公开征求意见》的公告,拟提出取消重组上市的配套融资、新任实际控制人限售期延长、提高对重组方的实力要求等规定。这突如其来的新规,为金昇实业的借壳上市之路蒙上了一层阴影。不能配套融资,意味着潘雪平即将面临筹措 40 亿元借壳成本的巨大挑战。

借壳上市,以往的做法是"两步走":原有资产剥离+老股转让,即标的

| 案例七 |

卓郎智能借壳新疆城建,西方工业4.0踏上东方丝绸之路

资产方用现金收购上市公司原控制人手上老股,原控制人以现金接收上市公司原来资产。但随着"借壳新规"的发布,明确规定了借壳上市不得同时配套募集资金,因此以往的借壳"两步走"受到了限制,借壳方不再可以通过配套融资引入资金并用现金收购老股。如果不能按照传统方法操作,资金压力将骤然增加。

在深思熟虑之后,潘雪平并没有采取规避借壳的方案,而是决定按照新规贴身打造此次借壳方案。在此次重组中,潘雪平打出"支付方式组合拳"——资产置换+置出资产承接及股份转让+发行股份购买资产,拳拳到肉、出招精准,将多种支付方式融会贯通。这样的安排一方面更符合取消了配套融资的新规,另一方面减少了以往方案设计中的现金收购环节,有效降低了资金压力,提升整体效率[①]。

(二)置入资产卓郎智能机械基本情况

2012年11月5日,金昇实业出资设立卓郎纺机机械有限公司,其主要资产、业务来源于2013年收购完成的欧瑞康(Oerlikon)天然纤维纺机业务和纺机专件业务的全部资产和股权。2016年6月3日,卓郎纺机机械有限公司更名为卓郎智能机械有限公司(以下简称"卓郎智能机械")。卓郎智能机械所处细分行业为智能化纺织装备行业,其主要业务是智能化纺织成套设备的生产、研发、销售,自营和代理各类商品及技术的进出口业务。经历过一次增资和九次股权转让以后,卓郎智能机械注册资本增加至11.6亿元,控股股东金昇实业拥有其65%的股权。而金昇实业的实际控制人是潘雪平,因此卓郎智能机械的实际控制人也是潘雪平。

(三)重组方案

1. 交易三方

本次交易由三方组成:卖壳方(上市公司)是新疆城建;借壳方为除上

---

① 103亿元借壳大案!——新疆城建绝妙安排,教科书式经典案例[DB/OL]. https://wenku.baidu.com/view/e5e9a972f68a6529647d27284b73f242336c31dd.html.

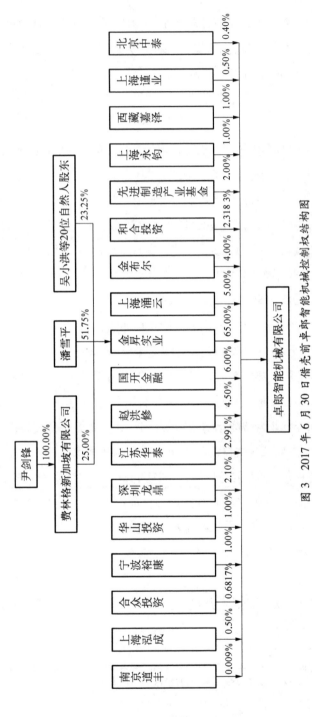

图 3 2017 年 6 月 30 日借壳前卓郎智能机械控制权结构图

资料来源：作者根据新疆城建（集团）股份有限公司重大资产置换及发行股份购买资产暨关联交易报告书（修订稿）整理

案例七

卓郎智能借壳新疆城建,西方工业4.0踏上东方丝绸之路

海涌云外①的卓郎智能机械的17位股东,包括金昇实业在内的16位法人和1位自然人;置出资产(新疆城建)承接方为原新疆城建控股股东国资公司。

2. 交易的标的资产

本次交易的标的资产包括置入资产和置出资产,置入资产为卓郎智能机械95%的股权。以2016年8月31日为评估基准日,卓郎智能机械归属于母公司所有者权益账面值为226 666.9万元,评估值为1 025 029.2万元,评估增值798 362.3万元,增值率为352.22%。交易各方协商确定卓郎智能机械100%股权作价102.5亿元,卓郎智能机械95%股权对应的本次置入资产交易作价为97.375亿元。

置出资产为截至评估基准日新疆城建除1.85亿元现金以外的其他全部资产及负债。以2016年8月31日为评估基准日,新疆城建股东全部权益账面价值为175 517.29万元,评估值为239 730.51万元,评估增值64 213.22万元,增值率为36.59%,扣除1.85亿元现金后,交易各方协商确定本次置出资产交易作价22.124亿元。

3. 重组方案概况

(1) 资产置换。

上市公司新疆城建除保留1.85亿元现金用于2017年度中期分红方案的实施外,将全部资产与负债置出与金昇实业持有的卓郎智能股权中的等值部分进行置换。

---

① 本次方案中,置入的资产为95%卓郎智能股权,其中有5%的股权为上海涌云持有,但未能置入上市公司。在原方案中,上海涌云的这5%股权计划置入,但证监会反馈意见中提及:"申请材料显示,交易对方上海涌云的有限合伙人为天安人寿保险有限公司。请你公司补充披露上海涌云取得标的资产权益的资金来源以及是否符合法律法规的规定。请独立财务顾问和律师核查并发表明确意见。"虽然上市公司和中介机构就天安人寿的资金来源合规性作了具体说明,但最终上海涌云所持的股份还是没有置入上市公司。2017年12月28日,卓郎智能技术股份有限公司[原名"新疆城建(集团)股份有限公司"]以715 342 466元人民币收购上海涌云铧创股权投资合伙企业(有限合伙)持有的子公司卓郎智能机械有限公司5%股权并完成工商变更登记手续,卓郎智能机械成为上市公司的全资子公司。

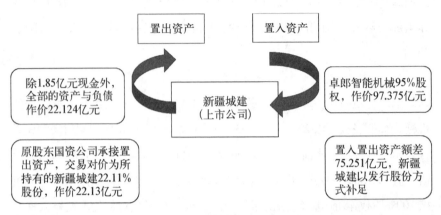

图 4　重组过程示意图

资料来源：作者根据新疆城建(集团)股份有限公司重大资产置换及发行股份购买资产暨关联交易报告书(修订稿)整理

(2) 置出资产承接及股份转让。

金昇实业以部分卓郎智能机械股权从新疆城建置换出的置出资产，由国资公司承接。作为国资公司承接置出资产的交易对价，国资公司向金昇实业转让其持有的上市公司新疆城建 22.11% 的股份(149 400 432 股普通股)，转让总价为 22.13 亿元。由于置出资产评估作价 22.124 亿元，中间差价的 60 万元，以及置出资产交易价格与置出资产评估价值的差额部分 9.49 万元，合计 69.49 万元将由金昇实业以现金方式向国资公司补足。国资公司新设一家全资子公司新疆城建丝路建设有限公司(以下简称"城建丝路")，并将置出资产全部置入城建丝路。

(3) 发行股份购买资产。

对于置入资产和置出资产之间的差价 75.251 亿元，新疆城建以发行股份的方式进行补足。本次发行股份数量为 1 168 493 782 股，发行对价 6.44 元/股。本次交易股份发行对象为除上海涌云外的卓郎智能机械 17 位股东，根据本次交易方案计算的股份发行数量见表 2。

案例七
卓郎智能借壳新疆城建,西方工业4.0踏上东方丝绸之路

表2 新疆城建股份发行情况

卓郎智能机械股东	出资（万元）	持股比例（%）	置入资产交易作价（万元）	发行股份作价（万元）①	实际发行股份数（股）②
金昇实业	75 400.00	65.00	666 250.00	445 010.00	691 009 316
国开金融	6 960.00	6.00	61 500.00	61 500.00	95 496 894
赵洪修	5 220.00	4.50	46 125.00	46 125.00	71 622 670
金布尔	4 640.00	4.00	41 000.00	41 000.00	63 664 596
江苏华泰	3 469.59	2.99	30 658.03	30 658.03	47 605 629
和合投资	2 689.23	2.32	23 762.58	23 762.58	36 898 408
深圳龙鼎	2 436.00	2.10	21 525.00	21 525.00	33 423 913
先进制造产业基金	2 320.00	2.00	20 500.00	20 500.00	31 832 298
华山投资	1 160.00	1.00	10 250.00	10 250.00	15 916 149
上海永钧	1 160.00	1.00	10 250.00	10 250.00	15 916 149
宁波裕康	1 160.00	1.00	10 250.00	10 250.00	15 916 149
西藏嘉泽	1 160.00	1.00	10 250.00	10 250.00	15 916 149
合众投资	790.77	0.68	6 987.43	6 987.43	10 850 038
上海谨业	580.00	0.50	5 125.00	5 125.00	7 958 074
上海泓成	580.00	0.50	5 125.00	5 125.00	7 958 074
北京中泰	464.00	0.40	4 100.00	4 100.00	6 366 459
南京道丰	10.41	0.01	91.97	91.97	142 817
合计	110 200.00	95.00	973 750.00	752 510.00	1 168 493 782

资料来源:作者根据新疆城建(集团)股份有限公司重大资产置换及发行股份购买资产暨关联交易报告书(修订稿)整理

综上,参与该次借壳上市交易的三方付出对价与收到对价见表3。

---

① 发行股份作价=置入资产交易作价－置出资产交易作价。
② 实际发行股份数=发行股份作价/每股发行价格,根据该公式计算的发行股份总数精确至股,不足一股的部分,本次交易的股份发行对象均自愿放弃。

表3 交易三方付出对价、收到对价表

交易方	付 出 对 价	收 到 对 价
上市公司（壳公司）	① 新疆城建除1.85亿元现金以外的其他全部资产及负债 ② 定向发行股份1 168 493 782股	卓郎智能机械95%的股权
国资公司	新疆城建22.11%的股权	① 新疆城建除1.85亿元现金以外的其他全部资产及负债 ② 现金69.49万元
卓郎智能机械原17位股东	① 卓郎智能机械95%的股权 ② 现金69.49万元	① 新疆城建22.11%的股权 ② 新疆城建定向增发的股权1 168 493 782股

资料来源：作者根据新疆城建（集团）股份有限公司重大资产置换及发行股份购买资产暨关联交易报告书（修订稿）整理

本次交易的三方关系和流程图如图5所示①：

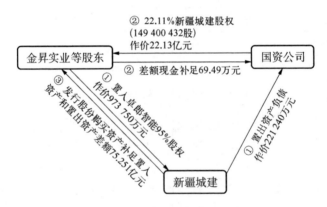

图5 三方关系和交易流程图

资料来源：作者根据新疆城建（集团）股份有限公司重大资产置换及发行股份购买资产暨关联交易报告书（修订稿）整理

此次交易完成后，公司主营业务由建筑施工和房地产开发业务变更为智能化纺织成套设备及核心零部件的研发、生产和销售，公司转型进入高端装备制造业。为适应重大资产重组后公司主营业务、经营方式、管理架构、

---

① 复盘卓郎智能借壳新疆城建及一些见解[EB/OL].（2018-01-30）[2020-01-30]. https://zhuanlan.zhihu.com/p/33428329?from_voters_page=true.

案例七
卓郎智能借壳新疆城建,西方工业4.0踏上东方丝绸之路

发展战略等发生的重大变化,公司第八届五次董事会、2017年第五次临时股东大会已审议通过了《关于变更公司名称的议案》,同意公司名称由"新疆城建(集团)股份有限公司"变更为"卓郎智能技术股份有限公司"。为使公司证券简称与公司名称及业务发展保持一致,经公司申请并经上海证券交易所办理,自2017年12月5日起,公司证券简称由"新疆城建"变更为"卓郎智能",证券代码600545保持不变。

(四)业绩承诺

根据上市公司与业绩承诺补偿主体签署的《业绩承诺及补偿协议》及其补充协议,业绩承诺补偿主体承诺本次重组实施完毕当年及其后两个完整会计年度,即2017年、2018年、2019年,卓郎智能实现的归属于母公司所有者的净利润(合并报表口径,扣除非经常性损益,下同)分别不低于5.83亿元、7.66亿元、10.03亿元,合计不低于23.52亿元。若本次重组未能在2017年12月31日前实施完毕,导致业绩承诺期间相应顺延的,则业绩承诺补偿主体在顺延年度的承诺净利润以置入资产评估报告认定的卓郎智能相应年度预测净利润为准。具体补偿方式如下:

1. 补偿主体

本次业绩承诺及补偿的主体为金昇实业、金布尔、合众投资及和合投资。金昇实业是上市公司的最大股东,占有上市公司45.57%的股份,是此次业绩承诺及补偿的主体。合众投资与和合投资为员工持股平台,因此和大股东金昇实业共同承担补偿义务。金布尔是一支持有上市公司3.45%股份的私募基金。

2. 补偿方式

首先由金昇实业以其因本次重组获得的上市公司股票进行补偿;前述股份不足补偿的,由金布尔、合众投资及和合投资以其因本次重组获得的上市公司股票进行补偿;仍不足补偿的,由金昇实业以从二级市场购买或其他合法方式取得的上市公司股票进行补偿。当股份补偿总数达到本次发行股份购买资产发行的股份总数的90%后,将由金昇实业以现金补偿。金布尔、

合众投资及和合投资内部按各自因本次重组获得的上市公司股票的比例承担补偿义务。

3. 补偿数量

当期补偿金额=（截至当期期末累积承诺净利润-截至当期期末累积实现净利润）÷业绩承诺期间各年度承诺净利润总额×置入资产作价-累积已补偿金额。当期股份补偿数量=当期补偿金额÷本次股份发行价格

当期现金补偿金额=（当期股份应补偿数量-当期股份已补偿数量）×本次股份发行价格。如上市公司在业绩承诺期间发生资本公积金转增股本或分配股票股利等除权事项，则前述当期股份补偿数量应做相应调整，即当期股份补偿数量（调整后）=当期股份补偿数量（调整前）×（1+转增或送股比例）。如上市公司在业绩承诺期间发生现金分红等除息事项，则业绩承诺补偿主体按上述公式计算的当期股份补偿数量所对应之累积获得的现金分红，应随之赠送给上市公司。按前述公式计算的当期补偿金额、当期股份补偿数量小于零的，按零取值，已经补偿的股份及现金不予冲回。

此外，潘雪平作为金昇实业的控股股东，无条件并不可撤销地承诺对金昇实业在业绩补偿协议下承担的业绩补偿义务承担无限连带担保责任。

本次交易中，除金昇实业、金布尔、合众投资及和合投资外的交易对方均未参与业绩承诺及补偿，主要是因为该部分交易对方均为卓郎智能机械的财务投资人，不参与卓郎智能机械的实际经营，本次交易完成后，对未来上市公司及卓郎智能机械的经营不具有控制力。此外，该部分投资人投资卓郎智能机械股权的价格与本次交易卓郎智能机械股权作价差异较小，不愿意承担卓郎智能机械的业绩补偿义务。

四、重组的影响

（一）对上市公司股权结构的影响

本次交易前，上市公司新疆城建总股本为 67 578.58 万股，国资公司持

案例七

卓郎智能借壳新疆城建，西方工业4.0踏上东方丝绸之路

有17 947.29万股，占公司总股本的26.56%，为新疆城建控股股东，乌鲁木齐市国资委为新疆城建实际控制人。本次交易完成后，上市公司（借壳完成后更名为"卓郎智能"）总股本将增加至184 427.96万股，金昇实业将持有84 040.97万股，占本次交易后上市公司总股本的45.57%，金昇实业将成为上市公司控股股东，潘雪平将成为上市公司实际控制人。

本次交易前后，上市公司股本总额及股本结构变化情况见表4。

（二）对上市公司业务的影响

本次交易完成前，新疆城建的主营业务为建筑施工和房地产开发业务。受宏观经济影响，近年来公司主营业务建筑施工板块新签订项目和毛利率均呈下滑趋势，同时，房地产市场仍然存在一二线城市和三四线城市的明显分化，公司房地产板块经营业绩没有得到明显改善。

本次交易完成后，卓郎智能机械成为上市公司控股子公司，上市公司主营业务变更为智能化纺织成套设备及核心零部件的研发、生产和销售，新疆城建将转型进入以智能化纺织设备为主业的高端装备制造业。公司将进一步依托在纺织机械行业的市场领先地位，以及在品牌、技术研发等方面的竞争优势，促进公司业务发展，进一步提升企业核心竞争力。

同时，上市公司将进一步加大智能化纺织装备行业的科技创新与研发投入，不断关注欧美发达国家和地区高端装备制造领导性的品牌和新兴颠覆性技术的发展动向，始终保持在行业全球范围内的技术领先优势，聚焦客户，优化产品结构，建立产品领导地位，借助资本市场进行行业整合，持续巩固和加强上市公司在全球纺织机械行业的领先地位。

（三）对上市公司主要财务指标的影响

本次交易完成后，上市公司将持有卓郎智能95%的股权，最近一年末资产规模为1 322 524.3万元，相比本次交易前公司资产规模上升31.49%。2016年，上市公司2016年归属于母公司所有者的净利润由亏损22 799.40万元转变为实现盈利45 117.1万元。综上，本次交易完成后，上市公司最近一年末资产规模有所增长，盈利能力显著增强。

表 4　上市公司股本总额及股本结构变化情况

股东名称		资产重组前		发行股份购买资产后		股权转让完成后	
		数量（股）	比例（%）	数量（股）	比例（%）	数量（股）	比例（%）
原上市公司股东	国资公司	179 472 899	26.56	179 472 899	9.73	30 072 467	1.63
	上市公司原其他股东	496 312 879	73.44	496 312 879	26.91	496 312 879	26.91
	小计	675 785 778	100.00	675 785 778	36.64	526 385 346	28.54
新增股东		数量（股）	比例（%）	数量（股）	比例（%）	数量（股）	比例（%）
	金昇实业	—	—	691 009 316	37.47	840 409 748	45.57
	国开金融	—	—	95 496 894	5.18	95 496 894	5.18
	赵洪修	—	—	71 622 670	3.88	71 622 670	3.88
	金布尔	—	—	63 664 596	3.45	63 664 596	3.45
	江苏华泰	—	—	47 605 629	2.58	47 605 629	2.58
	和合投资	—	—	36 898 408	2.00	36 898 408	2.00
	深圳龙鼎	—	—	33 423 913	1.81	33 423 913	1.81
	先进制造产业基金	—	—	31 832 298	1.73	31 832 298	1.73
	华山投资	—	—	15 916 149	0.86	15 916 149	0.86
	上海永钧	—	—	15 916 149	0.86	15 916 149	0.86

案例七

卓郎智能借壳新疆城建,西方工业4.0踏上东方丝绸之路

续 表

股东名称	资产重组前		发行股份购买资产后		股权转让完成后	
新增股东	数量(股)	比例(%)	数量(股)	比例(%)	数量(股)	比例(%)
宁波裕康	—	—	15 916 149	0.86	15 916 149	0.86
西藏嘉泽	—	—	15 916 149	0.86	15 916 149	0.86
合众投资	—	—	10 850 038	0.59	10 850 038	0.59
上海谨业	—	—	7 958 074	0.43	7 958 074	0.43
上海泓成	—	—	7 958 074	0.43	7 958 074	0.43
北京中泰	—	—	6 366 459	0.35	6 366 459	0.35
南京道丰	—	—	142 817	0.01	142 817	0.01
小计	—	—	1 168 493 782	63.36	1 317 894 214	71.46
合计	675 785 778	100.00	1 844 279 560	100.00	1 844 279 560	100.00

资料来源:作者根据新疆城建(集团)股份有限公司重大资产置换及发行股份购买资产暨关联交易报告书(修订稿)整理

本次交易完成前后，上市公司最近一年主要财务数据对比具体如表5所示。

表5 2016年上市公司主要财务数据

项 目	交易完成前（万元）	交易完成后（万元）	增加值（万元）	增长率（%）
资产总额	1 005 817.50	1 322 524.30	316 706.80	31.49
负债总额	806 049.74	643 728.50	-162 321.24	-20.14
归属于母公司股东的权益	183 123.71	240 353.10	57 229.39	31.25
营业收入	319 067.98	635 275.40	316 207.42	99.10
归属于母公司股东的净利润	-22 799.40	45 117.10	67 916.50	297.89

资料来源：作者根据新疆城建（集团）股份有限公司2016年度财务报表整理

根据上市公司经审计合并财务报表，2014年、2015年及2016年，上市公司营业收入分别为566 500.15万元、437 972.60万元和319 067.98万元，归属于母公司所有者的净利润分别为9 660.78万元、3 119.07万元和-22 799.40万元。报告期内，公司营业收入及归属于上市公司股东净利润持续下降，持续盈利能力较弱。

根据卓郎智机械能最近三年经审计合并财务报表，2014年、2015年和2016年，卓郎智能机械归属于母公司所有者的净利润分别为2.99亿元、3.80亿元和4.75亿元，盈利水平较高且呈现逐年高速增长的趋势。通过本次交易上市公司将置出盈利能力较差、成长空间有限的业务，置入盈利能力较强、成长性较高的智能化纺织装备资产和业务，完成上市公司主营业务的转型。

此外，根据上市公司与业绩承诺补偿主体签署的《业绩承诺及补偿协议》及其补充协议，业绩承诺补偿主体承诺本次重组实施完毕当年及其后两个完整会计年度，即2017年、2018年、2019年，卓郎智能实现的归属于母公司所有者的净利润（合并报表口径，扣除非经常性损益，下同）分别不低于5.83亿元、7.66亿元、10.03亿元，合计不低于23.52亿元。

| 案例七 |

卓郎智能借壳新疆城建,西方工业4.0踏上东方丝绸之路

表6 上市公司(卓郎智能)上市前后财务简报

会计年度	2018年	2017年	2016年	2015年	2014年
归属于母公司股东的净利润(千元)	810 294	658 327	474 917	379 852	298 858
净利润增长率(%)	23.08	38.62	25.03	27.10	—
营业收入(千元)	9 220 759	8 713 412	6 352 754	6 648 902	6 650 036
营业收入增长率(%)	5.82	37.16	-4.45	-0.02	—

资料来源:作者根据卓郎智能技术股份有限公司2014~2018年年度财务报告整理

根据2017年和2018年财务报表可知,卓郎智能2017年扣除非经常性损益后实现的归属于母公司所有者的净利润为6.58亿元,超过5.83亿元,业绩承诺完成率为112.86%;卓郎智能机械2018年扣除非经常性损益后实现的归属于母公司所有者的净利润为8.1亿元,超过业绩承诺的7.66亿元,业绩承诺完成率为105.74%。由此可见,在本次交易完成后,上市公司的盈利能力得到了大幅改善。

五、尾声

2017年7月1日,又逢梅雨时节,常州金坛某高楼的一间办公室里,潘雪平坐在电脑前,熟练地点着鼠标,一份来自证监会的邮件引起了他的注意,他习惯性地读出声来:"经中国证券监督管理委员会上市公司并购重组审核委员会于2017年6月30日召开的2017年第35次工作会议审核,新疆城建重大资产置换及发行股份购买资产暨关联交易事项获得无条件通过。"终于成功上市了,他如释重负地笑了,心里想着百年纺机在国内资本市场证券化的梦想终于实现了,西方工业4.0的东方丝绸之路开始了……

案例使用说明

一、教学的目的与用途

1. 本案例适用于"企业上市与资本运作""财务管理"等课程中有关企业借壳上市相关领域的教学,适用于 MBA、MPAcc 学生以及经济类、管理类专业的本科生、研究生。

2. 本案例描述了借壳新规颁布后,卓郎智能借壳新疆城建上市的始末。潘雪平紧贴"借壳新规"为卓郎智能量身定做的三步交易方案(资产置换、置出资产承接及股份转让、发行股份购买资产)终获成功。

3. 本案例的教学目的是让学生深入了解借壳上市是如何实现的,同时本案例描述的情况对借壳新规制度下想要在 A 股借壳上市的企业具有一定的借鉴意义。

二、启发思考题

1. 本次交易是否构成重大资产重组?是否属于借壳上市?请阐述理由。

2. 卓郎智能借壳的动机是什么?卓郎智能为什么选择这样的借壳方案?如何评价此次借壳方案?

3. 卓郎智能的借壳方案是怎样的?具体操作流程是什么?

4. 如何评价本次交易的业绩补偿方案?讨论业绩补偿方案的可操作性。

5. 本次交易完成后,对上市公司产生了哪些影响?

三、分析思路

借壳上市是相对于 IPO 而言企业上市的一种间接途径,通过借壳新规

| 案例七 |

卓郎智能借壳新疆城建,西方工业 4.0 踏上东方丝绸之路

对借壳上市认定标准的完善,结合卓郎智能自身发展情况和"一带一路"建设的背景,可以找到卓郎智能选择借壳上市的动机。通过卓郎智能借壳新疆城建的操作过程,读者可以了解到借壳有哪些支付方式以及借壳上市是如何实现的。从借壳新规对借壳的要求以及借壳方卓郎智能和让壳方新疆城建的具体情况分析,可以帮助读者了解为什么此次卓郎智能会选择这样的借壳方案,进而分析评价此次借壳方案会对上市公司产生什么影响,以及对新规下借壳上市的企业有什么借鉴意义。

四、理论依据及分析

【理论依据】

1. 借壳上市

借壳上市就是拟上市的公司通过收购、资产置换等方式取得已上市公司的控股权,这家公司就可以以上市公司增发股票的方式进行融资,从而实现上市的目的。与一般企业相比,上市公司最大的优势是能在证券市场上大规模筹集资金,以此促进公司规模的快速增长。

和 IPO 相比借壳上市省去了很多的上市流程,减少了时间成本,并且上市过程受到市场等的影响小,向社会公众披露的信息较少,在一定程度上增强了隐秘性。

借壳上市又可以分为两种方式,一种是买壳上市,又称反向收购,是指非上市公司 A 通过收购业绩较差、筹资能力弱化的上市公司 B,剥离被收购公司 B 的资产,注入 A 自己的资产,从而实现间接上市的目的。另一种是狭义上的借壳上市,是指上市公司 B 的母公司 A 通过将主要资产注入上市的子公司 B 中,来实现母公司 A 的上市。两者的共同之处都是对上市公司壳资源的重新配置的活动,都是为了实现间接上市;不同之处是买壳上市的企业需先获得对一家上市公司的控制权,而狭义上的借壳上市的企业已经拥有了对上市公司的控制权。借壳上市的收购方式主要有:协议收购、二级市场收购、无偿划转、资产置换等。

2. 重大资产重组的认定

根据 2016 年 9 月 8 日中国证券监督管理委员会令第 127 号《关于修改〈上市公司重大资产重组管理办法〉的决定》修订(以下简称《重组管理办法》),重大资产重组是指上市公司及其控股或者控制的公司在日常经营活动之外购买、出售资产或者通过其他方式进行资产交易达到规定的比例,导致上市公司的主营业务、资产、收入发生重大变化的资产交易行为。界定重大资产重组的具体规定如下(节选):

第十二条 上市公司及其控股或者控制的公司购买、出售资产,达到下列标准之一的,构成重大资产重组:

(一)购买、出售的资产总额占上市公司最近一个会计年度经审计的合并财务会计报告期末资产总额的比例达到 50% 以上;

(二)购买、出售的资产在最近一个会计年度所产生的营业收入占上市公司同期经审计的合并财务会计报告营业收入的比例达到 50% 以上;

(三)购买、出售的资产净额占上市公司最近一个会计年度经审计的合并财务会计报告期末净资产额的比例达到 50% 以上,且超过 5 000 万元人民币。

第十三条 上市公司自控制权发生变更之日起 60 个月内,向收购人及其关联人购买资产,导致上市公司发生以下根本变化情形之一的,构成重大资产重组,应当按照本办法的规定报经中国证监会核准:

(一)购买的资产总额占上市公司控制权发生变更的前一个会计年度经审计的合并财务会计报告期末资产总额的比例达到 100% 以上;

(二)购买的资产在最近一个会计年度所产生的营业收入占上市公司控制权发生变更的前一个会计年度经审计的合并财务会计报告营业收入的比例达到 100% 以上;

(三)购买的资产在最近一个会计年度所产生的净利润占上市公司控制权发生变更的前一个会计年度经审计的合并财务会计报告净利润的比例达到 100% 以上;

案例七

卓郎智能借壳新疆城建,西方工业4.0踏上东方丝绸之路

(四)购买的资产净额占上市公司控制权发生变更的前一个会计年度经审计的合并财务会计报告期末净资产额的比例达到100%以上;

(五)为购买资产发行的股份占上市公司首次向收购人及其关联人购买资产的董事会决议前一个交易日的股份的比例达到100%以上;

(六)上市公司向收购人及其关联人购买资产虽未达到本款第(一)至第(五)项标准,但可能导致上市公司主营业务发生根本变化;

(七)中国证监会认定的可能导致上市公司发生根本变化的其他情形。

3. 新制度背景下借壳上市的认定

2016年9月9日,中国证券监督管理委员会正式审议通过了《关于修改〈上市公司重大资产重组管理办法〉的决定》,对关于借壳上市的部分作出了详细的规定与解释,以此帮助上市公司强化完善关于并购重组的方式方法,其中特别关注了囊括借壳上市的部分监管内容。

这一新规被称为史上最严的借壳新规,对于借壳的认定主要围绕三个方面展开:

(1)在旧规中,上市公司向收购人及其关联人购买的资产总额,占上市公司控制权发生变更的前一个会计年度经审计的合并财务会计报告期末资产总额的比例达到100%以上,即达到借壳。在新规中,除资产总额外,中国证监会修订《重组管理办法》直接增加四项指标,用"资产总额、营业收入、净利润、资产净额、新增发新股"这五大维度,替换此前"资产总额"这一单一指标,只要任意一方面达到100%红线,即认定为借壳。

(2)上市公司的控制权发生变更,认定为借壳。修订的《重组管理办法》明确了对实际控制权的实质认定:"本条第一款所称控制权,按照《上市公司收购管理办法》第八十四条的规定进行认定。上市公司股权分散,董事、高级管理人员可以支配公司重大的财务和经营决策的,视为具有上市公司控制权。创业板上市公司自控制权发生变更之日起,向收购人及其关联人购买资产,不得导致本条第一款规定的任一情形。"

(3) 即使未达到"五个维度标准",但可能导致上市公司主营业务发生根本变化的,也应视为借壳上市。

此次修订的《重组管理办法》中,不仅对借壳上市认定趋严,在与借壳有关的套利上也做出规则调整,为遏制收购人及其关联人在借壳的同时获取高额融资牟利,提高对重组方的实力要求,拟修订的《重组管理办法》取消了借壳的配套募资,这条规定也对本案例卓郎智能借壳方案的选择产生很大的影响。

表1 借壳新规与旧版本的不同点比较

不同点	不同点的说明
增加了冷冻周期	新规定规定了严格的冷冻周期,60个月内都不得换整为零
扩充了借壳上市判断标准	新规定中判断标准包含总资产、净资产、营业收入、净利润,甚至是股份总数
新增借壳判断标准	新规定指出主营业务发生根本变化也构成借壳
新增壳公司的选择规则	新规定中明确上市公司以及相关人员存在违法违规行为的不得卖壳
规范借壳融资配套	新规明确借壳上市不得同时配套募集资金
新增处罚办法	新规规定如果存在私自实施规避借壳行为,可能被监管机构实施重罚
明确借壳原则	新规定明确规定创业板不得存在借壳行为

资料来源:作者根据中国证券监督管理委员会令第127号《关于修改〈上市公司重大资产重组管理办法〉的决定》整理

【案例分析】

1. 本次交易是否构成重大资产重组?是否属于借壳上市?请阐述理由。

(1) 本次交易构成重大资产重组。

本次交易新疆城建拟购买资产的2015年末资产总额、资产净额及2015年产生的营业收入占上市公司新疆城建同期合并财务报告相关指标的比例见表2。

| 案例七 |

卓郎智能借壳新疆城建,西方工业4.0踏上东方丝绸之路

表2 卓郎智能部分财务数据占新疆城建同期合并报表指标比例表

项 目	新疆城建（万元）	卓郎智能机械（万元）	交易金额（万元）	计算依据（万元）	计算依据/新疆城建（%）
资产总额	1 044 908.20	942 626.0	973 750.00	973 750.00	93.19
归属于母公司股东权益	209 061.83	202 809.5	973 750.00	973 750.00	465.77
营业收入	437 972.60	664 890.2	—	664 890.20	151.81

资料来源：作者根据新疆城建(集团)股份有限公司重大资产置换及发行股份购买资产暨关联交易报告书(修订稿)整理

此外，本次交易上市公司新疆城建拟置出截至交易基准日除1.85亿元现金以外的其他全部资产及负债。拟置出资产的资产总额与交易金额孰高值、净资产额与交易金额孰高值、2015年营业收入占上市公司同期对应指标比例均不低于50%。

综上，根据《重组管理办法》第十二条、第十四条的相关规定，本次交易构成重大资产重组。

（2）本次交易构成借壳上市。

本次交易上市公司新疆城建拟购买资产的2015年末资产总额、资产净额及2015年产生的营业收入、净利润占上市公司新疆城建同期合并财务报告相关指标的比例，以及购买资产发行股份占上市公司新疆城建本次交易第一次董事会决议公告日前一个交易日股份的比例见表3。

表3 卓郎智能部分财务数据占新疆城建同期合并报表指标比例表

项 目	新疆城建（万元）	卓郎智能机械（万元）	交易金额（万元）	计算依据（万元）	计算依据/新疆城建（%）
资产总额	1 044 908.20	942 626.0	973 750.00	973 750.00	93.19
归属于母公司股东权益	209 061.83	202 809.5	973 750.00	973 750.00	465.77
营业收入	437 972.60	664 890.2	—	664 890.2	151.81

续　表

项　目	新疆城建（万元）	卓郎智能机械	交易金额（万元）	计算依据（万元）	计算依据/新疆城建（%）
归属母公司股东净利润	6 011.67	37 985.2	—	37 985.2	631.85
股份数	67 578.58	116 849.38	—	116 849.38	172.91

资料来源：作者根据新疆城建（集团）股份有限公司重大资产置换及发行股份购买资产暨关联交易报告书（修订稿）整理

根据借壳新规的规定，借壳的认定主要有三方面，分别是"五个维度"任一标准达到100%，上市公司实际控制人发生变更以及主营业务发生根本变更。本案例在这三个方面都达到了借壳的认定标准，因此构成借壳上市，具体分析如下：

① 本次交易中，拟购买资产的五个指标，除资产总额外均超过上市公司新疆城建2015年末及2015年度相关指标的100%，根据《重组管理办法》的规定，本次交易构成《重组管理办法》第十三条规定的借壳上市。

② 本次交易完成后，金昇实业将成为上市公司新疆城建控股股东，潘雪平将成为新疆城建实际控制人。相比借壳之前上市公司的控股股东为乌鲁木齐国资委，上市公司的实际控制人发生了变更，因此构成借壳上市。

③ 本次交易前，上市公司主营业务为建筑施工和房地产开发业务。本次交易完成后，上市公司主营业务变更为智能化纺织设备为主业的高端装备制造业。因此本次交易导致主营业务发生重大变化，构成《上市公司重组办法》第十三条规定的借壳上市。

2. 卓郎智能借壳的动机是什么？卓郎智能为什么选择这样的借壳方案？如何评价此次借壳方案？

（1）借壳动机。

① 在国家"一带一路"倡议出台后，潘雪平就瞄准了新疆的发展机遇，希望借助新疆的政策优势、区位优势、资源优势和交通枢纽优势布局新疆纺

| 案例七 |

卓郎智能借壳新疆城建,西方工业4.0踏上东方丝绸之路

织产业,立志把卓郎智能做成纺织行业供给侧改革的标杆。但是企业经过两次海外并购,负债累累,捉襟见肘的现金流使得布局新疆纺织产业大局困难重重,因此潘雪平需要上市实现融资需求。

但是通过IPO上市存在证监会发审委程序复杂、排队企业多、审核时间长、审核标准严格等困难。金昇实业在经过两次海外并购后以及负债累累,其现金流状况获准IPO上市的难度较大。而借壳上市则审核程序简单,审核标准较宽松,审核时间短。潘雪平选择借壳上市能够在较短的时间内借助资本市场平台进行再融资、产业并购等资本运作,提升品牌影响力,为后续发展提供更为强劲的动力。

② 由于壳公司新疆城建近年盈利能力持续下降,作为实际控制人的乌鲁木齐国资公司希望通过引入纺织业优良资产,推动新疆纺织服装产业发展和升级,提升新疆的装备制造水平,新疆城建的转型需求就此凸显。在此时有着全球纺织业先进技术的卓郎智能的出现,无疑成为新疆城建成功产业转型的一个契机。乌鲁木齐国资公司为推动新疆城建的产业转型,积极推动了此次借壳的成功完成。

(2)借壳方案的选择。

在借壳上市领域,以往的做法是"两步走":原有资产剥离+老股转让,即标的资产方现金接收原控制人手上老股,之后原控制人以现金接收上市公司原来资产。在以往的借壳案例中,拟借壳企业可以通过配套融资引入资金,用于现金收购老股。但新规取消了借壳配套融资,如果还按照传统办法操作,资金压力将骤然增加。

因此在本案方案设计中,考虑到借壳新规的限制,采取了完全不同的"三板斧"做法:第一步,上市公司将原资产、负债,和标的公司大股东之间置换;第二步,置换出来的资产和负债,指定原控股股东国资公司承接;第三步,上市公司发行股份收购标的公司剩余股权。

(3)对借壳方案的评价。

通过此次交易,卓朗智能机械将成为新疆城建的全资子公司,金昇实业

通过参与发行股份及受让原股东转让的方式,将成为上市公司的控股股东,潘雪平将成为上市公司实际控制人。作为"借壳新规"颁布后的首例上市方案,此次借壳上市与以往规避借壳的操作不同,而是针对"新规"量身打造了借壳方案,方案设计巧妙,效率高超,仅仅两个月就完成了全部交易过程。

此次卓郎智能的借壳方案分为三步走:资产置换+置出资产承接及股份转让+发行股份购买资产,将多种支付方式融会贯通。这样的安排一方面更符合取消了配套融资的新规,另一方面减少了以往方案设计中的现金收购环节,有效降低了资金压力,提升整体效率。

在本案例中,卓郎智能借壳新疆城建的所使用的资产置换结合股票支付的方案能够带来以下几点益处:

① 资金压力小且成本较低,卓朗智能目前需要大量的资金,用以扩大其生产规模,股票支付不仅不会影响公司正常的现金流,而且保证并购后的企业具有良好的现金流时可以用于进行持续投资发展。

② 有利于实施借壳上市后的整合。资产置换将原新疆城建的所有资产和负债置换至新疆城建投资(集团)发展有限公司,让原新疆城建的主体能够完整地退出,卓郎智能不会受到原先新疆城建的业务影响,方便卓郎智能借壳之后的整合。

③ 保持上市公司的控制力,新疆城建向卓郎智能发行股票收购其股份,帮助其控股股东金昇实业在上市公司完成借壳后保持其控制权,帮助卓郎智能在借壳后推进一系列改革和变更措施。

3. 卓郎智能的借壳方案是怎样的?具体操作流程是什么?

此次重组交易由资产置换、置出资产承接及股份转让、发行股份购买资产三部分组成。

(1) 资产置换。

上市公司新疆城建将除 1.85 亿元现金以外的其他全部资产及负债置出,作价 221 240 万元。置出资产与金昇实业持有的同等价值的卓郎智能股权进行置换。留在上市公司的 1.85 亿元现金可由上市公司在本次发行股

| 案例七 |

卓郎智能借壳新疆城建,西方工业4.0踏上东方丝绸之路

份购买资产前以现金分红的方式分配给上市公司全体股东并由其享有。本次资产置换后,新疆城建将持有卓郎智能21.58%的股份。

(2) 置出资产承接及股份转让。

金昇实业指定乌鲁木齐国资委作为上市公司置出资产的承接方,作为承接置出资产的交易对价,国资公司将向金昇实业转让其持有的上市公司22.11%的股份(149 400 432股普通股)(以下简称"标的股份"),标的股份转让总价为22.13亿元,单价14.81元/股。标的股份转让总价超出置出资产交易价格的部分60万元,由金昇实业以现金形式补足。

(3) 发行股份购买资产。

对于置入资产和置出资产之间的差价75.251亿元,上市公司以发行股份的方式进行补足。上市公司以发行股份的方式购买资产置换后除上海涌云外的卓郎智能17位股东持有的卓郎智能剩余股权。本次交易完成后,上市公司将持有卓郎智能95%的股权。本次交易完成后,卓郎智能成为上市公司控股子公司,上市公司将转型进入以智能化纺织设备为主业的高端装备制造业。

4. 如何评价本次交易的业绩补偿方案?讨论业绩补偿方案的可操作性。

根据上市公司与金昇实业签署的《业绩承诺及补偿协议》及其补充协议,金昇实业承诺本次重组实施完毕当年及其后两个完整会计年度,即2017年、2018年、2019年,卓郎智能实现的归属于母公司所有者的净利润分别不低于5.83亿元、7.66亿元、10.03亿元,合计不低于23.52亿元。若本次重组未能在2017年12月31日前实施完毕,导致业绩承诺期间相应顺延的,则金昇实业在顺延年度的承诺净利润以置入资产评估报告认定的卓郎智能相应年度预测净利润为准。

就补偿方式来看,业绩承诺方金昇实业应首先以其因本次重组获得的上市公司股票进行补偿,前述股份不足补偿的,由金昇实业以从二级市场购买或其他合法方式取得的上市公司股票进行补偿。当股份补偿总数达到本

次发行股份购买资产发行的股份总数的90%后,将由金昇实业以现金补偿。

可以看到,此次业绩补偿方案的核心在于尽量以股份赔付而不是现金。这种补偿方式在上市公司并购重组中不是个例,可以算是一种普遍采用的方法,可以最大限度避免现金补偿,降低风险。

(1) 卓郎智能在手订单充足,利润承诺可实现性较高。

最近三年(2014~2016年)卓郎智能盈利能力良好,合并报表归属于母公司所有者的净利润分别为2.99亿元、3.80亿元、4.75亿元。同时,截至目前公司在手订单充足,且执行情况良好,卓郎智能利润承诺的可实现性较高。

(2) 业绩承诺主体以本次重组取得股份进行业绩补偿具备可操作性。

本次交易前,本次重组业绩承诺主体合计持有卓郎智能72%的股权,本次交易完成后,本次重组业绩承诺主体将持有951 822 790股上市公司股权,占上市公司总股本的51.61%。本次置入资产作价973 750万元,本次股份发行价格为6.44元/股。基于本次交易及补偿方案测算,卓郎智能在业绩承诺期内的业绩完成比例在37.05%以上时,本次重组业绩承诺主体以本次交易取得的上市公司股份足以支付业绩补偿额。考虑到卓郎智能行业前景良好,品牌优势显著,市场地位领先,历史盈利情况良好,本次重组完成后,卓郎智能业绩完成比例在37.05%以下的可能性较低。此外,潘雪平作为金昇实业的控股股东,承诺对金昇实业在业绩补偿协议下承担的业绩补偿义务承担无限连带担保责任。因此,本次重组业绩承诺主体以本次交易取得的上市公司股份进行盈利预测补偿具备可操作性。

(3) 金昇实业下属产业众多,财务及信用情况良好,具备业绩补偿能力。

根据金昇实业的说明,金昇实业作为一家以高端装备制造为主的全球化产业集团,除卓郎智能外,金昇实业旗下拥有德国埃马克机床(总部在德国斯图加特)、德国科普福齿轮(总部在德国黑森林)、瑞士赫伯陶瓷(运营总部在瑞士苏黎世)及利泰纺织等多家历史悠久、行业地位领先的优质

案例七

卓郎智能借壳新疆城建,西方工业4.0踏上东方丝绸之路

企业。

此外,根据金昇实业承诺,并经公开信息查询,金昇实业最近五年信用情况良好,不存在未按期偿还大额债务,未履行承诺,被中国证监会采取行政监管措施或受到证券交易所纪律处分的情形。如上述分析,金昇实业下属产业众多,财务及信用情况良好,即使本次重组完成后,出现卓郎智能业绩完成较低的极端情况,金昇实业亦具备对上市公司业绩补偿的能力。

综上所述,金昇实业以本次重组取得股份进行业绩补偿的覆盖比例较高,且卓郎智能市场地位领先,历史盈利情况良好,在手订单充足,本次重组完成后,卓郎智能大幅未完成业绩的可能性较低。此外,金昇实业下属产业众多,财务及信用情况良好,即使本次重组完成后出现卓郎智能业绩完成比例较低情况,金昇实业亦具备对上市公司业绩补偿的能力,本次业绩补偿具备可操作性。

5. 本次交易完成后,对上市公司产生了哪些影响?

(1) 上市公司实际控制人变更。

本次交易前,国资公司为上市公司控股股东,乌鲁木齐市国资委为上市公司实际控制人。本次交易完成后,上市公司总股本将增加至184 427.96万股,金昇实业将持有84 040.97万股,占本次交易后上市公司总股本的45.57%,金昇实业将成为上市公司控股股东,潘雪平将成为上市公司实际控制人。

(2) 主营业务变更,上市公司实现转型升级。

本次交易完成前,新疆城建的主营业务为建筑施工和房地产开发业务。受宏观经济影响,近年来公司主营业务建筑施工板块新签订项目和毛利率均呈下滑趋势,同时,房地产市场仍然存在一二线城市和三四线城市的明显分化,公司房地产板块经营业绩没有得到明显改善。

本次交易完成后,卓郎智能将成为上市公司控股子公司,上市公司将转型进入以智能化纺织设备为主业的高端装备制造业。卓郎智能盈利能力强,发展前景良好,将有助于上市公司实施转型升级、增强公司的核心竞争

力、提升盈利能力和发展空间。

(3) 上市公司盈利能力增强,发展前景向好。

通过本次交易,上市公司将置出盈利能力较差、成长空间有限的业务,置入盈利能力较强、成长性较高的智能化纺织装备资产和业务,完成上市公司主营业务的转型。根据卓郎智能最近三年经审计合并财务报表,2014年、2015年和2016年,卓郎智能归属于母公司所有者的净利润分别为2.99亿元、3.80亿元和4.75亿元。

此外,根据上市公司与业绩承诺补偿主体签署的《业绩承诺及补偿协议》及其补充协议,业绩承诺补偿主体(金昇实业、金布尔、合众投资及和合投资)承诺本次重组实施完毕当年及其后两个完整会计年度,即2017年、2018年、2019年,卓郎智能实现的归属于母公司所有者的净利润(合并报表口径,扣除非经常性损益,下同)分别不低于5.83亿元、7.66亿元、10.03亿元,合计不低于23.52亿元。

根据2017年和2018年财务报表可知,卓郎智能2017年扣除非经常性损益后实现的归属于母公司所有者的净利润为6.58亿元,超过5.83亿元,业绩承诺完成率为112.86%;卓郎智能机械2018年扣除非经常性损益后实现的归属于母公司所有者的净利润为8.1亿元,超过业绩承诺的7.66亿元,业绩承诺完成率为105.74%。因此,在本次交易完成后,上市公司的盈利能力将大幅改善。

五、关键要点

1. 关键知识点:(1) 重大资产重组;(2) 借壳上市;(3) 借壳新规;

2. 能力提升点:根据案例与相关的参考文献,引导学生对借壳上市以及借壳方案的选择等做进一步研究。

六、建议课堂计划

本案例可用于专门的案例讨论课,以下是按时间进度提供的教学计划

| 案例七 |

卓郎智能借壳新疆城建,西方工业 4.0 踏上东方丝绸之路

建议,仅供参考。

整个案例课的课堂时间控制在 90 分钟左右。

课前计划:

提前一到两周将案例正文发给学生阅读,提出思考题供学生进行初步思考,查阅资料了解案例有关信息。并将学生按照 3~5 人一组进行分组。

课中计划:简要的课堂前言(15 分钟)

让学生根据自己的观点分组讨论(30 分钟)

各组学生将自己的观点总结陈述(25 分钟)

教师或学生点评,并归纳总结(20 分钟)

课后计划:结合课堂引导,向学生小组布置案例的课后作业,下节课要求以小组形式上台讲解案例的 PPT,要求案例的重点与本次案例相关,每组的讲解时间不超过 15 分钟。

七、相关附件

关于修改《上市公司重大资产重组管理办法》的决定(节选)

一、第十三条修改为:"上市公司自控制权发生变更之日起 60 个月内,向收购人及其关联人购买资产,导致上市公司发生以下根本变化情形之一的,构成重大资产重组,应当按照本办法的规定报经中国证监会核准:

(一)购买的资产总额占上市公司控制权发生变更的前一个会计年度经审计的合并财务会计报告期末资产总额的比例达到 100%以上;

(二)购买的资产在最近一个会计年度所产生的营业收入占上市公司控制权发生变更的前一个会计年度经审计的合并财务会计报告营业收入的比例达到 100%以上;

(三)购买的资产在最近一个会计年度所产生的净利润占上市公司控制权发生变更的前一个会计年度经审计的合并财务会计报告净利润的比例达到 100%以上;

(四)购买的资产净额占上市公司控制权发生变更的前一个会计年度

经审计的合并财务会计报告期末净资产额的比例达到100%以上；

（五）为购买资产发行的股份占上市公司首次向收购人及其关联人购买资产的董事会决议前一个交易日的股份的比例达到100%以上；

（六）上市公司向收购人及其关联人购买资产虽未达到本款第（一）至第（五）项标准，但可能导致上市公司主营业务发生根本变化的；

（七）中国证监会认定的可能导致上市公司发生根本变化的其他情形。

二、上市公司实施前款规定的重大资产重组，应当符合下列规定：

（一）符合本办法第十一条、第四十三条规定的要求；

（二）上市公司购买的资产对应的经营实体应当是股份有限公司或者有限责任公司，且符合《首次公开发行股票并上市管理办法》规定的其他发行条件；

（三）上市公司及其最近3年内的控股股东、实际控制人不存在因涉嫌犯罪正被司法机关立案侦查或涉嫌违法违规正被中国证监会立案调查的情形，但是，涉嫌犯罪或违法违规的行为已经终止满3年，交易方案能够消除该行为可能造成的不良后果，且不影响对相关行为人追究责任的除外；

（四）上市公司及其控股股东、实际控制人最近12个月内未受到证券交易所公开谴责，不存在其他重大失信行为；

（五）本次重大资产重组不存在中国证监会认定的可能损害投资者合法权益，或者违背公开、公平、公正原则的其他情形。

上市公司通过发行股份购买资产进行重大资产重组的，适用《证券法》和中国证监会的相关规定。

本条第一款所称控制权，按照《上市公司收购管理办法》第八十四条的规定进行认定。上市公司股权分散，董事、高级管理人员可以支配公司重大的财务和经营决策的，视为具有上市公司控制权。

创业板上市公司自控制权发生变更之日起，向收购人及其关联人购买资产，不得导致本条第一款规定的任一情形。

上市公司自控制权发生变更之日起，向收购人及其关联人购买的资产

| 案例七 |

卓郎智能借壳新疆城建，西方工业4.0踏上东方丝绸之路

属于金融、创业投资等特定行业的，由中国证监会另行规定。

三、第四十四条第一款修改为："上市公司发行股份购买资产的，除属于本办法第十三条第一款规定的交易情形外，可以同时募集部分配套资金，其定价方式按照现行相关规定办理。"

四、第四十六条增加一款，作为第二款："属于本办法第十三条第一款规定的交易情形的，上市公司原控股股东、原实际控制人及其控制的关联人，以及在交易过程中从该等主体直接或间接受让该上市公司股份的特定对象应当公开承诺，在本次交易完成后36个月内不转让其在该上市公司中拥有权益的股份；除收购人及其关联人以外的特定对象应当公开承诺，其以资产认购而取得的上市公司股份自股份发行结束之日起24个月内不得转让。"

五、第五十三条增加一款，作为第二款："未经中国证监会核准擅自实施本办法第十三条第一款规定的重大资产重组，交易尚未完成的，中国证监会责令上市公司补充披露相关信息、暂停交易并按照本办法第十三条的规定报送申请文件；交易已经完成的，可以处以警告、罚款，并对有关责任人员采取市场禁入的措施；涉嫌犯罪的，依法移送司法机关追究刑事责任。"

（刘焱 崔发 黄晶）

案例八

诚信至上：
万福生科对农业上市公司的深刻警示

摘　要：近年来，随着康得新、康美药业等上市公司财务舞弊行为的曝光，以及个别会计师事务所和证券公司执行项目风险不断暴露，让业界对这些机构的自律性、公正性和专业化水平提出了质疑。如何在保持自身安全的前提下，实现共赢合作，一时间引起热议。本案例主要以万福生科为例，分析了企业在上市过程中，应该与金融中介机构保持怎样的合作关系，同时回顾了万福生科从上市到被发现财务造假的全过程，并对整个过程中证券公司及会计师事务所所起的作用以及所带来的相应的结果进行了分析，由此衍生出对企业上市过程中三者合作关系的反思。

关键词：企业上市；万福生科；财务造假；合作关系

　　三年的时间，万福生科上演了一连串惊心动魄的故事：造假——上市——被戳穿。2013年5月16日下午1点，万福生科董事长兼总经理龚永福刚刚接待完湖南省高级人民法院的三名法官，数月来已有不少司法机关工作人员造访过万福生科了。眼前的龚永福额头一片汗珠，身上白色T恤也早已湿透了。

　　龚永福的童年受苦太多，后来办企业，天天受累，抢滩资本市场后，则是在受罪。在万福生科不少员工心中，龚永福是善良忠厚的农民，他读书不多，却仗义豪爽。这位从战场上"捡回半条命"的老兵，现在却戴上了"造假"的帽子①。

---

① 赵武阳. 地方政府为何热衷IPO？[J]. 中国外资，2014(2)：152.

案例八
诚信至上

英雄末路的怅惘与"半身多事故人疏"的悲凉萦绕在龚永福心头。"最近他向我交代一些企业上的事情时,眼里常含着泪花。"万福生科董事长顾问熊全广感慨道。万福生科近年来在龚永福的领导下艰难运营,如今又面临着巨大的负面影响,万福生科势必将经受更加严峻的考验。

一、万福生科概况

(一)公司简介

万福生科(湖南)农业开发股份有限公司(以下简称"万福生科"),是一家集粮食收储、大米和油脂加工、大米淀粉糖和蛋白粉系列产品生产销售及科研开发为一体的省级农业产业化龙头企业、省级高新技术企业[①]。万福生科根植于美丽富饶的潇湘大地,致力于成为国内领先的粮油加工企业和健康食品的供应商,利用洞庭湖区丰富的稻谷资源为消费者提供营养健康的食品和高品质的生活服务。

万福生科集大米结晶葡萄糖、大米高蛋白、高麦芽糖浆等淀粉糖系列产品生产、销售,粮食收购、储备及科技研发为一体,是稻米深加工副产品综合利用循环经济企业,是废水、废渣无害化处理与综合利用的绿色环保企业。公司坚持走产、学、研相结合的道路,与湖南农业大学、中南林业科技大学、长沙理工大学等高校建立了长期的技术联系,并与湖南农业大学联合建立了稻米精深加工研究所。公司不仅持续提升健全经营治理结构、完善财务结构以及风险管理能力,而且始终将人才作为万福生科和未来最核心的资源,通过竞赛来选拔人才。

万福生科通过技术集成,创建了稻米深加工高效循环利用模式,其生产过程达到无"三废"排放的生态环保和高效节能的效果,具有了良好的示范作用,这一先进模式在国家农业部的推动下正在全国推广。

---

① 刘娇,龚凤兰."万福生科"财务造假案例研究[J].财会月刊,2013(17):54-56.

"给我一粒谷,还你十分精彩"。万福生科主要产品的原料是稻谷,旗下品牌为"陬福",产品范围囊括精制大米、大米结晶葡萄糖、大米高蛋白、高麦芽糖浆等淀粉糖系列产品。公司生产的大米品牌有"陬福"牌丝苗米、金优米、万福香米等多个品种。大米深加工产品有"陬福"牌淀粉糖系列高麦芽糖浆、麦芽糊精、结晶葡萄糖、果脯糖浆、全糖粉、精蛋白等产品,还有优质稻米油、饲料等。

公司在国内首创以大米淀粉糖、大米蛋白为核心产品的稻米精深加工及副产物高效综合利用的循环经济生产模式,并已成为循环经济水平和副产品综合利用效率最高、产业链条最长的企业之一[1]。公司生产企业均采用国际、国内一流的生产设备,一流的工艺流程和全新的自动监控手段。企业被国家农业部授予"诚信守法乡镇企业",被湖南省工商局授予"重合同守信用单位",被湖南省农业发展银行评定为"AA"信用等级企业,被湖南省银行业协会授予"守信用企业",被湖南省农业厅授予"推行新农村建设领头企业",被湖南省粮食局授予"湖南省粮油加工重点企业"。公司已经通过了ISO9000质量体系认证、ISO14000环境质量体系认证和ISO22000食品安全管理体系认证,取得了QS食品安全生产许可证,并建立了现代化检测中心,为公司产品质量提供了强有力的保证。"陬福"商标被认定为中国驰名商标。"陬福"精制米系列被中国粮食行业协会评为"放心米",被湖南省常德市消费者协会推荐为"名优特新商品",并被评为"绿色食品""无公害农产品";"陬福"牌大米和"陬福"牌高麦芽糖浆被湖南省质量技术监督局评为"湖南名牌"。同时,企业鼓励科技创兴,走自有研发道路,并取得不错成果,比如"大米深加工高效转化及副产物高效综合利用"获2010年度湖南省科技进步奖一等奖。

(二) 行业信息

万福生科是典型的农业上市公司,而其作为社会生产的基本经济单位,

---

[1] 陈以哲. 现金流自体循环式财务舞弊及其审计应对[D]. 云南财经大学,2014.

案例八
诚信至上

除了具有一般企业共有的特征外,还具有其自身的特征:

(1)农业上市公司在生产经营内容上有其自身特点。农业上市公司主要通过劳动来强化、控制、利用动植物(包括微生物)的生活机能和外界的自然力,从而取得产品,所以农业上市公司经济活动的自然性和有机生命性比较明显。

(2)农业上市公司的经济效益具有较大的不确定性。农业生产过程周期长,受客观因素,尤其是自然条件的影响较大,不可控因素较多,致使农业上市公司经营风险较大,投入产出规律及其结果莫测,经济效益难以确定。

(3)农业上市公司大多数地处广大农村,市场营销意识薄弱,营销观念滞后,缺乏竞争和质量观念。技术水平不高、生产与管理方式落后,劳动力素质低下、物质基础差、工作环境比较艰苦的现状难以在短时期内改变。另外,生产经营活动的分散性给农业上市公司的生产组织、劳动管理和营销管理等经济活动也带来了极大的复杂性。

(4)农业上市公司大量生产雷同产品。由于农业属于基础性产业,其产品与其他部门与行业相比花色品种少,并且绝大多数需求弹性不大,从而加大了农业上市公司经营决策调节手段和市场竞争的难度。

此外,还存在非常关键的一点:农业上市公司是财务造假的重灾区。原因有以下几点:

首先,农业税收优惠多,虚增收入的成本低。国家为了鼓励农业生产和农产品加工行业发展,实施了很多的税收优惠政策,农业的税率很低甚至个别领域完全免税,这会极大降低造假的成本。

其次,现金结算比例高。农副产品采购和销售都常常使用现金,非银行转账造成审计上存在根本的困难,这里特指农产品加工企业。但是农产品加工企业上游多数是小农户,企业带着现金去采购,带着农作物回来。这种交易在银行系统、物流系统几乎不会留下任何痕迹,交易到底发生没发生,价格、金额、数量是多少,很难查验其真实性。这种终端分散的现金交易,让核查真实性变得特别困难,造假者就更容易蒙混过关①。

再次,生产性生物资产核查不易。农业里面的林木、养殖的动物在核查价值的时候,有很大的调控空间,也很难核查清楚,某些农业类上市公司的存货很难确定价值,盘点也很困难。上市公司可以很容易在这一点上虚增资产,又能欺骗银行获得抵押贷款。

以上这些特点,万福生科基本上都具备,而且在其财务造假一案中也运用了一些农业企业典型的舞弊手段。

二、万福生科的"上市——戳穿之旅"

(一)半推半就 IPO

万福生科的产业规模盈利模式基本达标,也符合当时的高新科技与绿色农业概念,因此从建立那天起就受到地方政府的大力支持。但龚永福本人对上市的意愿并不强烈。首先龚永福本人学历不高,对于上市也并不了解,所以对整个上市过程自己可能一直处于被动的状态,但是对龚永福来说,资本市场就像一盏令他无比渴望、又迷茫无措的探照灯,想去接近但又担心。同时,万福生科 2008~2010 年的资产负债率分别为 77.53%、58.29%、57.52%,总体负债水平较高,而且这些负债 90% 以上为短期负债,其速动比率分别达到 0.25、0.31、0.41,短期偿债压力较大,万福生科需要大量的资金支持,在民营企业融资难的大背景下,上市无疑是最优选择。这让龚永福陷入两难的境地,一方面万福生科在 2000 年资产就已过亿元,对于一个想做实业的企业家而言,上市并不是他的最终梦想,他的梦想一直都是"让一粒稻谷产出茅台酒的价值";而另一方面,对于万福生科未来前景的看重也让他动了上市的念头。最终,龚永福决定上市,通过上市融资获取资金购建新的生产线,上市或许会让他的梦想早一天实现。

---

① 周超珉. 农业类上市公司造假舞弊的原因及对策[J]. 中国电子商务,2013(15):224.

案例八
诚信至上

为了支持万福生科上市,常德市政府给予其财政补贴、税收优惠等多方面的奖励措施,就这样,万福生科在常德市政府、平安证券以及中磊会计师事务所的帮助下,于2011年9月27日在深交所创业板成功上市,龚永福成为常德市资本市场的新贵,坐拥亿万元资产。

（二）造假恶行被揭露

但好景不长,万福生科就迎来了令人大跌眼镜的反转。

2012年9月中旬,万福生科因为涉嫌业绩造假而被中国证监会立案调查。

2013年5月10日晚间,证监会在官方网站上公布了对万福生科涉嫌欺诈发行上市和上市后信息披露违规等事项的调查结果。调查结果显示,2008～2010年,公司分别虚增销售收入约12 000万元、15 000万元、19 000万元,虚增营业利润约2 851万元、3 857万元、4 590万元;2011年年报和2012年半年报,公司分别虚增销售收入28 000万元、16 500万元,虚增营业利润6 635万元、3 435万元。

万福生科最先被发现的是2012年的半年报造假。在2012年半年度报告中,该公司虚增营业收入1.88亿元,虚增营业成本1.46亿元、虚增净利润4 023.16万元,前述数据金额较大,且导致该公司2012年上半年财务报告盈亏方向发生变化,情节严重。因此万福生科被湖南省证监局立案调查,并在2012年11月23日被深交所公开谴责。

随着监管部门调查的深入,万福生科以往的"恶行"终于被揭露出来。

万福生科曾经发布的公告称,经公司自查发现2008年至2011年定期报告财务数据存在虚假记载,初步自查结果如下：2008年至2011年累计虚增收入7.4亿元左右,虚增营业利润1.8亿元左右,虚增净利润1.6亿元左右[1]。据万福生科招股说明书及2011年年报,2008～2011年,该公司净利润

---

[1] 刘恩志. 上市公司财务造假的博弈分析——基于案例分析的视角[J]. 会计之友, 2013(21)：53-55.

分别是 2 565.82 万元、3 956.39 万元、5 555.4 万元和 6 026.86 万元,四年内净利润总数为 1.81 亿元。可是其中有 1.6 亿元净利润是虚构的,实际上四年合计净利润只有 2 000 万元左右,近九成为"造假"所得①。

农业公司造假有着天然因素:一为迎合资本市场神话,诱逼传统农业人为制造高增长;二是农业公司上下游比较分散,尤其是下游分散且多为个体户,容易逃过中介眼睛。万福生科的财务造假,沿袭的其实还是传统两大套路:一是虚增利润;二是虚增资产。这两者往往是同步的,否则账无法做平。这是一个系统造假工程,必须打通上下游才能共同完成②。

但万福生科的造假工序,比一般公司更有"技术含量"。根据万福生科多次公告,自 2008 年至 2012 年上半年累计虚增收入 9.2 亿元,虚增净利润 2 亿元左右。其中,造假最为严重的是 2011 年,也就是上市当年,万福生科虚增收入 2.8 亿元,虚增净利润 5 913 万元。

谎言为什么能维持长达四五年?从事后还原看,主要是因为万福生科的造假技术较高。

首先是虚拟客户以及客户销售额来完成资金的体外循环。稽查组在历时两个多月外调、走访 50 多家客户后发现,万福生科的虚拟客户主要有两类:一类是万福生科曾经的客户,交易发生时间不在万福生科上市发行期内;另一类根本就是不存在的客户,包括一些几年前就已注销或关闭的小公司,万福生科居然把其生生搬来冒充成自己的客户,还有一些是万福生科借用了一些农户的身份证,为他们开立个人银行账户,但这些账户却是由万福生科来控制,公司将自有资金打到这些个人账户中,冒充为"预付给农户的收购款";而后,再将资金从农户的个人账户上打回给公司,冒充为"客户的销售回款"。一些农户根本都不知道万福生科为他们开立了银行账户,而另一些甚至根本不是粮食经纪人,而是万福生科公司的职工或是职工的远房

---

① 王祥胜. 证监会"零容忍"监管实录[J]. 理财,2012(2):22-24.
② 田为为. 万福生科公司 IPO 造假案例分析:基于投资者保护视角[D]. 辽宁大学,2014.

案例八
诚信至上

亲戚等。这其实可以从万福生科主要客户披露中找到问题。2012年中报更正中,万福生科前五大客户,湖南祁东佳美食品公司销售收入虚报1 415万元,实为223万元;中意糖果公司虚报1 342万元,实为119万元;而湖南傻牛食品厂和怀化小丫丫食品公司直接从前五大客户名单中消失。此外,在稽查过程中,万福生科还同一些客户打过招呼,可想不到的是,其财报数字假得太离谱,即使客户虚报数字"帮忙"隐瞒,依旧望高难以企及。也就是说,调查出来的实际资金流水缺乏真实的采购和销售证据来支撑,谎言也就逐步被揭穿了。

万福生科客户销售数据,半真半假。其相关中介机构透露,由于客户过于分散,而且很多是现金交易,万福生科直接将一些小客户的销售额算到几个大客户中。另外,打通了下游关系,伪造配套的销售合同、销售凭证、出库凭证等都不是问题。

同时,万福生科自然也明白,销售和采购合同如果没有实际资金流水支撑,是无法通过审计的。因此,在面对审计机构的时候,万福生科使出了撒手锏:伪造银行回单。因此万福生科伪造了大量的银行回单,并私刻了若干个银行业务章盖在上面,从而使银行流水能够跟销售合同和采购合同上面的名义客户对应起来。稽查人员表示,虽然账套资金流水与银行资金流水在日期、金额上逐笔一一对应,但问题却在于名称造假,这个过程中能演变出许多不同形式。例如原本是由张某通过银行打回的款项,但对应银行回单上的账户名却被改成了万福生科某客户名称。如果只核对流水是对不出问题的,这就需要深度追查资金究竟从哪里来的。

稽查组负责人说,从购销合同到入库单、检验单、生产单、销售通知单以及采购销售发票等,这些单据凭证由专人开具。由于万福生科对应的粮食收购方都为农户或粮食经纪人,不能开具发票,因此采购发票也由万福生科开具,这样所有的单据凭证全部由自己解决,而不依赖外部的力量,具有很高的造假独立性。

此外,为了实现造假链条环环相扣,万福生科造假过程采取了成本倒算制。因为整个公司财务是按计划去造假,而非真实情况,所以财务人员会根据虚增后的各产品销售收入、毛利率以及生产消耗率直接倒算相关生产财务成本,达到了产销平衡。既然是算出来的,整个资产负债表是平衡的,不能直接简单地找到问题所在。而且,万福生科不像有些公司造假,一些是真的,剩下可能是假的,它的一笔业务里既有真数也有假数,真假交织,很难核查。

万福生科的造假集系统化、隐蔽性、独立性为一体,采取了成本倒算制,使财务报表整体十分平衡,很难从形式上发现问题,且造假遍及进、存、产、销各个经营环节,参与造假的人员很多。在执行过程中,由财务总监总体策划、统一分配任务,过程就像流水线,每个参与人员只需完成各自部分,然后移交给下个环节负责人,等全部流水线结束后,整套假账也顺理成章产生。因此,万福生科是典型的"一条龙"造假,公司根据真实的"投入产出比例"虚拟采购、生产和销售流程,炮制假购销合同、假入库单、假检验单、假生产通知单、假出库单、假保管账、假成本核算、假银行结算单等。

证监会稽查组在调查资金流水过程中,发现了公司为掩人耳目采取的"小伎俩"。比如,一笔资金从 A 柜台取出,再从 B 柜台存进,人为割裂资金流向;再比如一些转款是通过刷公司自己装的 POS 机打回账户,银行确认这种资金来源的难度很大,因此稽查人员需要协调银联调取相关数据。在整个银行资料调查过程中,稽查人员共追查 300 多个账户、超过 10 万笔流水。

又比如,在体外循环中变换方式:有两笔 500 万元转出去,回来时不一定是两笔 500 万元,可能会拆成几笔,把回款资金拆得比较零碎,想做哪个客户的回款,就假冒成这个客户把钱打回公司账上。

既然销售额已经被虚增,接下来得让将资产负债表与其匹配。传统造假中,公司往往会选择虚增应收账款、其他应收款之类,随后找个时间点将虚增的应收账款计提坏账洗白。但缺陷是,应收账款属于流动资产,而且特别敏感,不易操作。

万福生科造假的"高明"之处,在于选择了将虚拟资产装入"预付账款",以及非流动资产中的"在建工程"。因为万福生科刚上市,有大量募投

案例八
诚信至上

项目,在建工程项目放大不至于引人注意①。另外一个深层次原因是,国内上市公司募投项目存在大量资金挪用、项目承诺不兑现的情况,但被追责者寥寥。所以,募投项目是上市公司财务"洗白"的上佳道具②。

根据其2012年中期财务更正公告,截至2012年6月底,万福生科在建工程虚增8 036万元,预付款项虚增4 469万元。仅仅2012年上半年,万福生科在建工程项目账面余额从8 675万元增至1.8亿元。

而万福生科大量的预付款项,是支付给个人的,交易原因为"预付工程设备款"。而这些个人都是虚拟的,方便把钱流出去。

不过,但凡造假,必有破绽。万福生科造假故事的破绽,正是从被大家所忽略的现金流量表开始的。

2012年上半年,尽管万福生科在建工程资金增加了9 323万元,但现金流量表中,公司构建固定资产、无形资产和其他资产支付的现金只有5 883万元③。按理说,这中间3 444万元的差额,会造成预付款的减少,但预付款不减反增。如此一来,万福生科的整体逻辑很清楚:虚增销售额,但客户的银行流水进账不做假。

但接下来,公司要想办法把多收客户的钱给退回去。如果直接银行流水退回,会引起怀疑,于是以大量在建工程支出以及采购为由,将钱还给客户,形成看似合理的银行流水。

至此,万福生科财务造假被全部揭露。

万福生科造假案震惊市场,在查清事实后,证监会很快对公司有关责任人员和中介机构进行了处罚。

(三)辅助IPO全员被处罚

种恶因得恶果,证监会于2013年5月10日召开新闻发布会,专门通报

---

① 谈礼彦. 万福生科造假事件回顾思考[J]. 财会月刊,2014(7):68-70.
② 崔晓莉,武磊. 万福生科财务造假案例分析及启示[J]. 现代商贸工业,2013,25(15):151-152.
③ 李曼波. 论审计人员职业道德建设[J]. 时代经贸,2014(5):328,330.

万福生科涉嫌欺诈发行股票和信息披露违法行为及相关中介机构违法违规案的行政处罚结果,从上市公司到券商再到会计师事务所无一幸免,并且证监会处罚风格一改往日,该处罚结果不禁令人望而生畏。

首先,证监会对万福生科给予警告,并处以30万元罚款;对公司董事长兼总经理龚永福给予警告,并处以30万元罚款;对其他19名高管给予警告,并处以5万元至25万元罚款,从处罚金额来看,并不严重。但拟对龚永福以及万福生科原财务总监覃学军采取终身证券市场禁入措施,这让众多上市公司的财务总监心中为之一震。

其次,对于保荐工作中的平安证券在万福生科上市过程中,被金钱与绩效蒙蔽双眼,未能保持严谨作风、勤勉尽责,并存在虚假记载,证监会拟对其给予警告。然而处罚没有就此终止,证监会对保荐代表人吴文浩、何涛处以30万元罚款,撤销保荐代表人资格和证券从业资格,采取终身证券市场禁入措施;证监会没收平安证券在该保荐业务中高达2550万元的收入,并处以2倍的罚款,暂停其保荐机构资格3个月,且设立3亿元专项基金赔偿投资者损失,该项处罚之严厉不仅大大挫伤了平安证券的行业信誉,也让其他券商倒吸一口凉气。

另外,会计师事务所也难逃法网,证监会拟对中磊会计师事务所没收业务收入138万元,并处以2倍的罚款,撤销其证券服务业务许可资格;对湖南博鳌律师事务所没收业务收入70万元,并处以2倍的罚款,且12个月内不接受其出具的证券发行专项文件。同时,证监会也对两家机构的涉案人员进行依法处罚。

证监会新闻发言人郑重表示,目前万福生科案的行政调查事件现已终结。涉及刑事处罚部分的,证监会已将万福生科及两名涉嫌犯罪的人员移送公安机关处理。而涉及行政处罚部分的,现已进入行政处罚预先告知阶段。

一系列处罚把这家上市不到两年、深居湖南桃源县的农业企业以及平安证券推上了风口浪尖。与此同时,薛荣年等时任平安证券的高管也未能脱罪幸免。吴文浩、何涛被撤销保荐代表人资格,撤销证券从业资格,终身证券市场禁入。与此同时,对保荐业务负责人、内核负责人薛荣年、曾年生和崔岭给予警告并分别处以30万元罚款,撤销证券从业资格。

三、尾声

龚永福有个梦想,就是"让一粒稻谷产出茅台酒的价值",为此,他想上市融资建设新的生产线,购买新设备。这本是一名农民企业家的朴素愿望,但他今天却面临"出师未捷身先死"的窘境,还有马失前蹄的尴尬。

自从被证监会移交公安机关后,龚永福每日要向专案组请假后才能到公司上班,等侦查完毕他也将被刑事拘留,继而等待法律审判。"一切都是无知犯下的错,我踏实了大半辈子,没想到毁在这件事上。"龚永福无奈地吐露出自己的心声。这一切都要归咎于他忽视了"诚信至上"这一原则的重要性。

案例使用说明

一、教学目的与用途

1. 本案例主要适用于"公司财务""企业上市与信息披露"等课程的教学。

2. 本案例可用于工商管理类的本科生、研究生学习,也可作为MBA、EMBA等教学课程的教学素材。在学习之前,需要有基本的财务知识,以及对企业上市的过程中需要哪些第三方角色参与的了解。

3. 本案例的教学目的是帮助学生识别财务造假的基本手段及动因剖析,客观认识企业在IPO过程中,金融中介机构所起的作用及应尽的责任,并探讨几方应保持怎样的合作关系,才能在实现共赢的同时,维护资本市场的有效性和有序性。

二、启发思考题

1. 万福生科为什么要财务造假？主要的造假手段有哪些？

2. 什么是成本效益原则？基于此原则，万福生科的做法是否值得？在此次 IPO 中付出了哪些成本？

3. 平安证券及中磊会计师事务所在此次 IPO 中扮演着怎样的角色？他们又付出了哪些成本？

4. 在企业 IPO 中，企业和证券公司及会计事务所应保持怎样的合作关系？

三、分析思路

教师可以根据自己的教学目标来灵活使用本案例。本案例主要从万福生科上市历程、财务造假的手段、证券公司及会计事务所角色扮演及失职原因等三个方面展开分析。

具体可按照如下思路展开：

1. 通过学习万福生科上市的过程，了解企业上市的动因及上市后的机遇。

2. 通过介绍万福生科财务造假使用的手段，让学生了解企业财务造假常用的手段，尤其是农业类企业的造假手段。

3. 通过对万福生科 IPO 过程中会计事务所及证券公司所起作用及后果的分析，让学生认识到在企业上市过程中，几方关系应当保持的底线，并作出最基本的职业判断。

四、理论依据与分析

1. 万福生科为什么要财务造假？主要的造假手段有哪些？

根据财务舞弊的 GONE 理论，企业财务造假的原因有四个方面，即 G(Greed)，贪婪；O(Opportunity)，机会；N(Need)，需要；E(Exposure)，暴露。首先是贪婪，即面对巨大的利益以及极高的名誉，往往会直接导致财务

案例八
诚信至上

造假。企业上市后能够获得公开募集资金的机会,同时为企业带来好口碑及好机遇,公司管理层的身份地位也会直线上升,面对如此诱人的利益及名誉地位,使许多本不达标的企业揠苗助长,不惜通过虚增收入、虚增资产等手段进行财务造假,以实现上市。在万福生科财务造假案例中,万福生科上市后募集资金合计为 42 500 万元,在获得强大资本的同时,董事长龚永福也成为被光环笼罩的亿万富翁,赢得了许多客户的信任,他的"大米变茅台"言论也为他吸引了众多的投资者。

其次是需求。从万福生科案例来看,在 2008 年、2009 年、2010 年这三年中,万福生科的资产负债率高达 77.53%、58.29%、57.52%,且大部分为短期负债,可见其需要大量的资金来偿还债务,而上市获得的巨大资本对于当时的万福生科来说无疑是救其于水火之中。

接着是机会。从内控角度来看,万福生科是典型的一股独大。龚永福和妻子杨荣华(公司董事)共持有公司股份为 59.98%,而其他股东持有公司股份的比例都小于 5%,股权高度集中导致大股东的权利缺少制衡,这极大可能带来的后果就是大股东与代理人一起侵害其他小股东的利益。事实也证明,内部控制失效是万福生科财务造假的主要原因。从外部控制角度来看,外部合作的金融中介机构即保荐机构平安证券、审计机构中磊会计师事务所在辅助上市的过程中未能忠于职守,坚持自己的职业底线,反而成了财务造假的助推器。

最后是暴露。从事前监督来看,万福生科的舞弊行为很难被发现并且被披露,因为本应为上市严格把关的中磊会计师事务所和平安证券反而成了财务造假的推手。以会计师事务所为例,我国当时上市业务极少,而审计服务的提供却远远超出这种需求,这种供求关系的失衡进一步导致了雇佣关系的扭曲,使得审计失去了其话语权。在双方的合作中,客户主导了审计,这就使得事前的监督失去了其应有的作用,以近来康得新、康美药业的案例来看,我国审计独立性需要极大的提高,审计市场也需要大力改善。从事后处罚来看,我国对于财务造假的惩罚力度并不大,与其获得的巨大资本相比如同就九牛一毛。我国《证券法》第189条规定：发行人不符合发行条件，以欺骗手段骗取发行核准，尚未发行证券的，处以30万元以上60万元以下的罚款；已经发行证券的，处以非法所募资金金额1%以上5%以下的罚款①。而此次万福生科财务造假欺诈上市，仅被证监会处以30万元罚款，且并未退市，这样的处罚力度使得"后来者居上"。

在财务造假手段中，万福生科主要运用了以下三种：一是虚增收入与利润，二是虚增资产，三是隐瞒重要事项。

（1）虚增收入。

通过对比万福生科2012年中报更正前和更正后的报表可以发现，其90%以上的产品收入都被虚增，更正前后的应收收入差距非常大，甚至在变更后的报表上显示，其麦芽糊精销售额为零。万福生科2012年中报变更前后对比如表1所示。

表1 2012年中报变更前后对比

万福生科主要产品收益分析						
主要产品	变更前			变更后		
	营业收入（万元）	营业成本（万元）	毛利率（%）	营业收入（万元）	营业成本（万元）	毛利率（%）
糖浆	12 226.12	9 555.65	21.84	2 031.74	1 810.67	10.89
葡萄糖粉	1 402.04	1 092.42	22.08	43.11	40.63	5.75
麦芽糊精	1 123.89	873.20	22.31	—	—	—
蛋白粉	2 754.28	2 038.50	25.99	352.03	202.49	14.07
优质米	5 111.61	4 438.54	14.93	1 119.75	1 063.74	5.00
其他	—	—	—	65.18	170.58	-161.72

数据来源：万福生科2012年中报

万福生科主要是通过虚拟客户以及虚增销售额来完成收入的虚增。经过稽查组的调查发现，万福生科的虚拟客户主要有两类：老客户但在上市发

① 刘娇，龚凤兰."万福生科"财务造假案例研究[J].财会月刊，2013(17)：54-56.

行内并没有发生额以及完全不存在的客户,例如有些很早就已注销或不营业的公司。除此之外,万福生科还"借助"一些农户的身份证去银行开立个人账户由自己使用,主要手段是将公司的资金转到这些农户的个人账户中,作为"预付给农户的收购款",然后再从这些个人账户上转给公司,作为"客户的销售回款"①。

细看万福生科主要客户就能发现其中的端倪。2012 年中报更正中,万福生科主要客户湖南祁东佳美食品公司销售收入虚报 1 415 万元,而事实上只有 223 万元;中意糖果公司虚报 1 342 万元,事实上仅仅 119 万元;而湖南傻牛食品厂和怀化小丫丫食品公司竟凭空消失。在虚拟了客户之后,万福生科又伪造了对应的销售合同、销售凭证以及出库单等。此外,为了将"假戏"做得更真,万福生科更是使出了自己的必杀技——伪造了银行回单。

具体的对比数据详见表 2 所示。

表 2 2012 年中报"万福生科"前五名客户营业收入情况 单位:万元

单位名称 (调整前)	单位名称 (调整后)	主营业务收入 (调整前)	主营业务收入 (调整后)
湘盈粮油经营部	湘盈粮油经营部	1 694.20	1 694.20
祁东佳美食品	亿德粮油贸易行	1 415.61	634.00
湖南傻牛食品	祁东佳美食品	1 380.39	222.80
津市中意糖果	津市中意糖果	1 341.95	118.73
小丫丫食品	焦作市菲爱诗	1 340.64	90.70
合计		7 172.79	2 760.42

数据来源:万福生科 2012 年中报

(2)虚增利润。

万福生科主要通过少提减值、调减期间费用两种手段来虚增利润。首先,其 2011 年年报附注中披露,公司由于存货、固定资产等未发现减值迹

---

① 田为为.万福生科公司 IPO 造假案例分析:基于投资者保护视角[D].辽宁大学,2014.

象,从而未计提减值准备。具体情况如表3所示。而对比同期市场销售情况,竞争极其激烈,大多数公司产品滞销,例如其竞争对手"中国粮食第一股"的金健米业,在2012年对其库存商品计提了近103万元的折旧,显然,万福生科未计提减值准备有些不合理。其次,万福生科调减了其发生的期间费用,例如,2011年万福生科的营业收入增加了27.6%,但其运输装卸费用却下降了49.3%,两者极其矛盾[1]。

表3 2009~2011年万福生科存货相关情况

项目	2009年	2010年	2011年
存货金额(万元)	19 628.60	19 013.24	24 509.00
原材料金额(万元)	15 114.26	15 625.57	—
原材料占存货比例(%)	77	82	—
存货占流动资产比例(%)	75	67	31
存货占资产总额比例(%)	51	38	23
存货跌价准备	0	0	0

数据来源:万福生科2009~2011年财务报告

(3) 虚增资产。

为了与虚增的销售额匹配,万福生科又虚增了资产,即虚增了预付账款和在建工程[2]。

我国上市公司的募投项目普遍存在挪用资金、不信守承诺的情况,然而却很少有企业被追究责任。万福生科利用其当时大量的募投项目,虚增在建工程,并未引起公众的注意。因此,募投项目成了万福生科财务造假的首选。

如在2012年前两个季度,万福生科在建工程科目账面余额就从8 675万元猛增到1.8亿元,增加了9 000多万元。

---

[1] 孙艳阳.万福生科财务造假的背后[J].财务与会计(理财版),2013(3):29-31.
[2] 董肖男.财务报告舞弊案例分析与对策研究[J].科技创新与生产力,2014(2):35-39.

案例八
诚信至上

如表4所示,通过对比可以发现,万福生科主要通过扩建即将完工的项目和追加投资来"美化"在建工程。例如淀粉糖扩改工程,在2011年年末完工程度为90%,在追加2 600万元投资后,完工程度变成30%;而新厂区围墙工程,虽然未追加投资,但完工程度却由100%降至80%;而污水处理工程虽然完工程度保持不变,但却追加了4 000万元的投资①。

表4 万福生科在建工程进度表

项 目	2011年12月31日		2012年6月30日	
	账面价值（万元）	工程进度（%）	账面价值（万元）	工程进度（%）
淀粉糖扩建工程	208.40	90	2 809.33	30
锅炉改造工程	257.23	100	261.23	85
四期扩建下水道工程	1 207.17	100	1 207.174	80
新厂区围墙	120.78	100	120.78	80
厂区绿化工程	335.93	100	409.61	82
精油生产线工程	23.96	50	33.96	6
污水处理工程	201.20	50	4 201.20	50

数据来源:万福生科2011年、2012年财务报告

除此之外,对于已经完工的在建工程,万福生科也并未将其转入固定资产。例如,锅炉改造工程、四期扩建下水道工程和新厂区围墙等在2011年底工程完工进度就已经达到100%,后续也并未增加预算再投资,但在2012年第二季度末却依然记在在建工程账户中。

在万福生科的预付款项中,有大量以"预付工程设备款"的名义打到个人账户中。经事后查明,这些个人账户都是万福生科虚拟的客户,目的只是为了把资金转出去,完成资金流的循环。

(4) 隐瞒重要事项。

在持续经营过程中,万福生科并未及时公布公司的重大事项。直到东

---

① 谈礼彦. 万福生科造假事件回顾思考[J]. 财会月刊,2014(7):68-70.

窗事发后才发现,其经济型稻米的深加工项目由于技术漏洞早已停止运行,整条生产线已瘫痪,直至 2012 年 6 月末,这条生产线才基本建成,投入正常的生产运作。这导致公司的各项产品生产都受到了不同程度的影响,让万福生科损失巨大。例如,其淀粉糖生产线停止生产共计 68 天,精制大米生产线在 2012 年上半年实际停产 81 天,普通大米生产线则在 2012 年上半年累计停产 123 天。但是,对于如此重大的损失,万福生科却并在其年报里进行披露。

2. 什么是成本效益原则?基于此原则,万福生科的做法是否值得?在此次 IPO 中付出了哪些成本?

成本效益原则是指企业在作决策时,应该以效益大于成本为原则,也就是说当某一项目的预期收益大于其所耗费的成本时,这个项目才能执行;反之,则应当放弃。因此,成本效益的观念就是要从收益与成本的对比分析来看待成本的发生,也就是要衡量成本高低的标准是一个相对数,即是预期收益与成本的比值,这个比值越大,越符合成本效益的原则。由此可见,在成本效益的原则中,成本的数值不是越低越好,而是关注预期收益与其的比值。

以成本效益原则为基础再重新看待万福生科通过财务造假欺诈上市一案,我们可以发现,万福生科通过欺诈上市虽然获得了短暂的"风光",共募得资金 42 500 万元,董事长龚永福也成为被光环笼罩的亿万富翁,赢得了许多客户和投资者的信任,但是在被发现财务造假后,却付出了巨大的代价。证监会对万福生科的欺诈行为做出了处罚决定,首先,证监会对万福生科给予警告,并处以 30 万元罚款;对公司董事长兼总经理龚永福给予警告,并处以 30 万元罚款;对其他 19 名高管给予警告,并处以 5 万元至 25 万元罚款,拟对龚永福以及万福生科原财务总监覃学军采取终身证券市场禁入措施。除了财力的损失之外,万福生科付出的最大代价就是断送了一个公司的大好前程。不少投资者被万福生科的"大米茅台论"吸引而投资该股,但却损失惨重,因此要求万福生科退市的呼声很高。尽管在被司法划拨给桃源湘

案例八
诚信至上

晖农业投资有限公司后迎来了复牌并且直接一字板封死涨停,但后续的发展依然不尽如人意:2012 和 2013 年连续两年亏损,2014 年前三季度亏损 2 718.63 万元,濒临连亏三年强制退市的红线,2015 年净利润亏损 9 944.32 万元,同比下降 2 046.95%,2016 年前三季度,万福生科亏损 814.8 万元一举打破公司亏损纪录,财务造假已让这个公司元气大伤。

3. 平安证券及中磊会计师事务所在此次 IPO 中扮演着怎样的角色?他们又付出了哪些成本?

在此次 IPO 中,中磊会计师事务所作为万福生科的上市审计机构,审计了万福生科 2008 年、2009 年、2010 年、2011 年共四年的财务报表附注、现金流量表和股东权益变动表,并且认为万福生科的财务报表在所有重大方面都按照企业会计准则的规定进行了编制,为万福生科出具了无保留意见的标准审计报告。然而,经过对比万福生科更正前后的财务报告可以发现,除了 2012 年的第三季度报告,万福生科自上市以来所有财务报告都存在财务造假行为。中磊会计师事务所作为具有专业审计能力与丰富经验的金融中介机构,完全有能力发现万福生科的这些财务问题,却未能勤勉尽责,没有对该公司的财务情况提出任何怀疑,在相关业务中,最终导致了这样一家并没有上市资格的公司"成功上市",使众多投资者损失惨重[①]。

平安证券是万福生科的承销、保荐机构,上市前负责企业的培训、辅导以及进行必要的背景调查等,上市后则要督导公司遵守规范,信守承诺,并及时进行信息披露等。然而,平安证券在此次舞弊案中,却未能保持应有的谨慎性和独立性,存在严重的失职行为。例如在万福生科的预付款项中,有大量以"预付工程设备款"的名义打到个人账户中。经事后查明,这些个人的账户都是万福生科虚拟的客户,目的只是为了把资金转出去,完成资金流的循环,但这些都未能引起平安证券的关注;早已停止运行的经济型稻米的深加工项目,导致淀粉糖生产线累计停产 68 天,精制大米生产线在 2012 年上

---

① 崔晓莉,武磊. 万福生科财务造假案例分析及启示[J]. 现代商贸工业,2013,25(15):151-152.

半年实际停产81天,普通大米生产线在2012年上半年累计停产123天①,然而平安证券也未能仔细核查该募投项目的生产进度,使之又得以瞒天过海;对于万福生科未计提存货跌价准备,倘若能进行行业调研,就能发现其中的端倪;又如万福生科利用个人账户虚拟客户,甚至一些账户是公司职工以及一些凭空消失的客户都未能引起平安证券的注意;又如万福生科的锅炉改造工程、四期扩建下水道工程和新厂区围墙等在2011年底工程完工进度就已经达到100%,后续也并未增加预算再投资,但在2012年第二季度末依然记在在建工程中,迟迟不转为固定资产,如果能对其在建工程的实施进度进行核实,必能戳破万福生科的谎言;更有甚者,万福生科将实际为零的收入虚增至1 000多万元,也轻易逃过了平安证券专业机构的"法眼",这实在令人难以置信。

这使得他们也受到了应有的惩罚,对于保荐工作中的平安证券在万福生科上市过程中,由于平安证券被金钱与绩效蒙蔽双眼,未能保持严谨作风、勤勉尽责,并存在虚假记载,证监会拟对其给予警告,对保荐代表人吴文浩、何涛处以30万元罚款,撤销保荐代表人资格和证券从业资格,采取终身证券市场禁入措施;证监会没收平安证券在该保荐业务中高达2 550万元的收入,并处以2倍的罚款,暂停其保荐机构资格3个月,且设立3亿元专项基金赔偿投资者损失,该项处罚之严厉不仅大大挫伤了平安证券的行业信誉,也让其他券商倒吸一口凉气。另外,会计师事务所也难逃法网,证监会拟对中磊会计师事务所没收业务收入138万元,并处以2倍的罚款,撤销其证券服务业务许可资格;对湖南博鳌律师事务所没收业务收入70万元,并处以2倍的罚款,且12个月内不接受其出具的证券发行专项文件。同时,证监会也对两家机构的涉案人员进行依法处罚。

除此之外,这些中介机构也丧失了自己的口碑。例如平安证券辅助万福生科之后,又参与了海联讯的财务造假案,被证监会警告并处罚,由于其

---

① 王丽萍. 万福生科财务造假案例分析研究[D]. 山东财经大学,2014.

案例八
诚信至上

执行项目频频造假,平安证券的口碑一下子跌入谷底,被投资者戏称为"IPO垃圾制造者"。

4. 在企业 IPO 中,企业和证券公司及事务所等中介机构应保持怎样的合作关系?

对于上市公司而言,第一,要实现诚信经营,这样才能确保证券行业的稳定持续发展。第二,要建立健全内部控制体系。完善企业的经营管理,严格把控企业内部控制制度的执行,提高对法律法规的认知。就目前企业发展轨迹来看,企业出现舞弊造假案例,多数与内部控制制度失效有关,因此,企业应就自身发展情况,制定有效的、合理的内部控制制度,完善企业的内部环境,为资产、资金的安全提供有效保证。内部控制制度与企业的管理层具有密不可分的关系,当管理层加强对内部控制的重视程度,才能维护一个有效、良好的内部环境,内部控制制度才能发挥监督审查功能,并及时发现、纠正企业内部舞弊造假行为。第三,建立合理有效的内部组织架构,完善企业决策机制、实施机制和审核监督机制。要建立独立董事制度,将监督、审核功能发挥到最大,形成有效的制衡、监督机制,避免出现因权力过度集中而导致的控制权得不到合理利用和财务舞弊问题。第四,在整个企业上市的前期筹备及后期发展过程中,企业必要做到信息的公开透明,前期与保荐机构、会计师事务所及律师事务所保持信息的及时沟通与透明,在中介机构的帮助下,合理合法地进行上市准备工作,上市完成后,更要及时披露信息,特别是对于公司经营发展过程中的重大事项,必须及时告知投资者,切不可隐瞒。

对于保荐单位来说,其上市前主要负责企业的培训、辅导以及进行必要的背景调查等,上市后则要督导公司遵守规范,信守承诺,并及时进行信息披露等。完成这些工作的基础就是要建立内部控制制度,增强风险意识。除此以外,应建立内部问责机构。目的在于将内部控制责任分配到岗位、个人,联系整个申请项目。中介机构的项目责任人,要发挥其应有的管理职责,相关的负责人员要对项目选择、项目证明、材料供给、项目实行等环节负相应的责任,确保发挥内部监督功能,加强对企业风险的控制。对于企业来说,保荐机构有两大功能:对企业进行上市指导以及企业成功上市后对其进行长期的审核、监督,出现问题后承担相关责任。在工作执行过程中,要认真负责,不仅对企业承担责任,也要对企业的股东、投资者和监察单位承担责任,确保股民的利益。

对于会计师事务所来说,则要严格执行审计程序。在审计开始前应对企业的基本情况、主营业务、公司背景、上市动机、行业现状进行调研,了解其经营状况和经营风险,公司关联方及关联方的存续状态、经营情况,以及被审计单位的内控制度及执行情况。然后在审计实施过程中,要严格执行审计程序,采取函证、现场调查、监盘等方法,核实企业财务信息的真实性。例如在本案例中,对万福生科的主要客户应当进行核查。可以在全国企业信用信息系统中核查企业的营业状态、成立时间等,对其前五大客户发放询证函,对于其用农户身份证开立的个人账户更应该仔细核查,也可以询问员工及管理层公司的销售情况,与财务数据互相印证。对早已停产的傻牛食品厂以及凭空消失的怀化小丫丫食品公司,如果进行了仔细的核查,必能发现其作假的痕迹。此外,对于企业提供的银行对账单是否真实也要进行核实,由于银行函证不能核对银行存款的具体发生额,因此要将银行对账单与账上核对,并抽查银行回单。在核查时更要注意回单上的客户、供应商和企业提供的客户、供应商名单上的名称是否一致。其次,万福生科为了把整个资金流循环做得真实,私造了销售合同、出入库单、银行回单等,因此仅仅检查会计账簿和凭证,很难发现其中的漏洞。对此可以进行现场调查,对其生产管理、出入库情况、销售情况、供货情况等与内外部相关人员例如装卸工、库管员、业务员、供应商、代理商、消费者等进行交谈询问,例如万福生科营业收入增加了27.6%的同时,运输装卸费用却下降了49.3%,通过与装卸工的交谈,很容易就会露出破绽。除此之外,尤其要重视存货的监盘,可以选择突击检查某些存货地点进行监盘,与公司仓库管理员、采购员、业务员进行交谈,询问其生产量、出入库数量以及生产能力等存货周转情况。在监盘

案例八
诚信至上

的同时,更要注意存货的周转率,对存货周转缓慢的库存商品,应当了解周转缓慢的原因,倘若属于滞销或者其他类似情况,要与账上进行核对,是否计提了存货减值准备。例如在大多数同行业公司产品滞销时,应当在监盘时注意万福生科的存货是否存在滞销、周转缓慢的情况,这样能及时发现其少计提减值准备的情况。对于万福生科的虚增收入,也可以核查其纳税申报表,与其向税务局所缴纳的税金进行比较,同时还要将查验其是否存在虚开发票、虚增收入等情况。为了达到上市要求,万福生科在筹备上市时去当地税务部门补税,这也充分说明了其虚构收入的嫌疑。

企业上市过程艰难而复杂,企业与其中介机构既要相互合作,目标一致,又要恪尽职守,相互独立,为实现企业成功上市而努力的同时,也要充分保护投资者的合法权益。倘若企业与中介机构都不能完全信息透明,存在信息不对称,几方之间的博弈必然会增加各方的成本,这不但不符合成本效益原则,对于投资者的利益也是一种侵害。因此,从企业上市的内部环境来说,企业与保荐机构及会计师事务所要充分保证信息公开透明,降低因信息不对称带来的几方之间的博弈成本,互相监督,相互独立又密切合作;从企业上市的外部环境来说,应该加大对企业财务造假欺诈上市的惩罚力度,不仅仅是警告,更要加重对这种欺诈行为的行政处罚,一旦被发现造假就应当立即退市,相关参与人员都要终身禁止进入资本市场,这样才能以儆效尤,杜绝"后来者居上",彻底维护好资本市场的秩序。

五、关键要点

1. 关键点:了解企业财务造假的动因及常用手段,学习并理解成本效益原则做出决策,同时对避免类似造假事件的产生提出建议。

2. 关键知识点:财务造假动因及手段,成本效益原则,避免企业财务造假应采取的措施。

3. 能力点:综合分析能力,逻辑性思维能力,解决问题的实际能力。

六、建议的课堂计划

本案例可以按照如下的课堂计划进行分析和讨论,仅供参考,教师可根据授课具体情况调整时间或略去其中某一部分。

整个案例的课堂时间控制在 80~100 分钟。

课前准备:提前将万福生科案例资料发放给学生,提出启发思考题,学生以小组为单位查找相关材料并讨论,请学生在课前完成阅读和初步思考。

课中计划:课前引导——简要介绍案例并提出思考问题(5 分钟)

分组讨论——准备发言大纲(10 分钟)

小组发言——每组派出一名代表发言,评述案例,其他成员补充(幻灯片辅助,30~40 分钟)

自由辩论——就案例关键问题进行自由辩论,继续深入讨论(20 分钟)

案例总结:根据小组发言与辩论情况,予以归纳总结,就同学的讨论情况进行点评,就如何运用本案例的分析去解决同类问题提出建议(15~20 分钟)。

板书设计:简要写明每个小组的观点,便于后面的分析评价以及归纳总结。

(陈　影　贺泽园)

案例九

小米集团：互联网公司估值的难题

摘　要：近年来，随着互联网技术的不断进步，互联网行业持续高速发展，我国互联网企业引领的新业态新模式不断涌现。但互联网企业存在着经营不稳定、风险大、未来盈利状况难预测等情况，使得这类企业的估值存在一定难度。因此，如何选择科学合理的估值方法成为资本市场共同关心的问题。本案例主要通过对小米集团进行价值评估的方法和过程进行阐述，包括分析互联网公司价值评估特点、小米公司商业模式以及适合小米的价值评估方法。本文通过对小米的估值进行分析，着重围绕着企业商业模式对盈利能力的影响进行讨论，促进对互联网企业的认识，为以后分析同类型公司并对其估值提供借鉴。

关键词：互联网公司；商业模式；价值评估

　　2018年6月19日，原本计划CDR和港股一并发行的小米集团宣布暂停CDR，所有人的目光都聚集在小米集团身上，这使得万众期待的成为上市首支CDR股票的小米集团措手不及，证监会随之宣告取消进程。6月21日，小米在中国香港路演，根据其招股说明书显示，小米估值较预期做出了下调。7月9日，中国香港交易所（以下简称"港交所"）人声鼎沸，小米终于在中国香港成功上市，成为科技股前三大IPO，也是港交所首家同股不同权的上市企业。对于市场一直关注的估值问题，雷军在路演时曾表示，小米是全能型公司，其估值应该是腾讯估值乘苹果的估值。不过，市场上众说纷纭，使我们不得不去思考，究竟哪种估值方式最适合小米？雷军面对市场上铺天盖地的新闻，不由得陷入沉思……

一、互联网公司行业背景介绍

互联网公司从 20 世纪末的创立到 21 世纪初的完善和发展,不同于旧经济模式的价值观基础,其盈利模式的差异性为价值带来了更多的可能。基于不同角度,盈利的方法可以分为诸多种类。在互联网公司中,主要的盈利模式是服务销售与信息交付,区别于传统行业,互联网更重视的指标在于用户流量,并致力于将其发展成自己的竞争优势。对于互联网公司而言,用户量的积累十分重要,用户量在互联网企业中指的就是流量。流量包括企业的注册用户量、活跃用户以及使用频率。流量是互联网企业发展的基石,它的规模在一定意义上可以作为衡量企业潜在客户规模的重要指标[①]。

在改革开放中,我国的互联网公司取得了不小的成就,百度、阿里巴巴、腾讯、京东的发展进一步完善丰富了互联网市场。近年来互联网企业成功的一大原因是将盈利模式定位到社会需求上。

互联网公司的发展可归纳为以下几个步骤:

首先,创业初期对用户开放免费资源,通过公司的产品推广和营销为公司吸引一批固定用户,这批用户在公司进一步的培养下,成为公司的忠实消费群体。他们对公司的销售模式和产品体验十分满意,并愿意为其他收费产品买单,使得公司拓宽了盈利渠道,从而获取利润。

其次,平台化发展是以销售产品和服务为主的互联网公司,以及 B2C、C2C、B2B 等电子商务业务为主的公司必不可少的战略之一。由于社会的发展会提出更多新的要求,互联网公司发展至今模式不断创新。根据生态链布局战略的需求,发展互联网金融,将金融服务的形式进一步优化,成为互联网企业延伸流量变现的主要业务模式。互联网金融为互联网公司的发展提供了新的动力和方向,其布局主要分为三大类:一是基础技术即支付系统,这其中包括信用卡还款、转账、手机充值等延伸服务;二是大量基金、债

---

① 段文奇,宣晓. 基于价值创造视角的互联网企业价值评估体系研究[J]. 财贸研究,2018(29):85-97.

| 案例九 |
小米集团：互联网公司估值的难题

券等金融产品；三是核心技术，在这一领域，加大了云计算、大数据金融等技术的投入。由此可见，互联网金融就是在新经济时代下，互联网企业快速获取流量变现的重要手段，是互联网企业扩大流量的运营手段及资本运作。

互联网公司的发展可以简单归结为用户与厂商之间越来越便捷的互动和连接。互联网企业将用户与企业的供应联结，形成闭环生态圈，在这其中不断对用户进行价值传递。生态圈的每一环，都将打通资金流，使企业获取源源不断的流量，创造新的盈利点。

互联网公司未来需要着眼于为用户提供优质信息和服务。根据统计局数据显示，我国互联网使用人数逐年增加，2017年更是达到了77 198万人，比起2016年增长4 073万人。然而当前我国互联网还未发展成熟，未来一段时间还将保持发展势头，互联网公司未来的潜在用户和可变现流量还将进一步增加。

二、小米公司背景

（一）公司简介

雷军在2010年联合几位工程师在北京创立了小米公司。小米在创办初期就定位为是一家注重硬件和电子产品研发的互联网公司，此后小米逐渐发展了高端手机、智能家居硬件的创新科技业务。小米以MIUI为起点，积累了第一批用户，凭借互联网营销手段和粉丝战略，使得小米手机在短时间内就大受追捧。

2014年小米手机迎来发展巅峰，成为全球第三、中国第一手机品牌以及中国第三大电商。"为发烧而生"是小米坚持的产品概念，小米以互联网为工具开发了智能手机操作系统，并且鼓励用户参与其中。同时小米公司拥有独立手机芯片研发的能力，拥有全球最大规模的消费类平台，平台中有超过1亿次的设备连接，MIUI系统的月活跃用户数量达1.9亿次。

2017年，小米的新零售模式开始实行，设立目标为在一年内完成200家线下体验店的启动。小米之家深圳旗舰店在2017年11月正式开业，规模超越之前的 227 家,一方面主打科技,供用户体验智能硬件产品;另一方面面向生活,重点展示智能家居,但区别于传统手机卖场,小米的销售模式类似于百货零售店。在 2018 年 Google 发布的中国出口品牌 500 强排名中,小米公司在中国位列第四。2018 年 7 月,小米赴港 IPO 上市后为适应业务和战略的变化,多次进行组织结构大调整,总体呈现出对业务多元化、技术提升以及海外业务成长的重视。2019 年,小米被《财富》杂志评选为世界 500 强企业第 468 位,成为最年轻的世界 500 强公司。

(二)小米发展大事记

表 1 小米发展历程

时间	内容
2010 年 4 月 6 日	北京小米有限公司正式成立,入住银谷大厦
2010 年 8 月 16 日	首次推出 MIUI 内测版
2011 年 8 月 1 日	小米社区上线
2012 年 8 月 16 日	小米估值 100 亿美元
2013 年 3 月 19 日	小米盒子、小米手机同步销售
2015 年 11 月	继 6 月初进军南美市场后进军印度市场
2016 年 3 月	小米发布生态链品牌米家
2017 年 11 月	进军西欧市场
2018 年 7 月 9 日	小米集团在中国香港证券交易所正式挂牌上市
2018 年 12 月	进军非洲市场
2019 年 3 月	成立 AIoT 战略委员会

数据来源:作者根据小米 2010~2019 年公司公告及年度报告整理

三、小米商业模式

(一)小米公司商业模式演变历程

2010 年 4 月至 2011 年,小米商业模式是以"互联网+硬件+软件"形成的社区平台为主。在智能手机发展的初期,市场以合约型手机为主,智能手机

案例九
小米集团：互联网公司估值的难题

竞争力不大，广阔的手机市场给了小米难得的发展机会。小米专注于研发，顺应市场和时代发展浪潮。低价格、高性价比是小米初期吸引顾客的主要策略，利用手机作为用户流量的切入口，以营销与服务建立用户的品牌忠诚度，将用户引入小米自己的粉丝群中。通过这种方式小米得到进一步发展和扩张的机会，培养和积累了广阔的用户群体，用户为得到高效率的产品和服务进行的消费，使小米实现盈利，也为后期的发展打下了坚实的基础。

2012~2014年是小米的高速发展阶段，商业模式转变为"高性价比+有效用户互动+互联网营销"。这一阶段的数据显示小米成长十分迅速，手机销量在2011~2014年间，从30万台增长到6 112万台。这一阶段小米的快速发展得益于以下几点：首先，超高性价比始终是小米吸引顾客群体的重要策略；其次，小米公司与其用户的有效互动，例如小米一直重视小米论坛的建设，小米的用户群体可以对产品、服务提出各种建议，与供应端直接联系。此外，小米在营销中加入互联网元素，客户端通过互联网与小米直接互动，而不是依靠于市场、渠道、终端销售等传统销售模式的要素，将整个销售成本降至最低。

2015~2016年是小米发展的疲软期，其中2016年小米手机销量下降16.7%，估值缩水近九成，显然2016年的小米遇到了发展的瓶颈。发展疲软的根源一是销售渠道问题，在上一阶段的高速发展期小米过于重视线上销售，忽视了线下实体店销售，并没有针对市场的反应及时调整公司线上线下策略；根源二是小米性价比不再明显，华为、vivo、OPPO等以线下销售模式为主的品牌迅速发展，使小米的市场地位受到了挑战；根源三是用户消费观念的提升，用户消费时看重的不再是低价格与高性价比，而是更注重性能、个性化、服务体验等；根源四是小米本身供应链中骁龙820芯片供货不足，芯片供应商出现了问题，导致产能跟不上销量而受到了影响。

2017~2018年的"互联网+硬件+新零售"新商业模式是小米在低谷期后又一次发展期。基于2016年发展停滞的惨痛教训，小米首次提出将新零售作为商业模式组合中的又一要素。新零售模式从实际角度来讲,是指开发线下体验店,扩展线下的销售渠道,提供给用户产品体验的服务,通过实现线上线下的有效互动,进而对小米的销售起到推动作用。2017年,全球手机市场低迷,整体出货量有所下降,但小米出货量同比增长了96.9%,国际业务也取得了新拓展,这是商业模式调整后取得成功的表现。

(二)小米公司的新商业模式

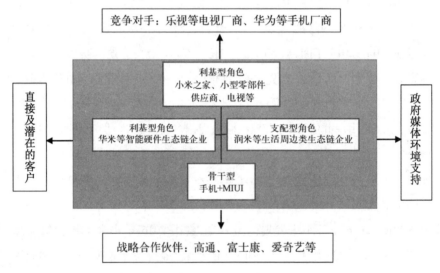

图 1　小米公司角色分布

数据来源:作者根据小米 2017~2018 年公司公告及年度报告整理

由图1可以看出,小米公司不是单纯的传统手机制造商,它通过并购、投资、入股等多种方式建立起了生态体系。产业链上下游的企业、用户以及利益相关者在生态系统中围绕着骨干型企业,扮演各自不同角色,或是竞争对手,或是战略合作伙伴、政府媒体环境支持和潜在客户。通过互联网将资源进行优化升级,通过各种依赖关系彼此依赖,实现价值重构,从而形成小米生态系统。在小米生态系统中,依靠产品和营销得到了拓展,硬件和智能家居都是以产品性价比而占据市场。

案例九

小米集团：互联网公司估值的难题

对于小米产品的细分类，可以发现小米的产品也是生态链布局，分为小米手机、用户、软件、硬件和线下体验店。首先是手机，在互联网时代智能手机的市场边界不断向外扩展，手机市场的竞争也随之越发激烈。其次是用户，小米将营销手段与互联网结合，吸引了大批"米粉"，"米粉"们在论坛中进行交流沟通，对产品测试和反馈以及改进都提出了宝贵意见。在软件方面，小米系统中有自己的应用商店，商店中有大量来自第三方检测的软件以及小米独立自主开发的各种应用软件。在硬件方面，小米投资了硬件工厂，丰富完善自身供应链，避免发生供应不足而影响营业收入的状况。最后是小米的线下实体店，这是小米新零售的重点战略，落户于各大城市的小米体验店和小米专卖店作为对线上的补充，使小米用户们更深层次地感受小米的产品理念，从而使用户获得了更好的消费体验。

同时，小米还在生态链中开启了多元化发展，手机、路由器和电视是小米生态圈三件核心的产品。通过智能家居领域的开发，净水器和空气净化器等产品使小米涉足了用户生活中的各个方面。为了进军智能家居行业，小米创立米家品牌，增加产品的市场竞争力和辨识度。

小米公司新商业模式特点可概括为以下三点：

第一，手机销售收入为主，硬件服务、互联网服务收入为辅。

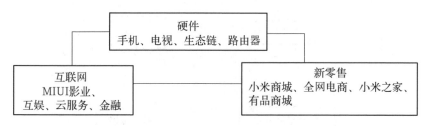

图 2 小米公司新商业模式

数据来源：作者根据小米 2017~2018 年公司公告及年度报告整理

正如小米向港交所申报时所提交的招股书所阐述的，小米现行的商业模式为"硬件+互联网+新零售"全新组合模式。就小米公布的近三年来财报中收入占比的分析来看,收入占比最高的仍是智能手机。但就小米的战略来看,小米不打算将手机作为主营业务,而是以其为切入点,吸引用户群体,使之成为忠实的消费者,使这些用户在消费其他产品时能够想到小米公司,强化品牌认知,提升小米的品牌竞争力与市场地位的同时深化互联网服务,从而增加这部分的收入。

由于公司主要的收入来源依然是手机业务,许多投行也基于硬件对小米进行估值。香港上市承销商之一摩根士丹利分析得出,小米市场份额增长幅度较快,成长速度快于同行业同水平其他公司,应该以高于行业其他手机品牌的价格进行交易。

第二,组成以智能手机销售业务为核心,相关的生活硬件与智能产品为延伸而发展的智能生活生态圈。

除了发展手机业务,小米还努力拓展和延伸相关周边业务。小米的硬件板块,整体上由三大部分组成:一是以智能手机业务为主,包括手机周边延展的业务;二是发展以小米路由器、小米电视等 LOT 为主的管道业务;三是开发以其他生活硬件和生活智能产品为主的零售业务。三者组成了小米

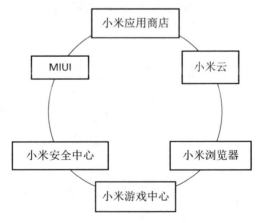

图3 小米公司生态圈

数据来源:作者根据小米 2017~2019 年公司公告及年度报告整理

案例九
小米集团：互联网公司估值的难题

的硬件生活生态圈,相互依赖,相互发展①。

小米在 IoT 方面的尝试始于 2013 年 11 月发布的小米路由器。它的思路是利用路由器为中心,将智能家居硬件联网,以手机 APP 为入口,控制联网的硬件。2014 年,随着小米电视 2 及一系列智能家居小配件的发布,小米智能家居布局初显雏形。从 2015~2017 年,小米的智能家居产品规模不断扩大,品类不断丰富。2017 年 7 月,小米发布的 AI 语音助手,让智能家居的交互界面从触摸变成了语音,并可以通过 AI 对用户的使用习惯的分析,使产品更个性化。2018 年 9 月,以米家智能空调的发布为标志,小米的智能家

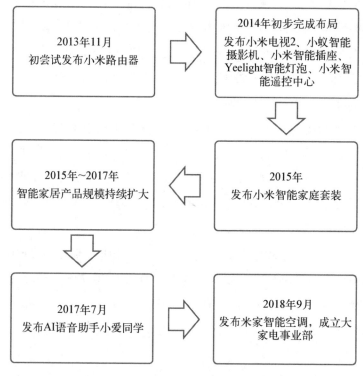

图 4　小米 IoT 发展历程

数据来源：作者根据小米官网 IoT 公告整理得出

---

① 谭智佳,魏炜,朱武祥.商业生态系统的构建与价值创造：小米智能硬件生态链案例分析[J].管理评论,2019(31)：172-185.

居 IoT 版图开始扩张到白色家电领域,网络日益完善。

在招股说明书中,小米对自己的定位是一家互联网公司,证监会对此认为值得商榷。同时诸多券商和市场观察者经过对小米的业务分析后认为,小米之所以定位为互联网公司,其主要原因就在于小米自身所拥有的互联网服务。他们认为小米自身的操作系统 MIUI,以及小米商城种类繁多的应用程序能够成为小米公司吸引诸多"米粉"的重要途径,带来用户黏性。招股说明书中数据显示,APP 带来的巨大流量在一年之间变现了 99 亿元。

兴证国际证券根据小米公司实际情况预计,在 2018 年一季度中,小米的 MIUI 系统用户月活量有 1.9 亿人次,每用户平均每天使用 4.5 个小时。在 2018~2020 年间,MIUI 系统用户的月活人次将从 2.2 亿人次增长至 3.5 亿人次,同时互联网服务的业务收入也将增长至 342 亿元,复合增长率 50%。然而,除了手机之外的其他硬件,例如电视变现还没有真正开始,之后小米公司的下一个入口是智能音箱。

每当小米卖出一台手机,公司就获得了一个用户,由于小米产品的生态性,用户变现的能力大大增强。因为小米会贴心地预装一批应用,买家因为高效率、高便捷程度会使用其中的若干款,这就使得小米积累了宝贵的用户流量。因此,在小米的 APP 商店中,使用音乐、视频的活跃用户每个月都会为企业成功变现带来营业收入。

2018 年,小米的 MIUI 用户超过 3 亿人次。根据小米的招股说明书显示,2016 年用户平均收入为 48.5 元,毛利率为 64%,2017 年为 57.9 元,毛利率为 60%。同比之下,小米智能手机硬件的毛利率分别为 3.4% 和 8%。可以理解为什么硬件业务是核心,但小米还是要将互联网业务作为未来发展的核心方向。

在流量转变的重要问题上,新商业模式下小米采用将低频率转变为高频率的做法。虽然手机、充电宝、耳机、手环等都是低效率的消费品,用户购买周期比较长,可能导致流量变现速度慢。但小米公司生产线丰富,产品品类更替迅速,周期基本 1 年更换 1 次,小米认为,把所有低频次的产品加在一

| 案例九 |

小米集团：互联网公司估值的难题

起,就会形成高效率,从而解决流量变现的问题。

第三,以新零售为核心打造新布局。

小米公司新的商业布局中,以新零售为工具。新零售指的是将线上销售、线下实体店的体验结合起来,通过小米商城、小米之家将零售业务进一步开拓,并采用新的营销模式。线上线下的结合,将以智能手机为核心的智能硬件驱动其他智能家居的产品销售,打造小米的生态链,进一步增加用户流量,以获取更大的流量变现。

小米之家、小米商城和米家有品是新零售的主要格局。小米商城和米家有品是线上电商平台。其中,米家有品的平台负责推送销量 top 的产品,便于用户消费时的选择。在米家有品的平台上有2万多种商品。而小米商城主要负责的是小米自主研发的品牌产品,其中还包括小米生态链上的产品,产品数量是米家有品的十分之一。小米线下渠道集中在小米之家,这一线下商场负责的是把线下的流量带到小米商城和米家有品中去,实现流量的变现。当小米之家的用户想要购买产品时,小米店员会为用户安装小米商城的应用软件,方便用户了解小米系列的更多产品。用户在之后进行消费时,会优先考虑小米的产品,实现了品牌效应。小米商城作为线上平台,种类相比线下更加丰富,减少了店面的租金成本,更加高效便捷。

通过小米之家与线上平台的连接,用户可以在线下店面拿到小米产品和其他爆品,获得更有效率的产品体验感。如果小米之家没有展列出用户想要的产品,用户可以通过在店内浏览线上平台并购买。这种全方位组合线上线下的方式,让来到小米之家的用户都有可能成为"米粉",成为小米的会员,给小米带来超高的用户重复购买率。通过强化用户对小米品牌的认知来增加其购买重复次数,大大增加了小米零售。小米通过这样的新零售模式,将互联网效率最大程度地带到线下,实现线上线下的有效结合①。

---

① 张璐,周琪,苏敬勤,长青.新创企业如何实现商业模式创新?——基于资源行动视角的纵向案例研究[J].管理评论,2019(31):219-230.

(三) 小米公司的价值观

小米所倡导和践行的价值观可以总结为：禅心、同理心、知行合一的价值观。

禅心即极致的性价比。小米模式的本质是效率，从生态链企业角度，小米要求生态链企业逆境决策，即一旦毛利率高，公司就会丧失持续创新的动力，在低毛利中，企业能够时刻保持活性和强大的战斗力。从消费者角度考虑，中产消费的特征是理性消费，而低毛利带来的极致性价比则会为产品带来竞争力。同理心体现在小米利他即利己的处事原则中，根据开放、独立的策略，小米支持生态链企业独立发展、独立上市。小米生态链各企业创始人之间互相帮忙，取长补短，利他即利己的价值观成为小米不可复制的核心竞争力。"米粉"文化让这些企业真正跟消费者交朋友，听建议，做改进，实现了知行合一的闭环。把消费升级当信仰，把消费者当朋友体现的是雷军在生态链企业的知行合一的理念。正如雷军所说，小米做新国货，改变中国制造。大风起于浮萍之末，决战紫禁之巅时，致良知，则仁者无敌。

(四) 小米公司的业务系统

为达到定位目标，企业需要制定相关一系列的经营业务以及与利益相关者的交易。小米成立初期，主攻智能手机，后期发展以手机业务为核心，不断对外延展到智能硬件和智能家居生物链。仅靠手机这一硬件产品无法在市场中长远留住客户，为此小米完善业务系统，拓宽应用市场，提供互联网金融等服务，全方位嵌入式的业务系统将线上线下结合，增加用户黏性。

此外，小米还大力发展投资业务。互联网企业是坚持自主研发，增强产品科技含量，还是投资生态圈，收购高科技产品，取决于公司未来战略部署。小米投资了美的、爱奇艺、迅雷等210家公司，通过投资的方式快速加固自己的硬件生态链，扩展自身业务系统。

(五) 小米公司的盈利模式

不同于传统企业的盈利模式，作为互联网公司，小米盈利模式来源丰富。小米盈利来源主要通过硬件、软件、互联网服务和周边产品。由于硬件

| 案例九 |
小米集团：互联网公司估值的难题

毛利率低，小米通过低定价、高性价比的销售策略，促进智能硬件的高销量，薄利多销的方式使得小米在硬件方面获得利润。在应用软件方面，小米推出了基于 MIUI 系统的音乐、云服务、系统主题等收费项目，同时对于入驻应用商店的外来软件收取相应的进驻费用和租金。在互联网服务方面，小米通过以手机、电视、智能家居为主的智能生态系统，深度挖掘客户数据，促进流量变现。在周边产品上，小米不断推出音箱、充电宝、箱包、服饰等，这些产品成本低，更换频率高，能够持续吸引客户，以创造利润。

（六）小米公司的关键资源能力

1. 客户关系

公司创办初期，小米就建立了自己的社区论坛，将大力提升并重视用户参与感作为核心经营理念，让客户通过互联网深度参与到产品的研发与设计当中去。研发人员定期浏览论坛，通过与"米粉"间的交流，可以迅速了解当前消费者的需求和偏好，从而对产品功能进行有针对性的改进。秉持"和用户做朋友，让用户参与进来"的经营理念，小米创办初期至今积累了坚实的粉丝基础，并且这部分用户的品牌忠实度更高。

2. 营销能力

小米的营销方式主要是通过网络营销，通过传媒学和扩散学的角度，结合饥饿营销、病毒营销、网络营销，迅速提高品牌的知名度，使小米在短时间内得到迅速的发展。

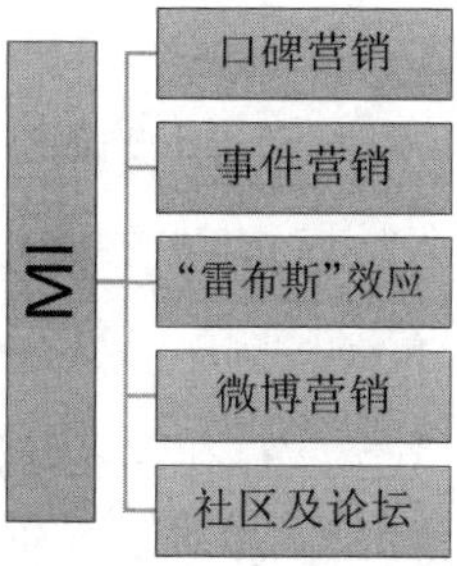

在小米的网络营销中，主要包括以下几个方面：一是信息发布。从小米公司内部和供应商爆料开始，到其关键信息的正式公开，小米引发了大量的猜测，并可依靠自身成为网络的话题。小米的高调的宣传发布会取得广大媒体和手机爱好者的关注，而小米的影子也遍布在网络上。大部分视频网站都有小米手机的测评、比较视频。二是建立论坛。通过最初的 MIUI 论坛，手机论坛迅速建立，而后又发展了几个核心板块，例如新手入门、小米

图 5　小米的网络营销

数据来源：作者根据搜狐网有关资料整理

学院等。继而生活版块应运而生,例如酷玩帮、随手拍等。这些板块人气居高不下,小米的饥饿营销起到了推波助澜的作用。也许很多人不用小米手机,但仍了解小米。这就是小米手机的口碑营销起到了作用。口碑营销是通过人与人之间的交流,实现自身品牌的推广。事件营销主要来自雷军以乔布斯风格召开的发布会,向乔布斯致敬,凭借超强的配置、极低的价格和较高的性价比,吸引了媒体的目光。也是在这次发布会后,小米的关注度直线上升。微博营销来自小米通过手机话题与微博网友进行互动,挖出小米包装盒踩不坏的卖点,为转发微博送小米手机造势,产品发布后,鼓励网友分享图文并茂的测评。小米手机发布会后,雷军利用自己微博高密度宣传,频繁参加媒体访谈,微博营销被小米运用到了极致。饥饿营销则是来自小米手机在发布会前期,通过媒体曝出第一批产量只有1万台,不仅让消费者十分吃惊,也使得媒体方面有诸多猜测。对于网络营销来说,引起激烈的讨论是必然的,让用户通过几个点对生产的内容进行讨论,就会取得事半功倍的效果。

3. 创新能力

互联网思维的商业模式使小米迅速占据市场,但技术创新成为后期阻碍小米进一步扩展海外市场的主要问题。因此,小米后期在商业模式布局中,重视科技创新能力,以提高自主科技研发水平。据统计,小米公司专利申请量在全球已经达到了2.4万件。2017年,小米成功研发了手机芯片,打造成为能够自主研发芯片的智能手机品牌。

四、小米价值评估

由表2可以看出,小米公司的营业收入呈增长趋势,但营业利润的增加幅度相对较小,净利润出现亏损状况,主要原因在于公司前期推广、广告宣传和培育客户需要采取一系列措施,加大了成本和费用的投入,这些方式带来的客户形成企业的资源,但在短时间内难以通过财务数据体现。

案例九
小米集团：互联网公司估值的难题

表2 2016~2018年小米公司盈利能力相关指标

项 目	2016年		2017年		2018年	
	金额(亿元)	百分比(%)	金额(亿元)	百分比(%)	金额(亿元)	百分比(%)
经营收入	684.3	100.0	1 146.3	100.0	1 749.2	100.0
同比增长	—	2.4	—	40.3	—	34.5
毛利	72.5	10.6	151.5	13.2	221.9	12.7
同比增长	—	62.8	—	52.2	—	31.7
经营利润	37.9	5.5	122.2	10.70	12.0	0.7
净利润	4.9	0.7	-438.9	-38.3	134.8	7.7

数据来源：东方财富网

表3 2016~2018年小米公司期间费用

项 目	2016年		2017年		2018年	
	金额(亿元)	百分比(%)	金额(亿元)	百分比(%)	金额(亿元)	百分比(%)
销售开支	30.2	4.4	52.3	4.6	79.9	4.6
行政开支	9.3	1.4	12.2	1.1	121.0	6.9
研发开支	21.0	3.1	31.5	2.7	57.8	3.3
总计	60.5	8.8	96.0	8.4	258.7	14.8

数据来源：东方财富网

针对小米的估值问题比较复杂，市场上没有统一的方法，分歧较大。估值方法的选用主要取决于各方对小米公司的定位认识不同。一般情况下，小米被主流市场定位为硬件公司或互联网公司。也有公司认为可以将小米与家电企业进行对标，这是基于目前小米的智能家居业务和LOT发展比较迅速的观点。现有方法中，比较粗略的按市销率、市盈率计算，这种估值方法显然不符合小米公司的商业模式。还有观点认为可以按照合并现金流量表的方法，但由于互联网公司的特点，小米有大量的经营现金流出，不利于对公司进行准确估值，这种方法也不可行。

还有一个思路就是分别对小米的不同业务进行估值，最后加总，综合考虑硬件业务和互联网业务收入。据小米的招股说明书的数据显示，2017年小米公司的营业收入为 1 146 亿元,营业收入净利润为 53.6 亿元,其中硬件部分的营业收入在 1 000 亿元左右,按照小米的业务设定,5%的净利率,这部分的净利润达 50 亿元。由于平均状况下,手机的寿命为 1~2 年,也就是产品更换周期,而每一年对于小米公司都会产生新的业务增量。由此,将小米年平均用户存量定位 2 亿户,平均单年贡献 50 元,则互联网业务的收入可以达到 100 亿元,按照小米给出的净利率为 15%、市盈率为 30 倍的指标看来,互联网业务部分估值在 450 亿元左右,综合整体估值 500 亿元左右[①]。

由于互联网公司具有高增长性的特点,传统融资估值方法并不适用。由于互联网服务的要求高,更新速度快,因此互联网企业的生命周期较传统企业相比大大缩短了。对未来的经营状况不能合理推测,过往经营数据的分析也有局限性,新发展的企业缺少稳定持续的经营数据作为依靠,导致估值困难。另外,大多数的互联网企业成立初期,都靠免费策略吸引消费群体,增加受众群来提高用户黏性,将导致这些企业在发展初期会出现营业利润少,甚至亏损的状况。但对于未来的盈利能力是否能准确预测还是比较困难的[②]。

因此针对互联网企业的特性,DEVA 的估值模型在企业价值评估中被首次运用,揭示了网络技术的成长性规律。梅特卡夫定律的本质体现在网络外部性上,也就是说用户数量是增加网络价值的决定因素,成正比关系。

对于互联网企业,这种方式的合理性就在于,重视用户与企业的互动,这种互动带来的流量变现和潜在的价值能够促使企业不断地发展。基于互联网的特性,用户规模对企业而言,是占据市场份额的重要指标,也是提升企业竞争力和综合实力的关键因素。

在 DEVA 模型的基础上分析发现,互联网企业价值不能简单地以用户

---

① 宣晓.互联网企业客户价值评估方法述评与展望[J].商业经济研究,2016(13):138-140.
② 张智芳.互联网企业的价值评估[J].经济研究导刊,2009(21):14-15.

| 案例九 |

小米集团：互联网公司估值的难题

的数量来决定，还应包括信息传播速度和质量等因素。因此，国泰君安证券所对其进行了改进，考虑到互联网企业的特点，融入其他元素。

小米作为互联网企业的代表，活跃用户数量和价值能否被量化，用哪一种方式估值更加合理，估值应为多少，仍是值得探讨的话题。

五、尾声

小米上市后的估值引起了各方对互联网公司估值方式的高度重视，也开启了今后怎么对同类型公司进行估值的议题。回顾小米公司的上市过程，上市仅仅是个开始，不是目标。未来小米公司的公司运营、股价涨跌会如何变化，值得关注。无论如何，最终小米的价值会体现在资本市场上。这些问题引起了资本市场的巨大波澜，也许不到最后一刻，谁都无法猜中结局。作为局中人的雷军将会如何表示，市场拭目以待。

案例使用说明

一、教学目的与用途

1. 本案例主要适用于"财务管理""管理会计""财务报表分析"等课程的教学。

2. 本案例适用对象：MBA、EMBA、MPACC 和企业培训人员以及经济类、管理类本科生、研究生。

3. 本案例的教学目的是帮助学生了解新经济下互联网企业的商业模式，认识到传统估值方法在新经济体系下受到的挑战。并考虑如何选择适当有效的方法对互联网企业价值进行评估。

二、启发思考题

1. 什么是商业模式？互联网企业与传统企业在商业模式上有什么

区别？

2. 互联网企业的发展对小米的商业模式创新带来了哪些影响？

3. 传统企业估值方法有哪些？如何结合商业模式对小米进行估值？你认为哪些估值方式对小米更为适用？

4. 结合小米的估值过程，对我国科创板企业估值革命有哪些借鉴？

三、分析思路

教师可根据自己的教学目标灵活使用本案例。本案例主要是从互联网的特点、小米公司的上市历程、小米公司的商业模式、小米公司的估值等几个方面对互联网企业进行估值分析。

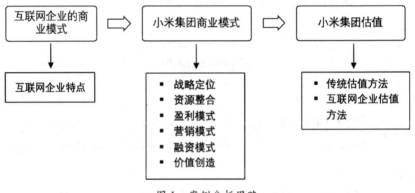

图 1　案例分析思路

具体思路可按如下思路展开：

1. 通过小米的发展历程和商业模式的转变，让学生了解新经济下互联网企业的发展历程以及行业发展的特点，遇到的机遇与挑战。

2. 通过对小米集团的商业模式的学习，让学生了解小米集团的运营模式以及产品布局，对小米的盈利方式有进一步的认识和体会，了解其业务系统与核心资源。

3. 通过对小米的估值进行学习，了解到传统估值方法，在互联网企业模

案例九
小米集团：互联网公司估值的难题

式下应根据其特点选择更适宜的方法。并进一步学习活跃用户、用户黏性对互联网企业的影响。

四、理论依据与分析

1. 什么是商业模式？互联网企业与传统企业在商业模式上有什么区别？

商业模式是指企业为了在特定的市场机制下生存发展，占据市场竞争优势、争夺有限的市场资源，获取企业利润、创造价值的工具和方法，早在1957年商业模式的概念就被提出①。Timmer(1998)认为，商业模式是一种利用商业机会为贸易、结构过程、管理结构创造有价值的内容，商业模式阐述了产品生产方式、操作过程和管理过程。Stewart and Zhao Q(2000)将商业模式定义为企业盈利的根本条件，通过商业模式来判定企业的盈利方式。Rappa(2000)认为，企业通过旨在增加利润的商业模式进行价值增值，因此商业模式可以定义为通过一系列的经营活动来获取盈利。Amit(2001)认为，商业模式是在供应商、公司、消费者、参与者和替代品之间的竞争中创造价值的一种方式。总的来说，商业模式可以被看作是企业的经济配置、商业管理和战略规划的汇总。通过商业系统创造企业价值，形成竞争优势②。因此，想要对企业盈利模式进行分析需要以商业模式为基础。

德鲁克表示，企业之间的竞争关系早已从产品竞争演变为商业模式竞争。创业不仅项目选择重要，好的商业模式同样重要，如果没有好的商业模式作为支撑，企业最终也会被淘汰。商业模式不仅仅是企业与企业、部门、顾客之间存在的交易关系和联结方式，更是为企业带来最大价值的经营方式③。

---

① 罗珉.商业模式的理论框架述评[J].当代经济管理,2009(31)：1-8.
② 龚丽敏,魏江,董忆,江诗松,周江华,向永胜.商业模式研究现状和流派识别：基于1997—2010年SSCI引用情况的分析[J].管理评论,2013(25)：131-140.
③ 李鸿磊,柳谊生.商业模式理论发展及价值研究述评[J].经济管理,2016(38)：186-199.

由于研究视角各不相同,对商业模式的分析遍及管理、经济、战略、人力等多个学科,整理归纳国内外学者的观点,对商业模式的概念的主要观点可归纳为如表1所示的三类。

表1　对于商业模式的主要观点

盈利模式论:商业模式是企业的运营模式、盈利模式	
Afuah 和 Tucci	将商业模式定义为帮助客户创造更多价值,通过与竞争对手的比较,来获取更多的利润的一种方法
Teece	认为商业模式的理念实际上是确定企业如何向顾客表述其价值观,并鼓励他们进行交易,从而进行盈利的方式
彭亚丽	从战略性角度来看,商业模式是指企业如何在动态环境中改变自己以获得可持续利润的过程
价值创造论:商业模式是企业创造价值的模式	
Amit 等	商业模式不仅是为交易双方创造价值的基础,也是企业进行创新的动力源泉
Petrovic 等	商业模式可表述为一个商业系统,即通过一系列经营活动进行价值创造
原磊	将商业模式看作为价值创造的逻辑,价值创造的对象包括合作伙伴、客户等
体系构造论:商业模式是一个由很多因素构成的系统,是一个体系或集合	
Osterwalder 等	阐述了商业模式是一种基于诸多要素和关系的概念工具,用于表示企业特定的业务逻辑
Zott 等	表示商业模式是在整个系统层面解释企业的业务问题
罗珉 等	认为商业模式适用于一系列战略创新的结构和制度结构,这些结构将供应链、客户、合作伙伴等整合起来,以赚取超额利润

数据来源:作者基于各个不同文献整理归纳得出

在《战略性新兴产业分类(2018年)》中,国家统计局将新一代信息技术产业划分为五类,包括信息网络、电子核心、新兴软件和新型信息技术服务、云计算大数据服务、人工智能产业。其中,信息网络技术包括互联网行业,随着社会需求的发展,互联网行业在新兴产业战略部署中占据重要地位。互联网企业可以根据搜索、互联网服务、社交网络、游戏平台、视频媒体和信

案例九

小米集团：互联网公司估值的难题

息门户等六种服务来分类现有的主要业务。

互联网平台是由大量用户创建的，主要分为以下五类平台：第一类平台重视硬件的开发，小米就是使用手机+MIUI等硬件，创建社区来巩固粉丝，通过客户依赖产品形成使用用户；第二类平台主要依靠网站或发布应用程序，如谷歌，通过缩短用户使用搜索引擎的时间来便利用户获取信息的过程，来获得大量的用户；第三类是使用网站等平台进行应用转型，例如利用电商获取信息、进行社交等，通过掌握流量形成同行业中的竞争优势；第四类是增值服务平台，如腾讯公司的各类产品，满足用户的定制需求从而获取利润；第五类是在线交易类平台，例如携程等商旅网站通过促进双方交易来盈利，抽取佣金；京东、亚马逊等电商网站出售自营产品或第三方交易，解决信息不对称问题，通过物流传递给用户。

互联网企业与传统企业的差别主要体现在以下三方面。

（1）规模经济。

在互联网行业中，应该有一个巨大的免费用户基础。所有类型的网络媒体都依赖于群体的规模，无论是广告收入还是服务分配、直接支付等，在社会软件开发的最初，都投入了大量成本直至软件成功面世。在软件得到市场大规模的开发之后，更新和维护成本很少上升，下载用户越多，边际成本就越低。随着用户数量的增加，规模经济成为互联网公司爆炸性增长的关键因素。

（2）马太效应。

互联网行业强者愈强，弱者愈弱，当企业占据了足够的份额后，其他同产品企业用户黏性会逐渐丧失，同时强大的壁垒让后来者难以进入，形成近似于绝对垄断或者是寡头垄断的格局，尤其体现在电商类企业、社交通信类企业中。

（3）以股权为主的融资结构。

互联网公司的融资结构和渠道主要依赖于股权投资，难以通过银行债权人的方式进行融资，这主要是由于公司成立初期，产品研发的高额成本投入以及未来生产经营存在的风险性。因此,互联网企业初期主要依赖天使投资和风投,逐渐建立了一个稳定的产品模型,将通过私募股权获取资金直至上市。待企业上市后,可通过发行股票获取资金。

就商业模式的创新而言,互联网开创了一个新行业。互联网模型提供了免费和利润目标之间的良好互补,无论是免费的还是低回报的用户,创造了第三方的利润组合。通过不断加强免费模式中的服务质量,创造用户黏性,形成行业壁垒,从而阻碍潜在竞争对手,形成付费第三方的产品忠诚度。商业模式显示了轻资产的特性,主要由于固定资产在合作和代加工解决生产问题的环境下变得越来越不重要。技术创新不断加速,互联网属于人力、资本密集的行业,在企业发展的初始阶段,需要大量投资用于研发和开发市场。许多公司长期亏损,直到找到盈利的方法企业才会有转变。

2. 互联网企业的发展对小米的商业模式创新带来了哪些影响?

互联网思维是一种商业革命的思考方式,是一种基于商业模式的创新思维方式。对此传统企业应该根据自身条件,基于互联网思维不断创新商业模式来锁住终端消费者。其中互联网思维的商业模式主要体现在战略定位、资源整合、盈利模式、融资模式、营销模式和价值创造六个方面。

(1) 战略定位。

战略定位是指企业在消费者中占有的重要地位,这取决于客户对客户自身价值的需求,可以通过商品和品牌塑造。战略定位可以更好地规划企业未来发展方向,从而获取大量用户。就企业角度来看,战略指导在很大程度上决定企业发展全局的策略。小米从创立初就将移动互联网公司作为自己的定位,以手机为中心,连接所有智能设备为目标。接着小米公司加大了智能硬件的投资,延长公司产业链,投资上游生产企业,保证自身的供应链完整。而后的MIUI系统、软件应用商城和互联网服务,都为完成其定位发挥了重要的作用。

| 案例九 |
小米集团：互联网公司估值的难题

（2）资源整合。

资源整合是企业活动中不同资源的有机结合从而产生的协同效应。对企业而言这是进行优化配置的有力手段，即根据企业的发展战略和市场需求重新分配相关资源，强调它们的主要竞争力和寻找具有客户需求的最佳资源分配点[①]。小米成立初期，主攻智能手机，后期发展以手机业务为核心不断对外延展到智能硬件和智能家居生物链。仅靠手机这一硬件产品无法在市场中长远留住客户，为此小米完善业务系统，拓宽应用市场、互联网金融等服务，全方位嵌入式的业务系统将线上线下结合，增加用户黏性。同时，小米还大力发展投资业务。互联网企业是坚持自主研发，增强产品科技含量，还是投资生态圈，收购高科技产品，取决于公司未来战略部署。近年来，小米投资了美的、爱奇艺、迅雷等210家公司，通过投资的方式快速加固自己的硬件生态链，扩展自身业务系统。

（3）盈利模式。

不同于传统企业的盈利模式，作为互联网公司小米的盈利模式来源丰富。小米的盈利来源主要通过硬件、软件、互联网服务和周边产品。由于硬件毛利率低，小米通过低定价、高性价比的销售策略，促进智能硬件的高销量，薄利多销的方式使得小米在硬件方面获得利润。在应用软件方面，小米推出了基于MIUI系统的音乐、云服务、系统主题等收费项目，同时对于入驻应用商店的外来软件收取相应的进驻费用和租金。在互联网服务方面，小米通过以手机、电视、智能家居为主的智能生态系统，深度挖掘客户数据，促进流量变现。在周边产品上，小米不断推出音箱、充电宝、箱包、服饰等，这些产品成本低，更换频率高，能够持续吸引客户，以创造利润。

（4）营销模式。

不同于传统的管理方法，营销模式是一个完整的体系制度。目前公认的营销模式被划分为两个主要的方向，即市场细分法和客户整合法。市场

---

① 汪寿阳,敖敬宁,乔晗,杨一帆,胡毅,姜懋.基于知识管理的商业模式冰山理论[J].管理评论,2015(27):3-10.

细分法是通过公司管理系统的完善与延伸,系统扩大了分类营销模式,而客户整合法是通过建立消费者价值体系整合了公司资源的营销模式。粉丝经济是一种基于互联网思维的营销模式,通过用户企业品牌中不断加深参与度从而成为企业未来发展所需的用户。小米立足自身,发觉受众群是 18~29 岁的对传统媒体广告敏感度不高的群体,因此小米主要通过互联网,依托于社交媒体工具如论坛、贴吧、微博等,既减少了企业的营销费用,还能够吸引更多受众群体。小米定期举办发布会,进行同城交流,这样的线下活动能拉近消费者与供应端的距离,利于吸引更多流量从而变现。

(5) 融资模式。

融资模式是企业筹集资金而选择的渠道和方式。通过小米集团提交的联交所港股招股书(简称港股版)、证监会的 CDR 招股书(简称 CDR 版),小米集团发行股票,采用同股不同权的方式,发行了 A 类股票和 B 类股票,并将上市前的 A-F 轮融资列为优先股,发行后转为普通 B 类股票。此外在上市前夕,小米集团赠予了雷军 6 396 万股 B 类股票,作为多年未得的奖励,按面值 0.000 025 美元发行。

(6) 价值创造。

价值创造是企业的生产方案,满足客户或服务的产品和价值的目标结构。据小米的招股说明书数据显示,2016 年互联网服务收入占比为 20%,这部分的净利润超过 40%。根据小米集团发布的公告显示,截至 2019 年 12 月 31 日止的年度收入预期超过人民币 2 000 亿元,并且同期研发费用预期约为 70 亿元。相比较之下,小米集团 2018 年的营收为 1 749 亿元,同比增长 52.6%;经调整后的净利润为 18.53 亿元,同比增长 236.7%;研发费用为 57.77 亿元,同比增长 83.3%。

在公司未来战略部署中可以看到,小米已经明确"5G+AI+IoT 下一代超级互联网"的战略方向,进一步发展互联网业务。多方分析预测未来小米的互联网业务收入将成为其最主要收入来源。如果未来小米公司的互联网业务盈利能力不断提升,这将意味着小米有着超强的成长速度和能力。

| 案例九 |
小米集团：互联网公司估值的难题

3. 传统企业估值方法有哪些？如何结合商业模式对小米进行估值？你认为哪些估值方式对小米更为适用？

（1）互联网企业估值特点。

在互联网企业的估值结果中，非财务因素往往会带来重大影响。由于互联网企业的特殊性，在最初成立时，往往会以超额的成本来占据有限市场进行竞争，直至企业发展成熟。市场上同行业类型公司，例如亚马逊连续亏损了近20年，京东亏损近9年，但投资者仍对企业保持信心。在估值过程中，传统企业与互联网企业的报表分析存在显著差异，盈利能力显然不能成为衡量互联网企业的指标，其明显缺乏评估企业价值的能力。与此同时，传统的金融指标，如资产将变得不再重要。企业的价值更多受到用户的积累、市场的占据、产品品牌效应等因素影响。此外，互联网企业的盈利模式不再是传统的线性增长模式，这将导致传统模型难以衡量。

由于商业模式的不确定性，给互联网企业带来了估值难度。用户是估值中的重要因素，商业模式并非一成不变，会随着产品的开发与用户的需求而演变。公司必须通过不断增加产品对用户的影响、获得目标客户的依赖而获得盈利。由于用户需求的不断变化，互联网业务的风险要比一般企业高得多。互联网公司的技术必须不断发展，企业架构足够灵活，能够随时应对变化。互联网企业的定义也在不断改变，如果商业模式得不到认可，或者有破坏性的技术变化，以及政策变动等情况，可能导致大量用户和合作伙伴损失，公司可能会受到影响。

寻找合适的可比公司也是对互联网企业进行估值时的一大难题。需要考虑到可比公司的商业模式、市场开发水平等因素。为获得竞争优势，防止其他公司垄断，互联网行业的商业模式是多种多样的，如果不是商业模式或收入结构类似，很难进行比较。同时由于互联网行业的特殊性，信息获取方面存在较大难度，由于部分企业不能在国内上市，所提供的信息参考性弱，与传统企业存在较大的差异。

小米企业属于新经济领域，商业模式方面较传统企业多有创新，整体的估值难以找到可比对象,简单的模型对小米估值来说并不适用。如果将小米的手机业务作为主营业务进行估值,可能导致互联网价值的低估,单纯作为互联网企业,不考虑硬件方面的价值显然也不合理,因此,在估值方面存在难度。

互联网经济具有规模经济和爆炸性增长的特征。小米客户数量不断增加,变现能力不断提升,传统行业的增长预测方式不适用于小米。在互联网业务方面,广告变现、用户增长、产品效应增加会为企业带来更大的价值空间。从历轮融资中也可以看出,小米的估值不基于当前的盈利水平,投资者更看重小米未来的发展空间,即便在盈利为亏损状态时,小米仍能进行多轮投资。因此,非财务指标在小米的估值中不是主要因素。

(2)传统企业估值方法。

方法一:市场法

市场法的关键是寻找一个合适的可比公司,通过可比公司对目标公司进行估值,目前主要方法有以下三种。

第一,市盈率法。优点是数据易获取,方法较为简单,能够反映公司的风险和成长性。但由于每股盈余受盈余管理的影响较大,导致数据分析有一定滞后性,不适用于亏损的企业,小米的盈利受诸多非经常性损益的影响,需要进行财报调整。一旦小米公司的汇率发生波动或存在经营不善的问题,就会导致此估值模型的失效。

第二,市净率法。优点同市盈率法类似,数据易获取,且方法简单。不同于市盈率法,在公司出现盈利为负的情况时仍可使用此方法进行估值,但此方法更适用于企业资产大量为实物的企业和部分金融服务业。小米的商业模式中更加强调的是轻资产模式,并不适用于此方法。

第三,市销率法。互联网企业成立初期,注册量、点击率、访问人数、品牌等因素是关键竞争力体现,也是企业的重要资产。市销率具有可比性,可以通过可比公司进行估值。但是,对互联网业务而言,市销率法不能很好地衡量未来企业发展的潜力,只针对企业过去进行估值,此方法更适用于企业

案例九
小米集团：互联网公司估值的难题

资产大量为实物的企业和部分金融服务业，互联网企业的评估效果受限。

方法二：绝对估值法

绝对估值法是通过衡量企业未来收益现值来对其进行估值，主要方法有股利贴现模型、自由现金流贴现模型、EVA 估值模型、实物期权模型法。

股利贴现模型从股东的角度反映了企业的内在价值，很好地考虑了货币时间价值。但此方法不适用于分红少或公司不稳定的情况，模型中用股利来体现企业的价值，因此适合稳定发放股利的企业。而在小米集团之前的财报中没有过分红的记录，未来的计划存在不确定性，此方法并不适用小米。

自由现金流贴现模型中，现金流量包括企业现金流量、股权现金流量和债权现金流量。这一模型能够很好地体现企业价值的本质，考虑到了权益资本和货币时间价值，能够用现金流预测收益，会计准则对这一模型的影响比较小。由于小米相关的数据和信息统计情况比较透明，相对容易进行估值，因此对手机业务可以考虑采取这一模型。但是互联网业务的特殊性导致未来的现金流预测不够准确，这部分业务不适用这一模型。

EVA 估值模型需要考虑会计报表调整问题，包括商誉、研发费用等会计科目，对于外部报表使用者来说，获得相关数据的难度较大，可能导致估值结果存在较大偏差[①]。根据小米集团的财务报表显示，2018 年营业收入为 11 亿元，股东权益为 712 亿元，存在着扣除必要的报酬率以后投资回报为负的情况，因此 EVA 方法在小米集团价值评估中有很大的局限。

方法三：客户价值法

互联网企业可以根据注册用户数量和活跃用户数量等重要参考指标来进行估值。用户带来的流量变现是企业巨大的资产，能够创造价值，因此用户在互联网企业的经营过程中占据重要地位，活跃用户数量就成为企业估

---

① 杨璐，李丽. 运用 EVA 计算法评估互联网企业并购价值的协同效应[J]. 中国资产评估，2016(5): 37-39.

值中的重要指标。

DEVA 的估值模型是梅特卡夫定律在企业价值评估中的首次运用,揭示了网络技术的成长规律。此模型只考虑了两个影响因素,即单个用户价值和产品单位初始投入成本。对于互联网企业,这种方式的合理性就在于,重视用户与企业的互动,这种互动带来的流量变现和潜在的价值能够促使企业不断地发展。基于互联网的特性,用户规模对企业而言,是占据市场份额的重要指标,也是提升企业竞争力和综合实力的关键因素。用户规模越大,越有利于企业的进一步发展和扩张。但其局限性在于,这一估值方法将客户数量的影响作为互联网企业的经济价值决定性因素,因此一旦用户规模增加,将导致企业价值以几何倍数爆发式增长,可能导致企业的价值被高估。

(3)小米集团的估值。

小米的商业模式特点可归纳为以下三点:第一,以手机销售收入为主,硬件服务、互联网服务收入为辅;第二,组成以智能手机销售业务为核心,相关的生活硬件与智能产品为延伸而发展的智能生活生态圈;第三,以新零售为核心打造新布局。

因此,结合小米估值难题分析,可以采用将业务分开估值的方式,分别选择合适的模型,进行更为准确的估值。通过上述对各估值方法的分析,针对手机业务可以采用股权现金流量折现模型估值,IoT 和生活消费产品可以采用市销率估值法,互联网业务可采用客户价值法进行估值。

① 手机业务。

股权现金流量折现模型估值公式为:

股权现金流量=税后净利润+折旧与摊销-资本性支出-
净营运资金变动+付息债务的增加(减少)

$$V = \sum_{t=1}^{n} \frac{FCFF_t}{(1+k)^t} + \frac{FCFF_{n+1}}{(k-g)(1+k)^n}$$

案例九

小米集团：互联网公司估值的难题

根据表2各参数的选择，对手机业务进行估值，2019~2024年作为公司高速增长阶段，2025年开始进入稳定增长阶段。

表2 手机业务估值中重要参数选择

项 目	选 取 过 程
高速增长期	基于手机行业的激烈竞争，高速增长期选取5年
永续增长率 g	基于IDC和中金公司预测，收入的永续增长率 g 值为2.5%
折现率	根据资本资产定价模型，小米上市近一年来BETA值为1.37；无风险利率选取五年期国债到期收益率2.9577%；小米上市融资时，可赎回可转换优先股报酬为8%。Ri为9.87%。
净利润的取值	查阅小米近两年年报，硬件业务净利润不超过5%，硬件业务综合净利润=硬件业务收入-销售成本-管理费用-研发费用-所得税
折旧摊销与资本性支出	根据财务报表，近三年固定资产与无形资产净增加值占营业收入平均值为1.73%，设三大业务中费用按比例分摊，手机业务资本性支出-折旧与摊销=手机业务收入的1.73%
稳定时期自由现金流增长率	通常认为稳定时期的公司自由现金流量的增长和通货膨胀率相等，计算近八年的CPI平均值，取2.56%作为稳定时期自由现金流增长率

数据来源：作者根据小米2017~2019年年度报告整理

2025年自由现金流量=2024年自由现金流量×(1+g)=5946.07百万元

永续增长现金流在2024年末现金终值=2025年自由现金流/(内含报酬率-永续增长率)=80679.31百万元

根据公式 $V = \sum_{t=1}^{n} \frac{FCFF_t}{(1+k)^t} + \frac{FCFF_{n+1}}{(k-g)(1+k)^n}$，手机业务的总价值为683.51亿元。

② IoT和生活消费产品业务。

这部分业务使用市销率模型（PS模型）进行估值，利用企业的主营业务收入进行价值评估，公式为：市销率=每股市价/每股收入。

PS模型涉及可比公司的选择，根据艾瑞咨询发布的2016~2020年智能家电行业情况显示，小米、京东和海尔处于智能单品生产厂商的第一梯队,在以上家电行业公司中,选择海尔公司作为对比公司。海尔公司同属于智能单品生产商转型互联网企业,依托传统家电,建立生活云平台,根据易观咨询公司的分析,海尔与小米同为行业领头企业。根据海尔公司近五年来的年报显示,销售净利率从2015年6.60%降至2018年的5.67%,与小米IoT智能生活用品综合毛利率不高于5%数值相近,可作为比较对象。

海尔公司第三季度销售收入为1 488.96亿元,除以0.75计算得年度总销售收入为1 985.28亿元。截至2019年末海尔A+H股市值为1 509亿元,根据市销率公式,市销率=1 509/1 985.28=0.76。

代入小米IoT和生活消费业务,V=销售收入×市销率=438.16×0.76=332.88亿元。

③ 互联网业务。

基于对DEVA模型的缺陷分析发现,互联网企业价值不能简单地用用户的数量来决定,还包括信息传播速度和质量等因素。因此,在原模型的基础上提出了改进,

$$V = ARPU \cdot \frac{\alpha \cdot n \cdot m}{R^2}$$

公式中,ARPU表示单位用户贡献价值,α表示平均用户留存率,n表示注册用户数量,m表示网络提供的商品或服务数量,R表示企业单位获取新用户成本。改进后的梅特卡夫估值模型更重视用户资源的价值,对活跃用户与非活跃用户进行了区分,定义了用户数量与企业价值的关系,避免互联网企业早期财务数据低的状况[1]。重视企业未来发展规模经济的潜力,相比原模型,可以从整体上对互联网企业进行全面的价值评估[2]。

---

[1] 谌鹏.非财务指标对上市公司估值及后市表现影响——以TMT和互联网企业为例[J].宏观经济研究,2013(12):92-99.
[2] 魏嘉文,田秀娟.互联网2.0时代社交网站企业的估值研究[J].企业经济,2015(8):105-108.

案例九
小米集团：互联网公司估值的难题

表3　互联网业务估值模型参数确定

项　目	选　取　过　程
用户数量	2019年小米MAU为2.2亿户，同比增长43%，n选取为2.24亿户
ARPU	根据年报,2018年小米互联网营收为160亿元，ARPU=当月用户总现金贡献额/当月付费用户数=160/2.24=71.43
提供商品数量 m	根据小米商城在售品类数据显示，将小米网络提供的商品和服务数量定为5 000
单位获取新用户成本 R	目前全球主流互联网公司获客成本为17.5~54.1美元。根据小米财报,2018年单个新增月活销售费用为19.27元，R设定为19.27元
平均用户留存率 α	由于数据难获得，选用换机留存率替代，即31.41%

数据来源：作者根据小米2017~2019年年度报告整理

将上述参数代入公式，$V = ARPU \cdot \dfrac{\alpha \cdot n \cdot m}{R^2} = 71.43 \times \dfrac{31.4\% \times 2.24亿 \times 5\,000}{19.27^2} = 676.5$ 亿元。

综上，将三部分业务综合，$V_{总} = 683.53 + 332.88 + 676.5 = 1\,692.89$ 亿元。

4. 结合小米的估值过程，对我国科创板企业估值革命有哪些借鉴？

科创板在2019年6月13日正式开市，初期就呈现出发展速度快的特点。并且首次在中国市场引入注册制，对未来发展空间大、潜力足的企业给予更高的包容性，使投资者可以获得更高的收益。

小米集团作为互联网企业的代表之一，在市场的巨大不确定性下，用自己独特的商业模式打造企业的品牌竞争力，战略目标定位互联网业务，以粉丝经济为初始，利用用户黏性进行市场开发。小米未来的发展前景无限，但存在诸多不确定因素，需要我们给予更多的信心。

从科创板企业来说，企业盈利水平不稳定，持续经营的能力难以确定。由于科创板企业的商业模式比较新，技术发展快速，业绩波动比较大，上市后的持续创新能力不能保证,给总体估值带来较多的不确定因素。此外,由于科创板企业的技术路径不确定,未来的市场地位和市场占有率难以准确衡量,也给企业的估值带来了风险。

科创板企业的估值风险主要体现在以下两个方面:一是注册门槛低,以市值为基础,标准多样化,不仅仅考虑单一的盈利指标。这使得科创板企业的估值很大程度上依赖投资者的专业性,估值风险增加。二是投机氛围比较重,由于市场供需不平衡,部分企业价值高估,存在溢价的问题,影响到科创板的发展。外部市场的不理性将会导致投资者错误判断,增加估值风险。

小米的估值特殊性是由于商业模式和现阶段的特点决定的。小米属于互联网企业,由于互联网企业存在早期投入成本大、后期爆发式盈利的特点,使得传统估值方法难以对小米进行价值评估。小米的商业模式中,用户是核心指标也是盈利的关键,是小米形成品牌竞争力的重要因素。因此,价值评估要体现用户的相关指标。小米的现阶段发展速度快,但还不够稳定,一些相关数据的获取存在难度,并且不够客观。商业模式中,小米的业务分为三大板块,有互联网业务也有传统的硬件业务,考虑分模块进行估值是比较合理的。

与小米集团发展类似的企业,都存在着高成长性、资本密集、技术不确定等特点,传统的估值方法难以适用,需要针对企业特点重新考虑价值评估方式。表4为科创板具体上市标准,多类标准对企业的净利润没有明确标准,表明科创板更注重企业未来的发展,也赋予了新兴公司更多的发挥空间。

表4 科创板上市标准

类别	标准(人民币)	预计市值(人民币)
第一类	最近两年净利润均为正且累计 ≥ 人民币5 000万元;或最近一年净利润为正且营业收入 ≥ 1亿元	≥ 10亿元
第二类	最近一年营业收入 ≥ 2亿元,且最近三年累计研发投入占累计营业收入比例 ≥ 15%	≥ 15亿元

案例九

小米集团：互联网公司估值的难题

续　表

类 别	标准（人民币）	预计市值（人民币）
第三类	最近一年营业收入 ≥ 3 亿元，且最近三年经营活动产生的现金流量净额累计 ≥ 1 亿元	≥ 20 亿元
第四类	最近一年营业收入 ≥ 3 亿元	≥ 30 亿元
第五类	主要业务或产品需经国家有关部门批准，市场空间大，目前已取得阶段性成果	≥ 40 亿元

数据来源：作者根据上交所发布科创板上市标准整理

对于一些有技术优势，主要业务或产品需经国家有关部门批准，市场空间大，目前已取得阶段性成果的企业，科创板上市进一步放宽了标准，没有营业收入、利润等指标的限制。这说明科创板企业拥有核心竞争力和未来的成长发展空间也可以上市。对互联网企业而言，流量始终是最重要的指标，在一定程度上决定企业的价值，因此，小米的估值方法对一些互联网企业估值有一定的参考意义。

科创板的估值是对传统估值方法的一次挑战，从本质上来说，是能够顺应市场法则潮流，在中国经济结构转型中，在各个领域有广大发展前景的企业，自身价值也会在市场竞争中得以体现。

五、关键要点

1. 关键点：了解互联网企业的商业模式，找到商业模式特点，有企业估值有关的企业业务量，选择合适的估值方法。

2. 关键知识点：商业模式，互联网企业，企业价值。

3. 能力点：综合分析能力，逻辑思维能力，信息搜集与整理能力。

六、建议的课堂计划

本案例可以按照如下的课堂计划进行分析与讨论，仅供参考，教师可根据授课具体情况调整时间或略去其中一部分。

整个案例控制在 80~120 分钟。

课前准备：提前 1~2 周发放资料，提出问题，请学生在课前完成案例阅读和启发思考的问题。围绕案例思考题初步形成小组意见和个人意见。

课中计划：课前引导，简要介绍案例并提出思考问题。

分组讨论，准备 pre 大纲。

小组发言，每组派一名代表发言，评述案例。

自由讨论，就案例的关键点进行自由辩论，继续深入讨论。

案例总结：根据小组发言与讨论情况，进行归纳总结，并对小组讨论情况进行点评；就如何用理论知识解决实际问题提出建议。

（刘　焱　王美娜）

案例十

美的战略"联姻":库卡是不是对的"它"?

摘　要:中国家电市场从 2014 年下半年开始增速放缓,家电企业的营收也受其影响呈现平稳甚至下降趋势。走过高速发展阶段的中国传统老牌家电企业,纷纷面临转型的难题。当然,以暖通空调、消费电器为主业的美的集团也不例外。为了开拓新的业务市场,美的集团开始在家电行业之外寻找新的机会。本案例以美的集团为建立工业自动化平台收购德国机器人厂商库卡为例,通过描述其并购对象选择、并购过程、并购方式、资金来源等,揭示了跨国并购过程中并购双方面临的问题和并购后两个公司内部整合出现的问题。美的集团收购库卡,是近年中国公司规模最大的海外收购交易之一,该案例对跨国并购、产业链并购方案选择方面有借鉴意义。

关键词:美的集团;库卡公司;机器人业务;并购

2019 年 12 月下旬的一个深夜,空气中透着些许刺骨的寒意,夜深人静的美的大厦总裁办公室还亮着泛黄的光。美的集团董事长方洪波满面愁容,盯着董事长秘书送来的财务报表,陷入了沉思。美的集团在 2018 年年度董事会上宣告:未来两到三年不会再进行大规模的国际化并购。美的集团董事长秘书江鹏坦言,此前并购库卡的整合速度慢于公司预期。

2015 年 8 月以来,为完成战略转型,美的开始逐步对德国库卡进行收购,以拓展机器人业务,促进"双智"战略目标的实现。可如今四年时间转瞬而逝,公司的业绩却并不尽如人意,机器人业务拓展的完成情况还有待考量。方洪波深吸一口气,拿起办公桌上陪伴数年的钢笔,在纸上写下:收购库卡是不是一个正确的决定?

一、美的集团

(一) 白色家电巨头

美的集团(以下简称"美的")于 1968 年成立于中国广东,1980 年正式进入家电业。2013 年 3 月 18 日,美的在深圳证券交易所顺利上市,注册资本 1 036.866 万元。美的的发展历程如图 1 所示。

图 1　美的集团发展历程

资料来源:作者根据美的年度报告整理

经过数十年的发展,美的成为一家集消费电器、暖通空调、机器人与自动化系统、智能供应链(物流)于一身的科技集团,提供多元化的产品种类与服务。其以"科技尽善,生活尽美"为企业愿景,将"联动人与万物,启迪美的世界"作为自身使命,恪守"敢知未来"的价值观,致力创造美好生活①。美的是中国最具规模的白色家电生产基地和出口基地,业务主要包括:传统消费电器业务(核心产品:厨电、洗衣机及各种家用小电器);暖通空调业务(核心产品:家用空调、中央空调、暖通系统);工业自动化与机器人业务(核心公司:库卡集团、安川机器人合资公司)。截止到 2018 年,美的集团国内外用工总数已达 16.8 万人,员工遍布于白俄罗斯、巴西、越南等 15 个海外

---

① 2018 中国数字化转型进程调研报告。

案例十

美的战略"联姻":库卡是不是对的"它"?

生产基地和 24 个全球销售运营机构,产品出口至全球超过 200 个国家及地区。

我国白色家电行业集中度较高,格力、美的、海尔稳稳占据市场三巨头地位,未来短期内行业集中度仍可能维持较高水平。单就品牌而言,美的在国内白色家电市场中龙头地位稳固,龙头企业更具竞争优势,在国内和国外都有较大的市场份额。2018 年,美的更以 202.3 亿元人民币归母近利润的优异成绩稳踞行业前列,是当之无愧的全能型白色家电霸主。

(二) 战略转型,智能升级

白色家电企业属于劳动密集型企业,借助机器人代替人工已经逐渐成为制造领域里的趋势之一。美的集团董事长方洪波曾表示:美的集团在做好家电的同时要进入新产业,要和硬件相关,不能是劳动密集型,要做资本、技术混合密集型。未来美的也将努力从传统的家电企业转型为拥有互联网思维的智能硬件公司[①]。

2015 年,美的开展"智能家居+智能制造"的"双智"战略(见图 2),"战略转型、智能升级"的第二跑道正式开启,这对于美的集团甚至是我国机器人产业发展及全球布局具有重要战略意义。2016 年 6 月,美的宣告公告:推进公司"双智"战略,深入机器人产业布局。美的关注国内外家电微利和略微衰退的市场新形势,结合自身寻找新的业务增长点的发展需求,将新一轮的目标投向开拓广阔的中国机器人市场,提供更丰富多样化、专业化的服务机器人产品。

对美的而言,践行"双智"战略不仅是要生产智能产品和提升制造水平,更要直接进入机器人市场。具体来说,"智慧家居"和"智能制造"战略分别瞄向服务机器人市场和工业机器人市场[②]。同时,这也意味着对于美的自身会有更高的要求,需要具备足够的组织制度准备,拥有较强的自有机器人技术人才、团队和未来的机器人发展战略,使其成为具有创新特色的机器人

[①] 懋平. 跨界组合当道,能否搞定"工业互联网"融合? [J]. 今日工程机械,2017(3).
[②] 吴影. 美的收购库卡:家电巨头的"第二春"? [N]. 中国工业报,2016-06-24.

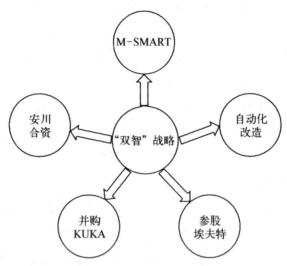

图2 美的"智能产品+智能制造"的"双智"战略

品牌。

二、库卡集团

(一) 四大家族之一

库卡集团(以下简称"库卡")是德国一家专门致力于机器人研制的公司,公司始建于1898年,于1980年在法兰克福证交所挂牌上市,与瑞士的ABB、日本的发那科和安川电机,并称工业机器人四大家族。库卡是全球工业机器人业界中的四大巨头之一,在德国及整个欧洲的工业史上都具有举足轻重的意义。库卡主营业务方向有三个:工业机器人、工业自动化解决方案、创新自动化解决方案。据国际机器人联合会2017年统计数据,在全球市场中,库卡市场占有率高达11%,其在工业机器人领域,特别是汽车工业领域享誉全球。图3是2017年全球工业机器人市场占有率。

(二) 潜力巨大,市场开拓

库卡产品线丰富,应用行业广泛,具有极强的创新能力和优越的产品性能,是全球主要的工业机器人生产厂商之一。同时,库卡也是全球领先的机

| 案例十 |

美的战略"联姻":库卡是不是对的"它"?

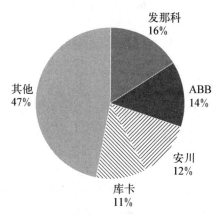

图 3 2017 年全球工业机器人市场占有率

资料来源:作者根据国际机器人联合会 2017 年统计报告整理

器人、自动化设备及解决方案的供应商。2015 年收购瑞士 Swisslog 之后,库卡在自动化系统集成上更进一步①。

库卡作为机器人巨头公司,有着百年的深厚积淀,公司客户几乎遍及所有的汽车生产厂家,同时也是欧洲、北美洲、南美洲及亚洲的主要汽车配件及综合市场的主要供应商,但是在亚洲这个巨大的潜力市场上却稍显逊色。2016 年前,库卡约 20% 的收入来源于德国,25% 收入来源于欧洲其他国家,来自北美的收入占 35% 左右,而亚洲和其他地区的收入占比不到 20%②。近年来,虽然亚洲的收入所占比例略微提升,但亚洲机器人市场的发展潜力远不止于此。

库卡是全球最大的汽车制造机器人厂商,然而从 2009 年至 2017 年,汽车机器人业务给库卡带来的营收从 80% 降低到了 50%,这是因为汽车行业的机器人市场增速只有 3%~5%,而面向其他所有行业的机器人市场增速却超过 10%③。如若库卡在保持汽车制造机器人领先地位的同时,进军用于电

---

① 利振鹏. 我国企业跨国并购财务风险研究[D]. 广东财经大学,2018.
② 范珊珊. 美的收购德国库卡启示录[J]. 现代国企研究,2019.
③ 利振鹏. 我国企业跨国并购财务风险研究[D]. 广东财经大学,2018.

子制造和物流仓库的小型、灵活机器人等其他机器人潜力领域,极有可能获得更大的市场收益。

三、收购过程

当清晨的第一缕阳光照进美的大厦的总裁办公室,董事长方洪波的思绪才被秘书的敲门声拉回,秘书对他报告了当天所有的行程。可是,方洪波却心事重重、若有所思。

方洪波反复地思忖:报告中称,2015年家电行业的收入萎缩、净利润为负!制造业上游成本的不断攀升、市场竞争日益激烈,家电行业业绩增长的途径不能单纯依靠大规模和低成本生产模式了!因此,必须要加快"智能家居+智能制造"的步伐了,工业自动化机器人的落实迫在眉睫。

其实,美的关于机器人产业的布局蓝图早已铺开。早在2003年,美的已经引进了机器人业务;2013年,美的进入扫地机器人行业;2014年,美的成立了机器人研究所;2015年,美的先后成立了全资子公司"美的机器人产业发展有限公司",之后与安川电机成立了两家机器人合资公司——广东美的安川服务机器人和广东安川美的工业机器人①。但是,方洪波的野心并未止步,他想建立的是一个工业互联网解决方案平台,他想占据的是工业流程自动化机器人的市场。目前的行动还远远不足以实现方洪波的野心,他也深知谁快谁有话语权的道理,所以方洪波必须用尽全力在最短的时间内完成机器人产业的全篇布局。

一直以来,美的就被大众媒体拿来与格力作对比,作为两大家电巨头的董事长,方洪波也自然常被媒体拿来与董明珠比较。与方洪波的低调、稳重的性格不同,董明珠一向高调、强势。董明珠早在2010年就宣布进军机器人行业;2011年格力开启了"机器换人"计划,相继成立了自动化办公室、自动化技术研究院、自动化设备制造部等部门;2012年,格力提出了"三至五年

---

① 薄冬梅.频繁收购海外机器人企业 美的野心外露[N].中国商报,2017-07-21.

| 案例十 |

美的战略"联姻":库卡是不是对的"它"?

实现无人车间"的目标。而美的要比格力晚了近五年,面对五年的战略落后,方洪波眉头紧皱思考着,到底怎么做才能赶上格力的机器人布局?是向格力学习自己投入资金建厂、自主研发机器人及其核心技术?还是利用并购的手段,学习借鉴已有的优秀机器人企业?

观察格力自主研发的过程,自 2011 年真正的研发资金投入后,直到 2013 年格力才研发出首台工业机器人 GR8A/1.4,2015 年格力第 100 台 8 公斤六轴工业机器人正式下线,直至同年 8 月珠海南水机器人产业园正式投产,格力工业机器人才正式实现量产化。四年的时间,格力自建的技术才真正有所收获。于是方洪波想到,自己建厂自主研发的时间成本太大,要想短时间内实现机器人技术的弯道超车还是需要借助外部的力量。那么,选择并购吧!

(一)选择对象

2016 年 4 月上旬的一天,顺德市笼罩在一片朦胧雾气中,紧张的气氛在会议室中弥漫,方洪波正在聆听高管们关于并购对象的选择建议。经过大家的一系列研究分析,有董事提议选择和本公司有过合作的安川,另有董事表示安川并不适合此次大规模的并购,应该选择另一个合意的"它"。

一份新鲜出炉的市场调查报告出现在方洪波的办公桌上,据 2015 年度机器人行业报告统计,全球前四大公司在整个行业中的市场份额占比接近 50%。而四大家族中,ABB 市值约为 3 200 亿元人民币,发那科市值约为 2 300 亿元人民币[①]。对于美的集团来说,无法并购这种规模的企业,而且这两家公司对机器人"感情"不专一,机器人业务仅为 ABB 和发那科业务的一部分,因此收购可行性、必要性较低。这时,面对并购国内可比同类企业是否会收效更好的质疑,财务顾问缓缓说道:"并购国内企业其实并不是一笔'划算'的账,这是因为相较于国外同样规模的机器人生产企业,国内企业市场价值要比国外企业高,因此并购国内机器人厂商要付出比国外更高的代

---

① http://www.360doc.com/content/16/0904/21/32626470_588415332.shtml.

价。"方洪波联想到国外的机器人技术发展比国内更加成熟,因此国外机器人厂商要比国内厂商更具有投资价值和技术含量。还有最重要的一点是,在国外低价购进机器人,装运到国内后,因卓越的技术品质和口碑,再卖给国内客户,具有不小的套利空间。方洪波在权衡之下,安排下属对国外公司进行进一步的尽职调查。

一周之后,又一次临时董事会紧锣密鼓地召开,董事们反复斟酌着各大公司的调研报告并展开了激烈的讨论。方洪波的目光始终在两家公司里反复对比,分别是与自己有着战略合作关系的安川和与自己有着业务往来的库卡。这两家公司的市值差距并不大,如何在两者间进行选择再次让方洪波陷入了沉思。

两家公司各有利弊。安川已经与美的有过战略合作,并合资建立了两家工厂,对其了解的程度远比对库卡了解的深,对于估值等一系列并购前的活动,进展也会较为顺利。但是在之前的合作中,由于战略中的不匹配,也使两方存在了些许矛盾;那库卡又怎么样呢?库卡的工业机器人水平在全球处于领先水平,且市值规模适中,是少数具有核心技术能力且规模较为合适的标的企业,符合美的战略投资的方向,但由于交流较少,并不能保证在理想的价格中使谈判顺利进行。

"那试一试并购库卡吧。"方洪波对股东们说道,"无论怎样,背水一战吧!"

(二)投资来源

激烈的董事会刚刚结束,并购活动的具体事项已基本商议妥当。与会的成员陆续退场,剩下方洪波和财务部门的同事瞅着一堆财务数据犹豫不定。对于国内企业来说,大多数都是采用现金支付的方式来进行并购,因为在并购双方存在信息不对称的情况下,现金支付相比于股权支付等手段更容易获得被并购标的企业的股东的认可,因此,此次并购活动最好的方式也是采取现金支付的方式。可是这笔巨大的现金流又从何而来呢?

最终,经过无数次的会议商讨,美的最终决定:所用的资金来自企业自

| 案例十 |
美的战略"联姻":库卡是不是对的"它"?

有资金以及相关金融机构的贷款,贷款金额不超过 50 亿欧元,由美的及其子公司担保。

方洪波是一个高瞻远瞩、做事果断的人,美的立即从中国工商银行那里获得了高达 39.91 亿欧元的贷款。这笔贷款是一笔一年期的短期贷款,到期日为 2017 年 4 月 15 日,利率 0.65%,利息为 2 600 万欧元。

同时,方洪波清楚地知道,现金支付给美的带来的流动性风险,尤其体现在短期流动性风险上。对于迟早都要还清的高额银团借款,万一美的并不能按时还清就会背负巨额的逾期利息支出。的确,美的并购库卡采用的贷款方式为银团贷款,而银团贷款的方式主要采取浮动利率的形式,其中最常见的国际银团贷款利率是在 LIBOR(伦敦同业拆借利率)基础上加上加息率。虽然美的并没有公布具体的贷款利息计算方式,但是采用 LIBOR 加息的可能性非常大,而且这也是国际银团贷款的惯用做法,因此美的同样承担着因为浮动利率变动而引起的融资成本变动的风险。

而且美的并购库卡跨越的是中、德两个主权国家,因此在这一期间内,美的面临着汇率变动所带来的交易成本的变化,同时以后还款期间的汇率变化依然会给美的带来风险。美的是在深圳证券交易所上市的公司,其遵循的会计准则是中国会计准则,而库卡是在德国法兰克福上市的上市公司,在德国一家公司既可以选用德国公认会计准则 HGB,也可以按照国际财务报告准则 IFRS,两国的制度不同,因此如何协调好双方的财务管理制度是摆在美的高层的一个不容回避的问题,同时也是美的在并购整合期间可能面对的一大财务风险[①]。此次并购之后能否让美的达到想要的利润与投资收益率依然是具有较大不确定性。再加上美的并购库卡的巨额资金主要是银团借款,借款产生巨额的利息费用,这两方面的压力都会使得大众对于美的未来盈利能力产生怀疑。

(三)中途遇阻

随着方洪波一声令下,库卡收购案的进度链条快速拉近。

---

① 利振鹏.我国企业跨国并购财务风险研究[D].广东财经大学,2018.

2016年5月18日,方洪波签署了《关于向库卡集团股东发起收购要约的议案》。当日,美的发出公告:拟通过要约方式,以现金支付37.07亿欧元(折合人民币292亿元)作为对价,收购81.04%的库卡股权。此次收购完成后,公司通过境外全资子公司MECCA(BVI)合计持有库卡37 605 732股股份,占库卡已发行股本的比例约为94.55%。

2016年5月27日,库卡CEO蒂尔·劳伊特表示欢迎美的发出的收购要约。

但是,一个中国企业收购德国著名企业的过程中免不了遭到质疑甚至是反对。德国经济部长加布里尔公开表示反对,美的此次大规模的跨国并购必须跨过四道坎:董事会审议通过、德国金融监管局等机构批准要约文件、实施要约、反垄断审查。

面对德国政府的重重压力,我国政府决定推方洪波一把。经过我国政府出面协调,2016年6月21日,库卡监事会同美的进行谈判后,表示欢迎美的的收购要约。28日,库卡监事会及执行管理委员会达成一致意见,推荐库卡股东接受本次美的的要约收购。同日,就相关事宜及美的在要约收购交割后对库卡的相关承诺签署了投资战略协议,协议的有效期为7年半,自签署之日起生效①。直至7月16日,方洪波的心才有了少许放松,美的逐步增持计划稳步前行,合计持有85.69%的库卡股份,收购价格为115欧元/股,以此价格对库卡股权估值为45.74亿欧元,约合人民币338亿元。

方洪波深知,至此美的收购库卡只是完成了第一阶段,由于外国政府的质疑,交割要求里面还需要通过欧盟、德国、美国、俄罗斯等的反垄断审查,美的还有一段艰难的旅途要去完成。

(四) 迎刃而解

为了通过各国的反垄断审查,方洪波和各位副总们奔波穿梭在不同国家之间。

2016年8月8日,中国政府率先做出表率。中国商务部反垄断局审核

---

① http://finance.sina.com.cn/roll/2016-06-30/doc-ifxtscen2943212.shtml。

| 案例十 |

美的战略"联姻":库卡是不是对的"它"?

通过了本次要约收购涉及的经营者集中审查事宜,允许本次要约收购实施。

8月20日,德国联邦经济事务和能源部对本次收购发表无反对意见。

8月27日,美国反垄断审查局对本次收购发表无反对意见。

9月6日,俄罗斯反垄断审查局对本次收购发表无反对意见。

9月17日,巴西反垄断审查局对本次收购发表无反对意见。

10月12日,墨西哥反垄断审查局对本次收购发表无反对意见。

10月13日,欧盟反垄断审查局对本次收购发表无反对意见。

11月25日,国家发改委出具了《项目备案通知书》,对本次收购予以备案。

2017年元旦的前一夜,刺骨的冷空气让人特别清醒。舟车劳顿的方洪波赶回广东,他答应了家人要一起过元旦的愿望。飞机刚刚停稳,方洪波的手机就接到了纷至沓来的祝贺,他推了推眼镜,用颤抖的手点开了秘书的信息:方总,成了!美国外资投资委员会和国防贸易管制理事会终于通过了此次收购的反垄断审查。

2016年对于方洪波而言意味良多,想到这里,他心潮澎湃,思绪万千。

截至2017年1月6日,美的要约收购库卡的全部交割条件均已满足,美的正式持有库卡94.55%股份。

四、整合效果是否锦上添花?

转眼间,时光匆匆划过四年。

电脑的光映在方洪波深邃的眼眸里,收购库卡的前前后后不断出现在他的脑海里。电脑屏幕上显示的是库卡2018年的业绩情况:2018年库卡订单收入33.05亿欧元,同比下滑了8.5%;营收32.42亿欧元,同比下滑6.8%;息税前利润率3%,同比下滑1.3个百分点;税后利润0.17亿欧元,大跌了81.2%!库卡业绩一旦亏损,就会严重拖累美的的业绩,需要密切关注2019年库卡的经营状况能否好转。方洪波又想到库卡自收购以来持续走低的股价已经跌破了收购前的股价水平,方洪波这下真的心慌了。

收购库卡是美的的机会,当然也是最大的风险。库卡在2017年收购后的首次答卷较为优秀,2017年实现营收270.37亿元,毛利率17%;但是2018年库卡的业绩出现了大幅度下滑;2019年,库卡前三季度的业绩已然"难以直视",订单额和营收均呈同比下降的趋势。第二季度库卡营业收入8亿欧元,比2018年同期下降6%,息税前利润(EBIT)为2 370万欧元,同比下滑55%,第三季度库卡营收为8.329亿欧元,同比下滑2%,订单额同比减少16.75%。

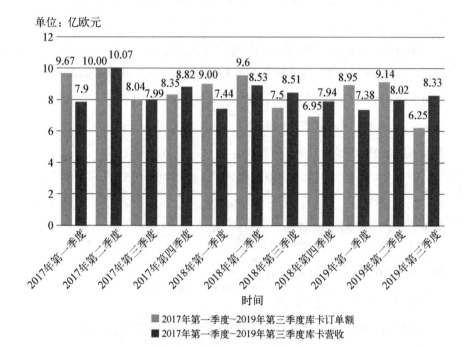

图4 2017年第一季度~2019年第三季度库卡订单额和营收
资料来源:作者根据美的2017~2019年季度报告整理

(一)协同效应犹未可知

并购过程虽然略有曲折,但总体来讲还是比较顺利的。在美的并购库卡的过程中,战略准备与战略实施总共仅花费了8个月,与国外类似的大额

案例十
美的战略"联姻":库卡是不是对的"它"?

并购动辄数年的时间跨度相比可称为"闪电并购",虽然收购期间德国和欧洲政商界也有不同声音,但总体上还是一路绿灯放行。

美的此次并购也得到了国内金融界与政府的大力支持,其并购所用资金几乎全部来自中国工商银行给予的低息贷款,副总裁李飞德在并购成功后谈及并购过程时,满面笑意地提道:"这时候,我们就要跟监管机构进行良好的沟通和磋商,以找到办法能够支持中国优秀的上市公司在现有规则框架之下能够更好地走出去。这期间我们做了大量的工作,得到了包括国家部委等一线监管机构的大力支持。"并购期间,国内媒体与舆论界也是好评如潮,几乎未有任何质疑的声音,值得一提的是,并购全程都得到了库卡时任 CEO 罗伊特的大力支持。因此,看上去库卡的管理层对积极融入美的的企业框架是有热情与信心的。

正是因为这样看起来一片大好的形势,2017 年 4 月,在上海并购金融集聚区举行的"第四届中国跨境投资并购峰会暨第三届金哨奖颁奖典礼"上的演讲中,李飞德兴奋地表示:"在工业机器人及工业自动化领域里面,我们仍然希望继续沿着产业链在纵、深两个层面来展开布局。我们在努力拓展包括运动控制器、编码器、驱动器等最核心的零部件。美的的产业框架蓝图已经简单地展现在大家面前,我们希望自己未来在消费电器、暖通空调以及自动化整个大的产业方面能够形成美的自己的产业组合。"①2017 年 7 月 11 日,美的正式在其互动平台上宣告:"美的与库卡将共同挖掘服务机器人的市场,提供丰富多样与专业化的服务机器人产品。"美的集团负责人也表示:"共同开发市场和挖掘潜力,是美的收购库卡时既定的战略方向,服务机器人市场也一直是公司在机器人领域的重要战略发展方向之一。"

另外,公司副总裁顾炎民也表示:"美的视库卡为进一步提升自动化产业产品和服务的首选合作伙伴,而美的则是库卡开发、生产、推广机器人业

---

① http://www.p5w.net/stock/stcn/201704/t20170429_1779409.htm.

务的理想合作伙伴。我们期望能借助我们丰富的经验和额外的资源支持来加快库卡在中国的战略实施,并支持将其业务扩展到一般工业领域。"①

可见,一张在高精尖技术服务机器人领域大展拳脚的"大饼"已经在美的的笔下跃然纸上。

无论是良性合作的共同开发市场,还是通过与库卡的合作发展高端服务机器人,双方技术的交流都是必不可少的。在并购时,美的减少时间、缩短流程,很快获得了标的企业支持,签署了与库卡的技术保密协议。然而,库卡并没有义务无条件对美的转让技术,美的作为持有库卡股份超过 90%的大股东,反而无权直接要求库卡对其转让技术资料甚至技术设备,其需要库卡的技术时,仍需支付费用,与在外部企业处购买几乎无异,可能美的仅享受到了技术优先购买的优势。而库卡坐拥世界顶尖的机器人技术并因此获得产业链最顶端地位的大量利润,其实并没有主动与美的分享技术的动机,相反却有要求美的主动分享市场的动机。美的与库卡的合作,虽然在同一个公司之内,实际上仍然是不平等的,极容易形成"以市场换技术"的局面,从而重蹈我国汽车产业市场与技术双失的覆辙。

(二)制度整合暗流涌动

美的与库卡在并购发生之前,除了同属机器制造业产业链,并没有太多相似的地方。企业的组织制度必然是与自身经营模式与经济环境相符合的,因此,双方组织制度必然存在方方面面的差异,合并之后在组织度方面的整合可谓势在必行。

美的在并购签约流程结束之后,成立了一支由战略顾问、律师、财务专家、人力资源顾问等组成的并购小组,主要负责此次并购整合任务,并定期展开尽职调查。这也是全球通用的并入陌生领域企业的做法,但问题在于,这支小组有多大权限呢?

美的在《美的集团:要约文件》中明确指出:"公司没有与库卡集团签署

---

① 羽扇观经. 美的收购库卡,是戴着镣铐跳舞? [EB/OL]. (2016 - 07 - 01) [2019 - 12 - 26]. http://www.guancha.cn/Yushanguanjing/2016_07_01_366024_1.shtml.

案例十

美的战略"联姻":库卡是不是对的"它"?

控制协议,促使库卡集团退市或对库卡进行重组的意愿;公司支持库卡集团监事会及执行管理委员的独立性,并保持库卡集团融资策略的独立性;公司尊重库卡集团员工、员工委员会及工会的权利,公司承诺并明确表示不会促使现有全球员工人数改变、关闭基地或有任何搬迁行动的发生。"同时,美的作为库卡无可置疑的第一大控股股东,甚至没有寻求董事位置,仅仅象征性的占用了一个监事会位置。可见,美的对将库卡完全整合入自身框架内缺乏足够信心,总体仍然采取一种"无为而治"的态度,大的政策方向含糊不清,且有逃避矛盾的嫌疑。大的方向如此,工作小组自然也不可能有太多明确的任务和权利,这种情况极容易造成"该放权处不放权,不该放权处自由化"的情况。实际上,从后来库卡 CEO 离职之后出面解释的不是小组成员而是美的副总裁这一点来看,这种风险已经实实在在变成了现实。

(三)战略整合荆棘塞途

库卡作为机器人行业四大家族之一,为客户提供高端产品和服务,其采用的是差异化战略,针对不同的客户提供不同的自动化解决方案,美的和库卡在业务层竞争战略方面存在巨大差异。具体来说,美的之前主要战略方向是在传统白色家电方面实行成本领先战略,而库卡则是在工业机器人方面走差异化路线。对于库卡来讲,差异化产品是其最大竞争优势,对于美的来讲,绝对成本领先是其最大竞争优势。

美的是以生产电风扇进入家电行业的,通过成本领先战略获取竞争优势,相继进入冰箱、空调、厨房家电等行业,以依靠规模经济的低成本战略扩大市场。近几年美的逐渐采取相对成本领先策略,通过技术创新等为客户提供增值活动。

库卡如何利用美的的成本领先优势来实现整体成本领先优势,是并购后库卡业务层战略转型的主要问题。在美的多元化战略方针提出之前,两者近乎井水不犯河水。因此,可以预见双方战略方向上的整合将涉及两个公司从最底层到最外层结构的方方面面,将会是一个异常艰巨的任务。

然而,美的是怎么做的呢?在《美的集团:要约文件》中,美的明确表示:"公司支持库卡集团的战略计划,包括进一步拓展中国市场和工业4.0业务。另外,公司支持库卡增加研发人员及扩展现有科研设施,并致力加深与库卡在物流自动化及服务机器人等业务的合作;公司尊重库卡集团的品牌及知识产权,并准备订立隔离防范协议承诺保密其商业机密和客户数据,以维持库卡与其客户及供应商的稳定关系。"这就是说,美的在战略整合方面也采取了放任自流的态度,缺乏面对双方分歧的勇气。这种逃避的态度发展下去,必然导致双方最后都试图抛开对方,用自己习惯的方式解决问题。因此,在这种大背景下,在 2017 年 5 月 11 日奥地利格拉茨成立的美的欧洲研发与创新中心就形同虚设,就像一对在婚恋问题上发生了根本矛盾的夫妻,其中的裂痕岂是双方约定每天一起做饭能解决得了的? 实际上,我们看到在库卡 CEO 罗伊特离职之后,顾炎民出面表示:"我们要成为中国第一,为此我们必须追求更快的增长。"顾炎民在为解聘罗伊特的决定辩护时,仍不忘记展示美的集团的雄心壮志。也许顾炎民认为"画大饼"和"扩张"是安抚库卡老员工的最好方式,可是德国显然吃不惯异地口味的"大饼"。

(四)文化整合负重涉远

美的与库卡在企业文化上的差距,在表 1 中显而易见。

表 1　美的与库卡的企业文化差异

集　团	美　的	库　卡
文化	开放、和谐、务实、创新	公平、公正、协作、创新
使命	为人类创造美好生活	使人们的工作和生活变得更加轻松
愿景	做世界的美的	提供独一无二的自动化解决方案

在《美的集团:要约文件》中,没有任何条文提到美的对文化整合方面的意见。在并购之后,也仅仅是副总裁李飞德在演讲中提到:"整个收

案例十
美的战略"联姻":库卡是不是对的"它"?

购过程中,我们充分尊重当地文化、库卡的管理团队,以及承诺库卡未来的发展保持一定的独立性。因为库卡本身是一家全球化程度很高的公司,也是一家非常完整、独立的经营体,跟目前绝大部分的海外收购有很大的不同。"

而且,在美的并购库卡过程中,德国媒体持不友好态度,他们始终认为美的是在掠夺德国的核心制造技术。更重要的是,当地民众对于外部信息的了解通常以相关媒体报道为主,所以德国媒体的负面报道使德国大众据此产生反对、抗拒的心理也就不足为奇,这会使负面效应持续时间更长、影响面更广。

美的对于双方企业文化的无所作为、德国媒体的负面报道,都埋下了深深的隐患,尤其是原 CEO 罗伊特突然提前离职后,很多员工都表示企业没有了灵魂。一位职员在接受采访时哽咽地回答道:"没有人会在圣诞节前被炒鱿鱼,我只希望美的不要把我们都炒了。"可见,库卡的一些员工并不信赖美的。而 2019 年 3 月,库卡宣布解雇的德国总部员工人数高达 350 人,这对于双方企业文化的整合进程来说,无疑是雪上加霜。

由此,如何下好库卡这盘大棋,美的任重道远。

附件 1 收购以来美的主营业务收入变化明细

单位:千元

	2016 年	2017 年	2018 年
暖通空调	68 726 349	95 352 449	109 394 649
消费电器	76 539 889	98 748 018	102 992 803
机器人及自动化系统	—	27 037 062	25 677 924
其他	1 907 746	2 352 377	2 915 172
总计	147 173 984	223 489 906	240 980 548

资料来源:作者根据美的 2016~2018 年年度报告整理

附件 2 2016~2018 年美的主要财务数据

表 1 2016~2018 年美的成长能力指标

成长能力指标	2018 年	2017 年	2016 年
营业总收入(亿元)	2 618	2 419	1 598
营业总收入增长比例(%)	8.23	51.35	14.71
扣非净利润(亿元)	206.0	145.6	60.85
扣非净利润增长比例(%)	28.46	15.72	23.66

资料来源:作者根据美的 2016~2018 年年度报告整理

表 2 2016~2018 年美的营运能力指标

营运能力指标	2018 年	2017 年	2016 年
总资产周转率(次)	1.02	1.16	1.07
存货周转天数(天)	56.53	44.96	40.60
应收账款周转率(次)	25.59	23.17	26.97

资料来源:作者根据美的 2016~2018 年年度报告整理

表 3 2016~2018 年美的盈利能力指标

盈利能力指标	2018 年	2017 年	2016 年
净资产收益率(%)	25.66	25.88	26.88
毛利率(%)	27.54	25.03	27.31
净利率(%)	8.34	7.73	9.97

资料来源:作者根据美的 2016~2018 年年度报告整理

附件 3 2014~2015 年库卡在世界不同地区的收入份额

国家/地区	2014 年		2015 年	
	金额(亿元)	占比(%)	金额(亿元)	占比(%)
德国	61.82	20.84	64.72	30.88
欧洲其他国家	73.84	24.9	45.96	21.93
北美地区	103.57	34.92	59.61	28.44
亚洲其他地区	57.36	19.34	39.28	18.74
营业收入	296.59	100.00	209.57	100.00

资料来源:作者根据库卡 2014~2015 年年度报告整理

| 案例十 |

美的战略"联姻":库卡是不是对的"它"?

附件4 2014~2015年库卡的股权结构

序号	股东名称	持股比例(%)
1	J. M. Voith GmbH & Co. Beteiligungen KG	25.10
2	MECCA	13.51
3	SWOCTEM GmbH	10.02
4	其他股东	51.37

资料来源:作者根据库卡2014~2015年年度报告整理

案例使用说明

一、教学目的与用途

1. 适用课程

本案例的适用课程为"企业上市与信息披露",也可以作为"公司战略管理"课程相关内容教学的辅助案例。

2. 适用对象

本案例可用于工商管理类的本科生、研究生学习,也可作为MBA、EMBA、企业高层管理培训的教学素材。

3. 教学目的

(1)引导学生加深对并购过程及并购后风险产生的了解,从并购动机的产生、目标企业的选择,再到确定并购方式、支付方式、并购方案以及并购整合工作的实施,最后探讨并购造成的风险问题。

(2)通过美的集团(以下简称"美的")并购库卡公司(以下简称"库卡")的整个过程,让学生切身感受并购过程中的问题与挑战,并在掌握整个并购过程的基础上提出自己的想法。

二、启发思考题

本案例的启发思考题主要对应的是案例教学目标和知识传递目标,启发思考题与案例同时布置,另外让学生尽量在课前阅读熟悉相关知识点。

1. 企业扩张的方式有哪些?试分析美的选择并购的扩张方式的原因。

2. 在众多目标企业中,美的为什么会选择库卡作为最终并购对象?这项选择是否合理?

3. 在并购库卡的过程中美的采取了何种并购方式、支付方式、筹资方式?

4. 美的并购库卡过程中存在哪些风险?

5. 与格力自主研发机器人相比,试分析美的并购库卡的案例对于其他公司的战略发展有何借鉴意义?

三、分析思路

本案例以美的并购动机的产生、目标企业的选择,再到确定并购方式、支付方式、并购方案以及并购整合工作的实施,最后以探讨并购造成风险问题为主线,展示并购过程全景图,使学生熟悉并购的基本过程,掌握必要知识。具体路径如图 1 所示:

四、理论依据与分析

【理论依据】

1. 并购风险概念界定

企业并购风险广义上是指由于企业并购未来收益的不确定性,造成的未来实际收益与预期收益之间的偏差;但一般研究的是狭义并购风险,是指企业在实施并购行为时遭受损失的可能性。企业并购的损失可大可小,既可能是企业收益的下降,也可能是企业的负收益,其中最大的风险是导致企业破产崩溃。界定企业并购的风险,目的是为了识别风险,了解风险发生的可能性、风险的性质,是分析风险形成的机理前提。

| 案例十 |

美的战略"联姻":库卡是不是对的"它"?

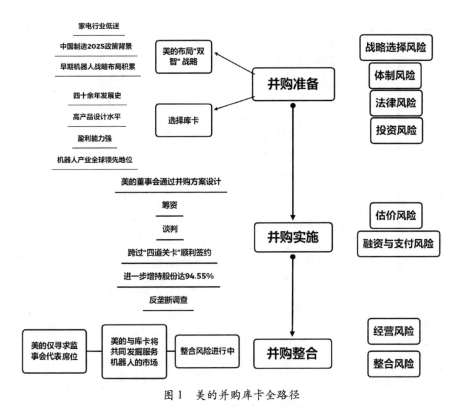

图 1 美的并购库卡全路径

2. 企业并购风险的分类

整个并购过程可以简单划分为并购前的准备阶段、并购中的实施阶段、并购后的整合阶段三个阶段,不同阶段有不同的风险。企业并购中的风险如表 1 所示。

表 1 并购过程的风险

并购前的风险	战略选择风险	战略选择风险来自两个方面:一是动机风险;二是信息不对称风险	并购前的风险是指由于并购前对战略决策、宏观政策和法律以及投资决策方面的信息掌握不够充分而导致的风险
	体制风险	在我国,国有企业资本经营过程中相当一部分企业的并购行为,都是由政府部门强行撮合实现的。尽管大规模的并购活动需要政府的支持和引导,但是并购行为毕竟是一种市场化的行为。政府依靠行政手段对企业并购大包大揽不仅背离市场规则,而且往往还会给企业并购带来风险	

续 表

并购前的风险	法律风险	各国政府都制定了一系列的法律法规,以规范和监管各企业在并购活动中的行为。我国目前还没有统一的《企业并购法》,有关并购的规定在《企业法》《证券法》《上市公司章程指引》《关于规范上市公司重大购买或出售资产行为的通知》及《上市公司收购管理办法》中有所体现。由于我国相关法律法规不完善,在某种程度上给企业并购埋下了法律隐患	
	投资风险	企业并购是一项直接的对外投资。一般都需要较多的资金投入,其目的是为了取得预期的回报。企业并购后能否产生协同效应,能否取得预期投资收益,会受许多因素的影响,其结果具有不确定性,这种不确定性构成企业并购的投资风险	
并购中的风险	估值风险	由于我国资产评估行业处于发展阶段,在评估的技术或手段上尚不成熟,估值误差可能更加明显。此外,资产评估部门也有可能在多方干预或自身利益的驱动下不顾职业道德,出具虚假的评估报告	企业并购中的风险是指并购过程中由于对应该支付的价格、资金来源和支付方式方面运作不合理而导致的风险
	融资与支付风险	一般而言,并购行为需要大量的资金支持。企业无论选择哪种融资途径,都存在着一定的融资风险,如果收购方在收购中所付代价过高,可能会导致企业在收购活动后,资本结构恶化,负债比例过高,付不出本息而破产倒闭	
并购后的风险	经营风险	经营风险是指企业并购后,如果无法使得整个企业集团产生预期的协同效应,难以实现规模经济与优势互补,或者并购后规模过大而产生规模不经济,未能达到预期目标而产生的风险	企业并购后的风险是指并购活动完成后对整个企业集团的经营管理和各方面的整合没能达到预期效果而产生的风险
	整合风险	整合风险主要包括企业并购后,在经营、生产和技术上不能达到预定的协同效果而导致的风险,这种风险容易导致破产;企业并购后,在人事、制度和文化上不能按照预先设计的并购规划有效整合,使得新老企业运行相互抵触,产生内耗,从而拖累优势企业带来的风险	

【案例分析】

1. 企业扩张的方式有哪些?试分析美的选择并购的扩张方式的原因。

| 案例十 |

美的战略"联姻":库卡是不是对的"它"?

(1)扩张方式。

企业扩张是指企业在成长过程中规模由小到大、竞争能力由弱到强、经营管理制度和企业组织结构由低级到高级的动态发展过程。扩张基本分为内部扩张和外部扩张。内部扩张是企业通过自身人力、物力、财力等资源,提高产品质量,扩大市场份额,增强企业融资能力,创造利润进行扩张的一种途径;而外部扩张则是通过兼并与收购,获得其他企业控制权的市场行为实现的[①]。

内部扩张多出现在企业发展的初期,企业的规模较小,控制的资源较少,还无法与行业中的龙头企业抗衡,企业也没有足够的实力和动机进行外部扩张;相比之下,外部扩张受到的制约较少,其扩张的速度较快,能在短时间内迅速扩大企业规模,提高企业控制资源的能力。

内部扩张和外部扩张相比,前者的扩张风险较小,可控性较强,扩张具有持续性的特点;后者的扩张风险较大,可控性较弱,扩张具有间断性的特点。在企业进行外部扩张,获得其他企业的控制权之后,如果能按照预期目标,合理整合资源、优化业务流程、获得战略机会、取得规模效应和协同效应,那么企业的发展将会在短期内提升到一个新的层次。但是,如果外部扩张失败,则不仅不会给企业带来有利的影响,反而会成为企业发展的负担,使企业的盈利能力减弱,竞争能力下降,进而损耗企业价值创造的基础。

(2)美的战略方式的选择及原因。

美的选择了收购库卡的外部扩张方式,主要动机是获取战略机会以及发挥协同效应。

在家电市场持续低迷以及"中国制造2025"的政策支持背景下,美的集团近年来提出"智慧家居+智能制造"的"双智"战略,用机器代替人工,以科技为第一生产力,全面提升企业智能制造的同时也推进智能家居的发展。21世纪越来越多的人注重效率,多数用户开始对远程控制有较强的需求,由

---

① 张万和.企业扩张应与整体发展战略相适应[M].中国物业管理,2005(12).

此可知,智能家居未来会有较好的发展趋势。美的对库卡的并购,一方面使美的业务呈现多元化,另一方面推进了美的智能家居的进程,此外它还是实现"双智"战略的重要手段,为美的全球业务拓展了发展空间。美的可以借助库卡原有的知名度,进一步实现在机器人领域的拓展。这也有助于实现美的"双智"战略,加快自动化制造的进程,使智能制造和智慧家居的发展齐头并进。

2014年12月,库卡收购了全球知名的为仓储和配送业务的自动化提供解决方案的供应商瑞仕格,根据控制的传递性,美的也会通过对库卡的并购而获得对瑞仕格一定程度的控制权。通过瑞仕格与美的的子公司安得物流对资源的整合利用,可以使美的在仓储、分拣、运输、物料处理等方面加强管理,实现物流业务的协同效应。

2. 在众多目标企业中,美的为什么会选择库卡作为最终并购对象?这项选择是否合理?

全球众多机器人企业中,对于美的来说,库卡是一个较为合适的选择。首先,据2015年度机器人行业报告统计,全球前四大公司在整个行业中的市场份额占比接近50%,其中,库卡销售收入占比9%。在设计方面,库卡也处于全球领先地位,2015年库卡产品获得了IF设计、红点设计等多项奖项。

其次,库卡的盈利能力也很可观。自2009年以来,库卡营业收入和净利润呈现出连续增长的态势,营业收入自2009年的9.02亿欧元增长至2015年的29.66亿欧元,归属于母公司股东的净利润也由2009年亏损7 574万欧元扭转增长至2015年的8 680万欧元[1]。

再次,库卡的企业价值高,收购性价也较高。以2016年3月31日为基准日,库卡企业价值计算结果为45.2亿欧元,在此前的12个月的税息折旧及摊销前利润为2.5亿欧元。本次美的对库卡并购交易的公司企业价值倍数为18.2x,远高于其他三家机器人公司的平均企业价值倍数9.6x。而三家

---

[1] 吴顺焰. 中国企业海外并购风险分析[D]. 广西民族大学,2018.

案例十
美的战略"联姻":库卡是不是对的"它"?

公司的企业价值/销售额倍数平均为 2.1x,与美的此次收购交易的倍数基本持平[①]。

表2 ABB、发那科、安川电机企业价值对比

单位:倍数(x)

同行业上市公司	企业价值/EBITDA	企业价值/销售额
ABB	10.8	1.4
发那科	10.3	3.9
安川电机	7.6	0.9
均值	9.6	2.1

资料来源:作者根据 ABB、发那科、安川电机公司年度报告整理

与国内的可比企业的比较:

表3 国内可比公司情况

单位:倍数(x)

同行业上市公司	企业价值/EBITDA	企业价值/销售额
机器人	71.2	21.4
博实股份	54.1	16.7
三丰智能	201.7	18.7
亚威股份	43.0	5.3
佳士科技	40.8	5.1
瑞凌股份	44.9	5.2
软控股份	61.8	7.0
埃斯顿	93.4	14.0
平均值	70.1	10.8

资料来源:作者根据 ABB、发那科、安川电机公司年度报告整理

同理,根据对比数据分析,国内机器人相关行业公司的两个参考指标均不够理想。

综上,得出以下结论:

---

① 利振鹏.我国企业跨国并购财务风险研究[D].广东财经大学,2018.

① 相较国内企业,国外同类机器人企业平均收购价格更高;

② 相较国内企业,国外同类机器人企业平均投资价值和技术含量更高;

③ 相较国内企业,国外低价购买机器人,国内销售套利空间更大。

同时,收购库卡难度较低。2015 年,库卡在中国境内的营业收入虽超过 4 亿元,但在"四大家族"中排名垫底。所以,对库卡来说,未来想有更好的发展,获取更大的中国市场份额,接受美的的并购邀约也是水到渠成的理想选择。

最后,四大家族中,只有库卡的主营业务单一集中于机器人领域。ABB 是与西门子、施耐德并列的全球知名电气、自动化设备供应商;发那科是数控机床巨头;安川的伺服电机、变频器全球领先,在全球首先提出了"机电一体化"一词。由此可见,机器人业务仅为安川、ABB 和发那科业务的一部分,因此收购可行性、必要性较低,而库卡在工业机器人领域相较而言更加成熟,专业化程度更高。

3. 在并购库卡的过程中美的采取了何种并购方式、支付方式、筹资方式?

(1) 并购方式分析。

面对格力在机器人产业布局上占据的先机和独特的"自力更生"战略,美的选择了与巨人同行的跨国并购发展战略。包括此前与安川电机一起成立合资公司,以及此次要约收购库卡,美的显然希望采取与格力不同的战略来达到赶超格力、抢占未来市场制高点的目的①。

2016 年 5 月 18 日,美的通过境外全资子公司 MECCA 以 45 亿欧元收购库卡至少 30%的股权,每股收购价为 115 欧元。

2016 年 6 月 21 日,库卡监事会委派首席执行官 Till Reuter 就此收购事宜与美的谈判,Till Reuter 本人对美的收购一事也持支持态度。2016 年 6 月 24 日,库卡第一大股东 Voith(福伊特)集团正式表态,准备将其持有的 25%

---

① 利振鹏. 我国企业跨国并购财务风险研究[D]. 广东财经大学,2018.

案例十
美的战略"联姻":库卡是不是对的"它"?

的库卡股权全部转让给美的,该笔转让为本次跨国收购的顺利进行奠定了基础①。

2016年8月8日,美的发布了对德国工业机器人及自动化生产设备制造商库卡进行公开要约收购的最终结果,收购完成后美的对库卡的持股比例为94.55%。

2016年10月13日,这笔跨国收购满足欧盟关于反商业垄断审查的交割条件,只需再通过国防贸易管制理事会和美国外资投资委员会的审查即可执行收购。

2016年12月底,库卡宣布美国外资投资委员会已批准美的收购库卡交易。

美的本次是境外全资子公司MECCA并购实施,并购由其在中国香港的全资子公司——美的国际控股完成,并购最终结果——美的国际持有MECCA的100%股权,并非美的母公司。

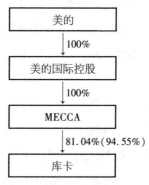

图 2　美的收购库卡的方式

资料来源:作者根据库卡2016年年度报告整理

(2)支付方式。

根据美的并购库卡的财务顾问中信证券2016年发布的独立财务报告可知,美的并购库卡所使用的支付方式为现金支付,现金来源于银团借款和

---

① 利振鹏.我国企业跨国并购财务风险研究[D].广东财经大学,2018.

企业自有资金。对于国内企业来说,大多数都是采用现金支付的方式来进行并购,因为在并购双方存在信息不对称的情况下,现金支付相比于股权支付等手段更容易获得被并购标的企业的股东的认可。

(3) 筹资方式。

美的并购库卡所用的资金来自企业自有资金以及相关金融机构的贷款,贷款金额不超过 50 亿欧元,由美的及其子公司担保,这对于美的来说是一笔不小的开支。

4. 美的并购库卡过程中存在哪些风险?

并购整合风险是指在根据产权的转让与重构协议,并购公司取得被并购公司的经营控制权,在接管、规划、整合过程中所遇到的因管理、财务、人事等因素而出现的不确定性,以及由此而导致的并购失败的可能性。并购成败的关键在于整合,整合的对象主要包括:组织与制度、经营战略、企业文化。整合过程中,企业需要处理的对象从企业外部的经济环境和社会环境扩大到了企业内部的组织环境、文化环境等,需要协调的对象范围从企业外部人拓展到了企业内部人。由此产生了一系列新问题、新矛盾,它们造成了众多新的不确定性,也就是新的风险。这些新的风险可以划分为以下四种:

(1) 组织与制度整合。

企业并购中的组织与制度整合是指并购母公司在完成所有权转移之后,尽快对并入的诸种经济资源进行合理安排,并将这种新的安排制度化、规范化,使得全部资源得以在这种新的制度与规范之下有序、统一地联结成一个有机运行的整体,保证企业能更好地适应外部环境,并得以高效与稳定地运营。美的在《美的集团:要约文件》中明确指出:"公司没有与库卡集团签署控制协议,促使库卡集团退市或对库卡进行重组的意愿","公司支持库卡集团监事会及执行管理委员的独立性,并保持库卡集团融资策略的独立性","公司尊重库卡集团员工、员工委员会及工会的权利"。公司承诺并明确表示不会促使现有全球员工人数改变、关闭基地或有任何搬迁行动的发生。同时,美的作为库卡无可置疑的第一大控股股东,甚至没有寻求董事位

| 案例十 |

美的战略"联姻":库卡是不是对的"它"?

置,仅仅象征性地占用了一个监事会位置。可见,美的给予了库卡最大程度的组织制度的自由与独立性,"一企两制"。这固然有助于稳定人心、稳定市场情绪。但此类回避差异的方式显然不是长久之计,例如,在对内对外财务汇报一事上,库卡作为一家在法兰克福上市的公司,遵循 IFRS 准则,而美的作为一家深交所上市的公司,遵循中国会计准则,两者在固定资产、无形资产等方面的处理方式存在诸多差异。尤其是,IFRS 在存货跌价方面的规定与国内差异较大,这方面处理方式的差异对于一家存货占总资产比例超过10%、流动资产占比接近70%的企业来说是可能造成很大麻烦,这将不可避免地带来一定的财务整合风险。同时,两者财务管理制度上的差异,如不能加以有效整合,则很可能造成执行过程中的偏差,处理不当甚至可能会影响被并购企业员工的积极性,带来新的财务整合风险,并进一步激化代理问题,增加运营成本,带来盈利风险。

(2)经营战略整合。

企业并购中的经营战略整合是指在并购实施过程结束之后,企业调整既有的战略,使企业战略涵盖所有企业掌握的资源,同时调整营运方式,使之能最好地适应并配合新的企业战略,高效、稳定创造效益的过程。其包括企业使命和目标整合、企业总体战略整合、企业经营战略整合、企业职能战略整合四个部分。在《美的集团:要约文件》中,美的明确表示:"公司支持库卡集团的战略计划,包括进一步拓展中国市场和工业4.0业务。另外,公司支持库卡增加研发人员及扩展现有科研设施,并致力加深与库卡在物流自动化及服务机器人等业务的合作","公司尊重库卡集团的品牌及知识产权,并准备订立隔离防范协议承诺保密其商业机密和客户数据,以维持库卡与其客户及供应商的稳定关系"。可见,美的在经营与战略上也尽最大可能给予了库卡充分的独立性。不过,既然并购库卡是为了实现"双智"战略,美的在给予独立性的基础上也通过设立共同研发中心、共享销售渠道的方式与之进行合作,以达到发展上游产业链、占领中国市场的目标。这样简单的经营与战略调整是否能实现双方资源的全面、有机整合实属未知,美的承诺不改变库卡战略计划。但是,库卡所擅长的领域是汽车制造的智能工业机器人,其战略计划也完全基于此,这与美的家电制造业所需要的智能工业机器人存在较大的差异,若处理失当,或许不能使双方在产品质量、产能、销量方面有较大提高。而美的长期资产占比在并购库卡之后有所升高,其各项盈利能力指数都可能下降,这必然会带来盈利整合风险。同时,若通过融资介入有息债务来促进双方盈利增长,则很可能造成企业现金流紧张,带来财务风险。

(3) 企业文化整合。

企业文化整合是在并购实施过程结束之后,母公司与子公司在文化建设上互相取长补短以实现成功融合的过程,是组织制度整合与经营战略整合的保障。企业文化整合使得母公司与子公司建立起真正内在的联系,使新进入的员工对企业产生归属感,从而使两个企业真正融为一体,而不是仅仅貌合神离的执行共同经营战略的两家公司的机械加总。因此,文化整合看上去无形无声,但其实是并购后整合的基础因素,如果做好了文化整合,员工团结同心,其他方面的整合更易开展,反之则否。遗憾的是,我们未看到美的有任何关于两家公司文化整合的明显成绩,也未见美的各级领导在这方面有任何具体表示。文化整合不力,不仅可能造成双方员工消极懈怠、出工不出力,还可能造成双方员工心理上的抵触情绪,甚至发生"1+1<2"的结果,严重影响企业盈利能力,带来盈利整合风险。同时,文化整合不力还可能加剧财务人员的代理风险,造成内部财务舞弊,加剧财务整合风险。

(4) 财务风险。

跨国并购的财务风险从广义上讲是指企业在并购过程中由于目标企业价值的评估、为筹集资金而选取的融资方式、为获得目标企业控制权而采取的支付方式以及两个企业在后期整合中的变动引起的企业财务状况不确定的风险。跨国并购的财务风险贯穿于企业并购的整个过程中,一旦发生财务风险将直接导致并购的失败,并使企业陷入严重的财务危机,甚至产生由并购风险导致的企业破产的现象。

| 案例十 |

美的战略"联姻":库卡是不是对的"它"?

① 并购准备阶段的财务识别风险。

海外并购目标企业选择风险关键在于选择何种境外企业实行并购,选择的目标企业是否符合企业的发展战略,而美的海外并购库卡的风险主要在于主营业务的领域不同。美的当时的主营业务主要布局在家电领域,而细分领域家电工业机器人的生产与制造并不是库卡的长处,美的在进行海外并购时仍面临着较大的目标选择风险。

此次并购最大的财务风险,也是最具有争议的一点是美的对于库卡的高估值风险。美的对库卡的要约收购价格为 115 欧元每股,与 2016 年 5 月 1 日,即美的董事会通过收购库卡议案的前一天相比,美的收购库卡股票溢价率高达 36.24%。为完成本次要约收购,美的需要付出 15.7 亿欧元的资金代价。美的之所以愿意出如此高溢价收购库卡,源于机器人行业的稀缺性和较高的技术门槛。然而,兼具核心技术与规模的公司在全球范围内也是屈指可数,故此市场法估值难度较高,库卡收购可参照的交易方案并不多见。

② 并购实施阶段的财务识别风险。

美的并购库卡所用的资金来自企业自有资金以及相关金融机构的贷款,贷款金额不超过 50 亿欧元,由美的及其子公司担保,这笔贷款会对美的带来巨大的资金压力与融资风险。

③ 并购整合阶段的财务识别风险。

现金支付给美的带来的流动性风险,尤其体现在短期流动性风险上,若美的不能按时还清高额银团借款,还会背负巨额的逾期利息支出。

美的并购库卡,采用的贷款方式为银团贷款,银团贷款主要采取浮动利率的形式,其中最常见的国际银团贷款利率是在 LIBOR(伦敦同业拆借利率)基础上加上加息率。虽然美的并没有公布具体的贷款利息计算方式,但是采用 LIBOR 加息的可能性非常大,而且这也是国际银团贷款的惯用做法,因此美的同样承担着因为浮动利率变动而引起的融资成本变动的风险。

由于美的并购库卡跨越的是中、德两个主权国家,自然而然可能会冒着汇率风险，这也是海外并购无法逃避的风险。美的要约收购库卡期间，库卡的各原股东出售股份的时间并不一致，而且收购交易是以欧元计价，因此，美的面临着汇率变动所带来交易成本的变化，以后还款期间的汇率变化依然会给美的带来风险。

美的是在深圳证券交易所上市的公司，其遵循的会计准则是中国会计准则，而库卡是在德国法兰克福上市的上市公司。在德国，一家公司既可以选用德国公认会计准则HGB，也可以按照国际财务报告准则IFRS，但库卡是上市公司，必须采用国际会计准则。虽然在全球化财务信息的披露需求下，会计界追求国际趋同，但是国际会计准则与中国会计准则还会存在一些会计处理方式的差异。如果在财务管理制度上双方不能达成一致，则在执行过程中产生偏差的可能性就会增加，甚至可能导致被并购方消极对待并购以之后的财务制度。因此如何协调好双方的财务管理制度是摆在美的高层的一个不容回避的问题，同时也是美的在并购整合期间可能面对的重大财务风险。

美的并购库卡除了希望借助库卡实现转型升级最终成为一家全球顶尖的科技集团，更重要的是实现让企业获得巨额回报与利润的最终目的。此次并购之后能否让美的达到理想的利润与投资收益率依然具有较大不确定性，毕竟库卡所擅长的汽车制造的智能工业机器人领域与美的家电制造业所需要的智能工业机器人仍存在较大的差异。如果业务整合不能顺利推进，再加上美的银团借款的巨额利息费用，这两方面的压力都会使得大众对于美的的未来盈利能力产生怀疑。并购完成后，企业如不能达到预期盈利目标，则很有可能造成并购双方企业价值同时减损，甚至会陷入财务危机，进而威胁到企业的生存，严重影响所有股东及债权人的切实经济利益。

5. 与格力自主研发机器人相比，试分析美的并购库卡的案例对于其他公司的战略发展有何借鉴意义？

（1）美的和格力的战略比较。

在"中国制造2025"的号召下，格力、美的均把机器人作为未来战略重

案例十

美的战略"联姻":库卡是不是对的"它"?

点,但转型升级中的思路各不相同,路径也有所差异。格力一直主张自我发展,从"单纯的家电制造企业向新能源行业及装备制造产业拓展",重在打破核心技术与高端装备对外依存度高的瓶颈,侧重掌握自主核心技术;美的则推行"智能家居+智能制造"的"双智"战略,通过运用习惯的并购手段来加快国际化和多元化的扩张,提升在全球产业分工和价值链中的地位,跻身全球经营的科技型企业之列。

格力在 2012 年率先提出了"三至五年实现无人车间"的目标,持续四年的时间,自建技术才真正有所收获。面对在机器人领域近五年的战略差异,美的权衡自主研发的时间成本,坚定选择弯道超车借助外力的并购之路。从现有数据来看,凭借库卡的行业地位,美的在该领域遥遥领先。2018 年美的机器人及自动化业务板块收入达 256.8 亿元,营收占比为 9.89%;格力在智能装备领域收入仅 31.1 亿元,营收占比为 1.57%。

(2)美的收购过程的借鉴意义。

美的是否达到成功收购的标准,现在评论为时过早,但是美的迅速成功完成收购的过程却可圈可点:提前做好削减过剩和低效产能、提高运行效率的准备工作;顾及国际因素、管理层顾虑、员工忧虑,妥善做出巨大让步。最终,成功克服了德国政界甚至欧盟委员会强有力的反对压力。

美的在战略转型之初也进行了大量的准备工作,为顺利收购库卡做好了铺垫。削减过剩、低效的产能,关闭在天津、江门、邯郸、合肥、芜湖的生产基地,共向各地政府退还 6 000 亩土地以获取资金;砍掉低利润的产品,产品品类由 64 个减至 32 个,产品型号减少 50%;提升效率,减少员工总数,提高公司各个部门的运转效率,缩短资金周转期,将以往每年用来扩张产能的费用转而投入到产品创新、技术研发上,为加大技术投入、推进全球化经营提供资金支持。

就股权出让方而言,美的做了大量的前期铺垫工作。在收购完成一年前,美的就已经开始不断在二级市场上吸纳库卡的股份。在公开报道中,美的曾经披露了三次比例分别为 5.4%、10.2%、13.5% 的增持事件,且每次都是历经数月,这种缓慢的买进在化解德国人的警惕性的同时,也避免了股票价格的过快抬高;另一个关键因素是通过高额的银团贷款完成全现金并购,美的的出价比库卡过去三个月平均股价高出 30%,极大程度地促进了交易的实现。

为了保证收购工作的顺利实施,美的获取了管理层和公司员工的认可。美的明确表示:截至 2023 年底,不会削减库卡的现有 1.23 万个就业岗位,不会促使现有全球员工人数改变、关闭基地或有任何搬迁行动的发生,保持库卡监事会及执行管理委员的独立性,公司尊重库卡员工、员工委员会及工会的权利,并保持库卡融资策略的独立性,保护库卡的技术知识和商业数据①。这份协议大大减弱了来自库卡管理层和员工的心理负担,促使库卡管理层接受美的邀约。

在控制权方面,美的做了良好的得舍权衡。美的虽然持有库卡 94.55%股份,成为绝对大股东,但在治理安排中,不在董事会设置席位,不参与公司管理。美的放弃短期内应有的控制权,转身成为财务投资人。美的摆正收购态度,表示既不寻求完全收购库卡,也不会对其私有化,承诺愿意大力促进"德国工业 4.0"和"中国制造 2025"的战略合作,美的的及时声明最终化解了德国政界的敌对情绪。

毫无疑问,美的的收购之路是成功且顺利的,但收购后的整合历程却略显窘迫。国情和组织制度不尽相同,公司战略有待统一,企业文化尚待整合,这些也不禁会给美的和其他想要跨国跨行业并购的公司敲响警钟,如何克服整合过程中的重重障碍显得十分重要。

(3)美的收购库卡的战略借鉴意义。

虽然目前美的收购库卡的经济效益并不显著,但短期的收益也与机器人的行业发展现状与国内市场情况有关。长远来看,采取收购措施,借助库卡在工业机器人领域的丰硕成果,提高现有家电业务的产能,进入工业机器

---

① https://www.guancha.cn/Yushanguanjing/2016_07_01_366024.shtml.

案例十

美的战略"联姻":库卡是不是对的"它"?

人这个拥有广阔发展空间的新市场,不失为一种可行方案。在国内外技术相差悬殊的情况下,"用资金和市场换取股权和技术"的解决方案也为国内其他公司的多元化发展、国际化发展、战略转型的实现提供了更多的经验。美的的目标不只是利润和营收,更多聚焦于提升企业经营竞争力。随着产业结构的升级,美的跨界收购库卡显示了独到的战略眼光。作为一家约3 430亿元市值的企业,更因其稳健的成长性、规模化优势以及未来巨大的发展空间,在A股中占有相当的权重地位。作为"雅俗共赏"的代表,美的的特殊性显而易见:其不只代表着中国白色家电企业的未来,甚至是中国企业实现转型升级的一个样板,所以"美的式发展"折射的经验值得投资者和各大公司关注,其产业跃升的姿态也在一定程度上代表着中国经济未来的轮廓。

五、关键要点

1. 关键点:立足公司海外并购理论与美的收购库卡的具体情况,重视在跨国并购活动中,思考如何选择合适的收购对象,最大程度地保证财务目标和战略目标的双重实现。

2. 关键知识点:跨国并购的动因,选择收购目标的准则,战略收购与财务收购,竞价收购、公开并购和要约收购的关系,德国证券市场的相关规则。

3. 能力点:选择理想目标公司,根据适合的国情和不同公司的企业组织制度,设计并购条款及并购方案的能力。

4. 切入点:从战略角度分析,美的并购库卡的案例对于其他公司的战略发展的借鉴意义。

六、建议课堂计划

本案例可以作为专门的案例讨论课来进行。以下是按照时间进度提供的课堂计划建议,仅供参考。

整个案例课的课堂时间控制在90分钟以内。

课前计划：提出启发思考题，请学生在课前完成阅读和初步思考。

课中计划：1. 简明介绍案例背景，明确案例讨论要求(5分钟)

    2. 分组讨论(40分钟，要求：积极参与、思维敏捷、言简意赅)

    3. 小组意见交流共享(30分钟，要求：思路清晰、观点鲜明)

    4. 教师总结主流观点，启发学生课后进一步思考(15分钟)

课后计划：对美的收购库卡感兴趣的同学可以进一步上网查询收购的详细信息，结合课堂所讨论出的结果写出案例分析报告，总结中国企业进行海外并购的几点建议。

（寇立群　寇祎璐　袁永婧　田文苑　王　军）